信息检索教程

主　编　王　敏　仲超生
副主编　郑继来　王秀丽　干　林
参　编　朱晓云　程桂练　王　惠

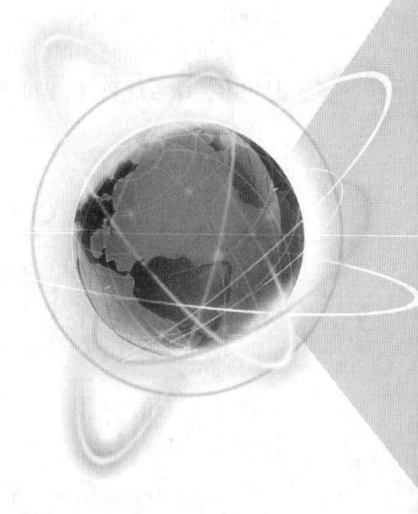

扫码加入读者圈
轻松解决重难点

 南京大学出版社

内容提要

本书以满足高校应用型人才培养对大学生信息素养教育的要求为目标,全书注重理论联系实际,注重展现信息素养教育知识体系的系统性、完整性与实用性,同时又兼顾课程思政要求,将课程思政元素融入案例教学以达到润物无声的教学效果。全书基础知识部分以信息与信息素养概念为逻辑起点,分别阐述了信息社会与信息环境、信息素养及其评价指标、信息源的概念与类型、信息检索原理、检索语言与检索技术等基本知识;资源检索部分详细介绍了中文数据库、外文数据库、网络信息资源、特种文献资源及其检索利用方法;应用部分阐述了信息分析的基本方法、文献引用格式、学术规范和学术道德、文献管理软件等几个方面。

本书是一部涵盖理工和人文学科内容的综合性信息检索课程的通用教材,可作为各类高等院校信息检索类课程的教材,也可供有关专业人员与图书馆同仁再学习时参考。

图书在版编目(CIP)数据

信息检索教程 / 王敏,仲超生主编. — 南京:南京大学出版社,2021.1(2024.1重印)
ISBN 978-7-305-23442-2

Ⅰ.①信… Ⅱ.①王… ②仲… Ⅲ.①信息检索-教材 Ⅳ.①G254.9

中国版本图书馆 CIP 数据核字(2020)第 098431 号

教师扫码可免费
获取教学资源

出版发行	南京大学出版社
社　　址	南京市汉口路22号　　邮　编 210093
书　　名	**信息检索教程** XINXI JIANSUO JIAOCHENG
主　　编	王　敏　仲超生
责任编辑	刘　飞　　　　　编辑热线 025-83596997
照　　排	南京南琳图文制作有限公司
印　　刷	南京京新印刷有限公司
开　　本	787×1092　1/16　印张 15　字数 347 千
版　　次	2021 年 1 月第 1 版　2024 年 1 月第 5 次印刷
ISBN	978-7-305-23442-2
定　　价	39.80 元

网址:http://www.njupco.com
官方微博:http://weibo.com/njupco
微信公众号:njuyuexue
销售咨询热线:(025) 83594756

* 版权所有,侵权必究
* 凡购买南大版图书,如有印装质量问题,请与所购
  图书销售部门联系调换

前　言

随着科学技术的突飞猛进,社会信息化程度不断提高,信息已经成为我们生活中不可或缺的重要元素,时刻在对我们的生活学习与工作产生着极大的影响。信息化程度已成为衡量一个国家综合国力的重要尺度和国家竞争能力的核心要素,因此信息资源已成为驱动社会发展的重要战略资源之一。谁掌握了信息,谁就掌握了财富!毋容置疑,只有那些掌握了获取和利用信息的人,才能在激烈的社会竞争中找到生存和发展的空间。因此,如何快捷地获取信息与利用信息已成为人们工作、学习和生活所必需的基本技能。

在数字化时代,新技术更新速度越来越快、知识更新周期越来越短,这就要求21世纪大学生必须要有很强的学习能力与环境适应能力,以便快速熟悉、掌握新领域,更好地适应当今知识经济时代,满足信息社会的需要。因此,加强当代大学生的信息素养教育,使其具备良好的信息意识、信息知识、信息能力和信息道德是当代高等教育的重要任务之一。

早在战国时期,我国古代思想家、教育家荀子就曾说过:"假舆马者,非利足也,而致千里;假舟楫者,非能水也,而绝江河;君子生非异也,善假于物也。"18世纪英国文豪、词典编撰家塞谬尔•约翰逊也说过:"知识有两类,一类是我们自己知道的;另一类是我们知道在什么地方可以找到的。""文献检索与利用"、"信息检索"之类课程就是一种"找知识"的知识课。德国柏林图书馆门前有这样一段话:"这里是知识的宝库,你若掌握了它的钥匙,这里的全部知识都是属于你的。"这里所说的"钥匙"即是指信息检索的方法。信息检索能力可以让大学生和研究者至少在三方面受益:其一,避免重复研究或走弯路。通过充分的检索了解研究现状,就可以在他人研究的基础上进行再创造,避免重复研究,少走或不走弯路。其二,节省时间。信息检索是研究工作的基础和必要环节,成功的信息检索无疑会节省大量的资料查找时间,使其能用更多的时间和精力进行科学研究。其三,高效获取新知识。"授之以鱼"不如"教人以渔",只有掌握了信息检索的方法,才找到一条吸收和利用大量新知识的捷径。

信息检索课程是一门融理论、方法、实践于一体,能激发大学生创新意识和培养创新能力的科学方法课。本课程旨在培养和提高大学生的综合信息素养,使之掌握信息检索的基本理论、基本知识及基本技能,提高学生对信息的检索、筛选、分析、评价、管理及综合利用的能力,提高大学生的创新能力与终身学习能力。

加强对大学生信息素养教育,开设信息检索课教学是主渠道。我国高校的信息检索课教育以原来教育部1984年(84)教高一字004号文件为标志,"信息检索课"被正式列入高等学校教学计划。随后,教育部及原国家教委又先后多次发布文件,要求高校创造条件开设这门课程,并对该课程教学的基本内容、教学条件和教学效果都作了明确的规定。随着"信息检索"课程建设的日趋成熟,信息检索课教学对于提高在校大学生的信息素养,培养他们自主获取信息的技能方面发挥了重要作用。现阶段,高等学校学科设置向多学科、综合化发展,学科间横向联系越来越广泛,为了更好地提升学生的信息素养,提高其发现、探究、利用学术信息的能力,本书的参编者融入和总结了多年从事信息咨询工作、信息检索课程教学及从事科研活动的经验,并在充分吸收当前最新信息技术基础上精心编撰了本书。

本书在内容的组织上紧密结合当代信息资源的数字化与网络化特征,突出信息检索的实用性和通用性以满足各专业学科的检索需求。同时还兼顾课程思政新要求,将课程思政元素融入案例教学以期达到润物无声的教学效果。全书可以分为三个部分:基本知识部分(第1~2章)、资源介绍部分(第3~6章)、综合实践部分(第7~8章)。基础知识部分以信息与信息素养概念为逻辑起点,分别阐述了信息社会与信息环境、信息素养及其评价指标、信息源的概念与类型、信息检索原理、检索语言与检索技术等基本知识;资源检索部分详细介绍了中文数据库、外文数据库、网络信息资源、特种文献资源及其检索利用方法;文献的查找最终需要落实到对文献的利用上,应用部分阐述了信息分析的基本方法、文献引用格式、学术规范和学术道德、文献管理软件等几个方面。本书在内容安排上力求简明易懂,重点突出。全书图文并茂,尽量使用图表的形式展现,以大量的实例讲述了信息检索系统的查找方法与文献分析。我们希望通过本书的学习更好地提升大学生的信息素养,为他们以后的学习、工作与研究打下坚实的基础。

本书既可以作为本科院校的信息检索课程教材使用,也可供图书情报工作者、科技工作者、科技信息管理工作者参考,还可作为人们提升信息素养,增长检索技能的读本。

本书第1章由仲超生撰写;第2章由王秀丽撰写;第3章和第7章由王敏撰写;第4章由朱晓云撰写;第5章第1~3节由干林撰写;第5章第4~6节由程桂练撰写;第6章及第8章的第3节由郑继来撰写;第8章1~2节由王惠撰写;另外,王敏还承担全书PPT课件和微课体系的审定;本书由仲超生、王敏拟定大纲并统编定稿。此外,在推动本书的及时出版方面,淮阴工学院教务处给予了积极的支持与帮助,在此深表感谢!

在本书的内容组织、整理及写作的过程中,参阅了大量的相关文献,包括同行学者的有关论著和讲稿、各个数据库与检索系统的培训课件和使用指南,在此表示衷心感谢!

尽管我们已经努力,但由于水平有限,本书难免有不当或疏漏之处,敬请各位读者批评指正。

编 者

2020年9月20日

目 录

第1章 绪 论 …………………………………………………………………… 1
1.1 信息素养 …………………………………………………………………… 1
1.2 信息与信息源 ……………………………………………………………… 12
1.3 信息检索基础 ……………………………………………………………… 23

第2章 走进图书馆 …………………………………………………………… 37
2.1 图书馆概述 ………………………………………………………………… 37
2.2 图书馆文献信息的组织 …………………………………………………… 39
2.3 公共图书馆的利用 ………………………………………………………… 42
2.4 高校图书馆的利用 ………………………………………………………… 47
2.5 科学专业图书馆 …………………………………………………………… 50
2.6 数字图书馆 ………………………………………………………………… 51

第3章 中文文献数据库及其检索 …………………………………………… 58
3.1 期刊论文及其典型库检索 ………………………………………………… 58
3.2 图书及其典型库检索 ……………………………………………………… 78
3.3 索引及其典型库检索 ……………………………………………………… 92

第4章 外文文献数据库及其检索 …………………………………………… 101
4.1 Web of Science …………………………………………………………… 101
4.2 Engineering Village ……………………………………………………… 108
4.3 ScienceDirect 数据库 …………………………………………………… 115
4.4 SpringerLink ……………………………………………………………… 119
4.5 EBSCO 系列数据库 ……………………………………………………… 123

第 5 章　网络信息资源检索 …………………………………………………… 130
5.1　网络信息资源概述 ……………………………………………………… 130
5.2　网络资源检索工具——搜索引擎 ……………………………………… 136
5.3　免费学术信息资源的分布与获取 ……………………………………… 142
5.4　开放存取信息资源 ……………………………………………………… 155
5.5　学习考试类网络信息检索 ……………………………………………… 161
5.6　课程信息检索与利用 …………………………………………………… 163

第 6 章　特种文献检索 ………………………………………………………… 166
6.1　专利文献检索 …………………………………………………………… 166
6.2　标准文献检索 …………………………………………………………… 176
6.3　学位论文检索 …………………………………………………………… 181
6.4　会议论文检索 …………………………………………………………… 186

第 7 章　信息检索策略与案例分析 …………………………………………… 192
7.1　信息获取与分析 ………………………………………………………… 192
7.2　漏检误检的原因分析与对策 …………………………………………… 201
7.3　综合检索案例 …………………………………………………………… 206

第 8 章　信息伦理与学术规范 ………………………………………………… 213
8.1　信息伦理 ………………………………………………………………… 213
8.2　写作与学术规范 ………………………………………………………… 216
8.3　文献管理工具 …………………………………………………………… 228

参考文献 ………………………………………………………………………… 232

第 1 章 绪 论

扫码可见第 1 章微课

1.1 信息素养

1.1.1 信息社会与信息环境

1. 信息社会的概念及其源起

我们今天所处的时代,有人称为"信息社会",也有人称之为"后工业社会"。所谓信息社会,简言之就是信息起主要作用的社会。它是社会学者关于社会阶段发展理论概念的延伸,是人类社会的发展模式继原始狩猎社会、农业社会、工业社会后的又一发展阶段。

在农业社会和工业社会中,物质和能源是主要的社会资源。而在信息社会中,信息成为比物质和能源更为重要的资源,信息经济在国民经济中占据着主导地位,信息技术在社会生产与社会生活中得到广泛应用,并对经济和社会发展产生巨大的影响,从根本上改变了人们的生活方式、行为方式以及价值观念。当前,随着云计算、大数据、人工智能和移动互联网等现代信息技术的广泛应用,人们的生产与生活方式正发生着深刻的变化。2019年也被称为"5G"元年(第五代移动通信技术),我国华为技术有限公司的"5G"技术正在引领世界进入新一轮的信息技术革命。

信息社会的概念是从美国社会学家丹尼尔·贝尔提出"后工业社会"开始的。1959年丹尼尔·贝尔在一次学术讨论会上首次使用了"后工业社会"一词。当时丹尼尔·贝尔提出"后工业社会"概念只是基于对社会产业结构变化特征的一种观察和认识。1964年和1973年丹尼尔·贝尔又先后发表了《后工业社会:推测1985年及以后的美国》长篇论述,以及《后工业社会的来临——对社会预测的一项探索》的论著,他系统地阐述"后工业社会"的思想体系。贝尔认为,"后工业社会"一个最简单的社会特征是大多数劳动力不再从事农业或制造业,而是从事服务业——如贸易、金融、运输、保健、娱乐、研究、教育和管理。后工业社会理论明确指出工业社会不是人类社会发展的顶点,它必然会被更高级的社会形态所取代。1979年贝尔再次推出新著——《信息经济》,并明确提出后工业化社会就是信息社会。

当然,对信息社会的研究并不只有丹尼尔·贝尔,美国普林斯顿大学的经济学家费里茨·马克卢普(F. Machlup)、美国经济学家马克·优里·波拉特(M. U. Parat)和以梅卓忠夫为代表的日本学者也在不同时期,从不同角度开展"信息产业"的研究,这些学者的研究成果更加丰富了人们对信息社会的认识。

然而,真正让信息社会概念为世人瞩目,应当首推美国未来学家阿尔温·托夫勒(Alvin. Toffler)。1970年,阿尔温·托夫勒出版了他的个人专著《未来的冲击》。1980年又出版了影响更加广泛的专著《第三次浪潮》,该书以科学技术的发展为核心,研究人类发展的历史、现实与未来展望,他把人类历史的发展划分为三次"浪潮"——"第一次浪潮"是大约公元前八千年以前开始的农业革命,形成了农业社会和农业文明,延续了几千年左右;到17末—18世纪中期,因蒸汽机的发明和技术改进极大地提高了社会生产力,掀起了"第二次浪潮",开启了工业社会和工业文明,经历了大约二百年的发展历程;20世纪60年代,随着电子技术的兴起和发展,开始了"第三次浪潮",并认为在未来几十年内,人类将由工业社会达到信息社会,产生现代文明。

此外,1982年美国未来学家约翰·奈斯比特出版了《大趋势》一书,该书的副标题是"改变我们生活的十个新方向",其中的第一个方向就是"从工业社会到信息社会"。在书中,奈斯比特阐述了信息社会的根本特点,以及从工业社会向信息社会转变的重点,并明确阐明"后工业社会"就是信息化社会。他说:"在工业社会里,战略资源是资本……在我们的新社会里,战略资源已是信息。尽管它不是唯一的资源,但却是最重要的资源。""我们现在大量生产信息,正如过去我们大量生产汽车一样。"

当然,信息社会到来的脚步各国有先后,如果从社会经济领域中从事信息产业人员的比重来衡量,人类的信息社会始于1956年,因为从这一年起美国从事技术、管理和事务工作的白领工人的数量首次超过了蓝领工人。我国从20世纪末即算是进入了信息社会。目前,我国正处于信息社会的快速发展中,中国互联网络信息中心(CNNIC)发布的第44次《中国互联网络发展状况统计报告》显示,截至2019年6月,我国网民规模达8.54亿,较2018年底增长2598万,互联网普及率达61.2%;截至2019年6月,我国网络购物用户规模达6.39亿,较2018年底增长2871万,占网民整体的74.8%;我国在线教育用户规模达2.32亿,较2018年底增长3122万,占网民整体的27.2%;我国在线政务服务用户规模达5.09亿,占网民整体的59.6%;截至2019年6月,我国网络视频用户规模达7.59亿,较2018年底增长3391万,占网民整体的88.8%。由此可见,中国互联网信息技术已经渗透到人们生活的方方面面,并在深刻地改变我们的社会与我们的生活。

信息社会的理论深刻地揭示:当前,人类社会的发展已经全面进入信息社会阶段,在信息社会中,信息已经成为社会最重要的资源和财富,是助推社会经济发展的倍增器!

2. 信息社会的特征

(1) 信息作为一种生产力要素获得了普遍认同

在信息社会中,信息成为重要的生产力要素,与物质和能量一起构成社会赖以生存的三大资源。物质是本源的存在,能量是运动的存在,信息则是联系的存在。"世界由物质、能量、信息三大要素组成。"信息以能量和物质为媒介,自由地超越空间和时间进行传播。人类对信息及信息技术的认识、发展和应用,是人类在不断认识物质、能量之后的第三次伟大的飞跃,由此也标志着人类社会已进入了信息时代。

(2) 社会的劳动力结构发生深刻变化

从事信息职业的人数超过从事非信息职业的人数。在发达国家,20世纪80年代以后白领阶层人数就已超过了蓝领阶层人数。所谓信息职业就是创造、处理、存储和分配信息的职业,主要包括从事市场信息工作的劳动者(信息商品生产和销售)、提供市场信息的劳动者(信息加工和服务)、从事信息基础设施的劳动者(信息技术开发和操作)。据统计,一个多世纪以来,信息职业的增长率一直以超出社会总体职业增长率近一倍的速度持续增加。可以说在信息社会,几乎所有人都无法摆脱信息和信息技术的影响。

(3) 信息技术、信息产业、信息经济成为社会发展的主导因素

信息技术的发展极大地提高了整个社会运行的速度和效能。信息产业作为一种知识与智力密集型、高增值型、节能型产业,已经成为推动世界经济发展的动力和扩大再生产的基础,信息产业的生产能力已成为取得经济成就的关键因素和检验国家实力的重要标准。此外,以新兴科学知识和高技术为基础的尖端信息产业群,较之于传统产业群具有诸多的优势,例如它还具有高效率、高增长、高效益和低污染、低能耗、低消耗等新特点。

(4) 人们的学习方式、工作方式和生活方式发生巨变

信息化与工业化不同,信息化不是关于物质和能量的转换过程,而是关于时间和空间的转换过程。在信息化社会里,人们通过使用各种信息技术,扩展了改造社会的能力,使自己的学习、工作、生活更方便和舒适,从根本上改变了人们的生活方式、行为方式和价值观念。在这一点上,中国社会信息化发展的脚步可以说正在领世界之先——移动支付、网络购物、共享单车出行等正在深刻地改变着我们的生活,中国智慧与中国方案也正在深刻地影响着世界!

(5) 知识更新日益加快,终生学习更加迫切

在农业社会,一个人学习8年可满足终身需求;在工业社会,一个人学习17年大体能满足一生的需要;而到了信息化社会,人们必须终身学习,才能适应时代的发展变化。为了适应飞速发展的社会,人们必须不断进行知识更新,甚至不得不经常"改行"。学习将会成为社会进步的主要推动力和个人生活的重要需要。"终身学习"已被提升到"生存概念"和"生活方式"的高度,学习将伴随着人的一生。

终身学习不同于传统的"正规"的学校教育,终身学习就是通过自觉学习、自主学习方式去实现自我知识更新,以适应新的技术与工作环境变化带来的挑战。终身学习的前提是学会自主学习,学会学习首先要学会不断寻找和利用适合自己的学习资源,因此,培养大学生的信息素养,就是培养大学生自主学习和终身学习的能力,也是在培养大学生适应信息社会的能力。

3. 信息环境问题及其解决方案

现代信息技术的快速发展给人们的工作、学习、研究及生活提供了更多的机会与便利,但同时也使人们明显地感受到浩瀚的信息流已经大大超出人们的信息接受能力和处理能力,信息社会的"副作用"——信息泛滥(information explosion)不期而至,当前的社会信息环境问题已日益突出并成为全球性问题。

(1) 信息超载

信息超载又称为信息泛滥或信息爆炸，是指伴随着信息技术的迅速发展，信息社会出现的信息爆炸、信息平庸化以及噪音化，导致人们无法根据自己的需要和当前的信息能力选择并处理所需的信息。人们经常处在信息超载的压力下可能会导致种种信息疾病的产生——信息焦虑症、信息消化不良症、信息紧张症、信息孤独症等。

(2) 信息污染

信息污染是指社会信息流中充斥或伴随着许多不良信息，包括大量陈旧信息、重复信息、干扰信息、虚假信息、错误信息甚至有害信息。这些信息不利于人们健康而有效地进行工作、学习和生活，危害着人类的信息环境，并影响人们对有效信息的正常吸收与利用。

(3) 信息安全堪忧，信息犯罪增多

2019年8月中国互联网信息中心所发布的"第44次中国互联网发展统计报告"显示，信息安全已经成为一类比较严峻的社会问题。有58.1%的网民遭遇过"虚拟中奖信息诈骗"；41.9%的网民遭遇过"冒充好友诈骗"；30%的网民遭遇过"钓鱼网站诈骗"；24%的网民遭遇"个人信息泄露"；另外，仅2019年上半年，CNCERT监测发现境内外有1.4万个IP地址对我国境内约2.6万个网站植入后门，同比增长约1.2倍；2019年上半年，全国各级网络举报6 858万件，较2018年同期的6 296万件增长8.9%。

不法分子运用信息技术实施的各种违法活动，严重危害社会、危害公民合法权益并给受害人带来了精神、经济、财产甚至人身安全等诸多的问题和危机。信息骚扰与诈骗行为是有意识的、破坏性的，甚至是反社会的活动，其危害极其严重。信息骚扰与诈骗具有智能性、隐匿性、跨国性、严重性、社会危害性等特点。

面对信息环境的严峻现实，国内外学者对信息环境问题的治理与控制开展了积极的研究，并提出了各种解决问题的方案和措施。这方面的举措主要包括：

(1) 强化政策导向

通过信息政策与信息法规的制定与完善，对环境中出现的各种问题进行引导、协调、控制和管理，引导信息环境变化的方向，调控由于信息环境变化而引起的各种矛盾，对信息产业的各个环节进行科学控制、严格管理。

(2) 强化舆论导向

宣传并教育人们树立正确的信息伦理及信息道德观念，促使人们在信息开发、信息传播、信息管理和信息利用等方面自觉遵守正确的伦理规则，认识和理解与信息技术相关的文化、伦理和社会等问题，负责任地利用信息技术。

(3) 强化技术管控

强化技术手段以保障信息安全及净化信息环境。借助高新技术，如各种加密技术、认证技术、防毒技术、防火墙技术、过滤技术等，有效地预防和治理信息环境问题；努力消除各种公共信息环境中的不文明、不健康和阻碍有益信息利用效果的信息垃圾和信息污染。

(4) 强化信息技术教育

加强信息教育，促进人们信息素质的全面提升。提高信息用户素质，提高人们检索、获取、鉴别及利用信息的意识和技能。增强人们的信息道德观念，是应对现代信息环境、防范与治理信息污染的重要内容。

(5) 打击信息犯罪行为

对利用信息技术及网络开展反人类、反社会等危害公众利益、败坏社会风气的人和事，采取严厉的打击措施。同时，及时制止和处罚不利于信息环境优化与健康发展的各种倾向与行为。

1.1.2 信息素养的概念及其构成

信息快速增长并渗透到人类社会的各个方面，成为助推社会经济发展的倍增器，这也是信息社会的最显著特征。但人们面对海量的信息时，时常却因无法顺利找到所需信息而深感困扰、焦虑，甚至局促不安。究其原因，是我们缺乏应对信息社会挑战的一种必备素养所致，而这种素养就是信息素养。在信息社会，信息素养是人的整体素质中不可或缺的一部分，作为信息社会中个体必备的一项基础性能力，它与读、写、算能力一样重要。在信息社会中，一个没有信息素养的人就会成为"信息文盲"，必将因为跟不上时代的步伐而面临社会的淘汰；具备了良好的信息素养，我们就能够有效地管理信息、利用信息和控制信息。因此加强信息素养教育、培养终身学习能力，对于信息社会的每一名大学生都十分重要。

1. 信息素养的概念

"信息素养"（information literacy）一词最早出现于1974年，美国信息产业协会（ILA）主席保罗·泽考斯基（Paul Zurkowski）在向全美图书馆与情报科学委员会提交的一份报告中首次使用了信息素养的概念，并将其定义为"利用大量的信息工具及主要信息源使问题得到解答的技术和技能"。

1989年，美国图书馆学会（ALA）也阐释"信息素养"的内涵，"具有信息素养的人能够判断何时需要信息，并懂得如何去获取、评价和有效地利用所需要的信息"。

随着信息技术的快速发展，越来越多的国家和组织开始研究和重视信息素养。2003年9月，联合国教科文组织（UNESCO）和美国图书情报学委员会（NCLIS）联合召开了信息素质专家会议并发布了《布拉格宣言：走向信息素养社会》，将信息素养定义为一种能力——基于这种能力，人们能够确定、查找、评估、组织和有效地生产、使用和交流信息，并解决面临的问题。《布拉格宣言》宣称："信息素养是人们有效参与信息社会的一个先决条件，是终身学习的一种基本人权。"

综上所述，信息素养，不仅是一种个人的能力素养，同时还是一种个人的基本素养。在信息社会中，获取信息、利用信息、开发信息，已经普遍成为对现代人的一种基本要求，也是信息社会劳动者们必须掌握的终身技能。信息素养的基础是收集、获取信息的能力，信息素养的核心是信息加工能力。信息素养是通过人们的生产生活实践和接受信息教育培养而形成的处理信息的综合能力。信息素养作为人们终身学习和知识创新的基础技能，越来越受到世界各国教育界、信息产业界乃至社会各界的广泛关注。

2. 信息素养的构成

信息素养是一个内涵丰富的概念，它不仅包括利用信息工具和信息资源的能力，还包括选择、获取、识别信息以及加工、处理、传递和创造信息的能力。信息素养主要由信息意识、信息知识、信息能力以及信息道德四个要素组成。

(1) 信息意识

意识是人的自觉的心理活动,信息意识是指信息获取的主体对客观信息自觉的心理反应。是否能意识到何时需要信息和需要什么样的信息,是信息意识强弱的最重要表现。而信息意识的强弱对于信息主体是否善于发现并挖掘出有价值的信息起着关键的作用,也直接影响到信息主体的信息行为效果。信息意识的主要特征表现在如下几点:

① 对信息具有敏锐的感受力

信息能否被利用取决于一个人对于信息的态度,也就是取决于他的信息意识,而不是取决于信息本身所具有的价值。百度的创始人李彦宏说,1999 年是百度诞生的最好时机,现在无论是谁都无法再做一个百度出来。一个人只有对信息有敏锐的感受力,才会导致他产生及时、迅速的信息行为。

② 对信息具有持久的注意力

具有信息意识的人,往往是那种对信息始终关注的人,这种关注不是一时的行为,而是一种持久的态度和习惯性的倾向。这样的人可以突破时间和空间的限制,随时随地用信息的眼光审视和洞察现象、思考问题。

③ 对信息具有深刻的判断力

一个具有强烈信息意识的人,对于信息价值的状况能够迅速地做出准确的判断,能够在纷乱无序的信息海洋中进行有效的识别和选择,并通过去粗取精、去伪存真的筛选,从而获得有价值的信息资源。大学生应该注重信息意识的培养,不断增强自己对信息的敏感程度,提高自己捕捉、分析、判断和吸收信息的自觉性。

一则信息价值发掘的经典案例剖析

日本是一个善于利用信息的国家。20 世纪 60 年代的中国对外严密封锁大庆油田的信息,地图上没有大庆,因此日本人无法获得大庆油田的准确信息。但他们聚焦于有关大庆的零星情报研究,仅靠当时《人民画报》和《人民日报》的几段报道和几幅图片,最终还是获得了极具经济价值的深层次信息。其过程解析如下:

① 推断大庆的大概位置——有一期《人民画报》曾在封面刊登过天下着鹅毛大雪,王进喜身着大棉袄的照片。日本人据此分析:大庆应该在东北,否则不会下这么大的雪。② 确定大庆的中心位置——《人民日报》曾报道:王进喜同志到了马家窑,说了一声"好大的油海啊!我们要把中国石油落后的帽子扔到太平洋里去"。日本人据此分析:马家窑就是大庆的中心;"好大的油海"暗示油田的储油量很大。《人民日报》还曾报道:中国工人阶级发扬了一不怕苦二不怕死的革命精神,大庆的设备不用马拉车推,完全是肩扛人抬。日本人由此得出推论:油田不会远离火车站,远了就拉不动设备。后来日本派了一个经济间谍以游客身份到东北,研究铁路线,发现了油罐车,顺着铁路找到了离马家窑不远的火车站。③ 推算产油量和石油需求量——依据1966 年王进喜同志光荣地参加了全国人民代表大会的消息,日本人确定大庆出油了,

否则王进喜当不了人大代表。日本人又根据《人民画报》上王进喜的工作照钻台上手柄的架式与王进喜手臂的对比,算出油井的直径是10多厘米,并根据直径推算每天产油量。他们结合中国国务院的政府工作报告公布的数据,用该年产油量减去上年产油量,就得出大庆的石油产量。④提前设计适合中国专用的石油设备——日本人根据中国当时的工业水平预测,中国必然会向世界公开招标石油设备。于是决定根据中国的需求特点预先做好了量身定做的设计方案。果然,大庆油田出油后我国向世界各国征求开采大庆油田的设计方案,日本人一举中标,并获得了很可观的经济效益!

(2) 信息知识

信息知识是支撑一切信息活动的基础,当代大学生应掌握开展信息活动所必须具备的信息基础知识和信息技术知识。其中信息基础知识主要包括要认识和理解信息的概念与内涵、了解信息源的类型与特点、掌握信息组织的基本理论与方法、了解信息交流的形式与类型、掌握信息分析方法与原则等;信息技术知识主要包括要具备运用信息技术的基础技能、了解信息系统的结构与工作原理等。

(3) 信息能力

信息能力是指对信息系统的基本操作能力,包括对信息的采集、传输、加工、处理和应用的能力,以及对信息系统与信息的评价分析能力等,这也是一个身处信息时代的人很重要的生存和自我发展能力。信息能力主要包括以下几个方面:

① 信息捕捉获取能力

要获取信息,首先必须充分了解信息源的分布和途径,即应该知道在哪儿能够获取自己所需的信息。在知道了信息源后,还要学会获取信息的方法和技术,即具备利用检索技术以获得所需信息资源的能力。

② 信息分析鉴别能力

分析与鉴别信息的能力是指能从众多信息中筛选出有用信息,并经过分析综合,从信息中寻找出解决问题的方法。首先,要对所获得的正确性、权威性、先进性进行鉴别、分析和判断,从众多信息中筛选出权威的、有价值的信息;其次,要运用科学的理论、方法和手段,对凌乱无序的信息进行挖掘、加工、评价,发掘出信息内容的实质,获取对客观事物运动规律的认识。

③ 信息处理加工能力

信息处理加工能力包括对获取信息加工、分析、分类、存储、统计、编辑、重组和创新的能力。信息使用者在收集了原始的信息资料后,应该按照特定的需要对信息进行分类、统计和整理,对所收集的信息的适用性进行评估,确定信息的价值和意义,再根据主题内容按一定的逻辑方法对信息重新加以组织、编排和存储,以便更好更高效地利用信息。

④ 信息交流表达能力

使用信息者在获得了所需的信息资源后,应结合自身的知识和经验,提炼出自己的主张和观点,或形成问题的解决方案,或生成某项决策。这些利用信息所形成的成果或答案,需要用一定的形式反映出来,如论文、综述、报告、讲演、讲座等。在所有的信息能力中,信息交流表达能力是很重要的能力,也可以说它是一切能力的出发点和归属点。

英国技术预测专家詹姆斯·马丁(James Martin)说:"人类知识的倍增周期在19世纪是每50年翻一番,20世纪初是每10年翻一番,20世纪70年代是每5年翻一番,20世纪80年代以后几乎是每3年翻一番。"与此同时,人类知识老化程度加快,一个人所掌握知识的半衰期,在15世纪为80~90年、19到20世纪初为30年,20世纪60年代为15年,进入20世纪80年代已经缩短为5年左右。可见,一个人要能够立足于未来的社会,除了需要具备必备的生存技能之外,掌握自我发展的技能显得尤为重要。随着社会信息化进程加快,大量新知识的获得主要依靠自学,而自学能力的培养,实质上就是提高自身的信息素养水平,注重某一门的专业技能的教育已经不再是高校教育使命的"终点",取而代之的是通过加强信息素养教育培养他们终身学习的能力,为他们插上奋进向上的"隐形翅膀",这才是生生不息的动力源泉。

(4) 信息道德

信息道德是指人们在信息活动中应遵循的道德规范,它是信息时代规范人们的社会信息行为的伦理准则。信息道德所调节的是信息创造者和信息使用者之间的相互关系,包括信息交流和传递目标要与社会整体目标相一致;各种信息活动都需要遵循信息法律法规,自觉抵制信息污染,自觉尊重知识产权和个人隐私等。

在当今社会,便捷的网络给同学们带来了前所未有的海量信息,也对同学们的信息伦理道德修养提出了更高的要求。大学生应该保证自己所传播的是符合人类的道德规范、促进人类文化发展的信息,而不是有害于人类文化健康发展的东西;我们应该自觉遵守知识产权,任何时候都不剽窃他人的研究成果,在引用他人成果时要标明信息引用来源,未经别人同意不得随意下载、传播别人的信息等,这正是信息道德对我们每一位公民的基本约束。

总之,信息素养的四个要素共同构成一个不可分割的统一整体。信息意识决定一个人是否能想到利用信息和信息技术来解决问题;信息知识和能力决定能不能所需即能所得;信息道德决定在实施具体信息行为中能不能自觉遵守信息道德规范、合乎信息伦理。信息知识和信息能力是信息素养的核心和基本内容,信息意识是信息能力的基础和前提,并渗透到信息利用的全过程。信息道德是信息意识和信息能力正确应用的保证,它关系到信息社会的稳定和健康发展。

1.1.3 信息素养评价标准

信息素养标准是一套完整规范的体系,由行业内权威机构或学会组织专家团队共同制定,用来评估个人的信息素养水平是否达到既定的要求,衡量国家、区域行业信息素养教育是否达到既定目标。当前在信息化社会环境下,世界各国都非常重视大学生的信息素养教育,有的甚至将其提升到国家发展战略的高度,纷纷制定了相应的信息素养评价标准。了解国内外大学生信息素养评价标准,有助于大学生为自身信息素养的培养确定适度目标,督促自己在日常学习中有意识地学以致用,不断提升自身信息素养和终身学习能力。

1. 国外信息素养评价标准

国外信息素养标准的研究起步较早,已经形成相对成熟的通用信息素养标准体系,并应用于指导国家、地区或行业各层面信息素养教育活动。

其中典型的如美国大学与研究图书馆协会(ACRL)2000年颁布的《美国高等教育信息素养能力标准》、英国国家和大学图书馆学会(SCONUL)"高等教育信息素养七大支柱模型"、澳大利亚与新西兰信息素养学会(ANZIIL)出台的《澳大利亚和新西兰信息素养框架》。其中以《美国高等教育信息素养能力标准》影响最大,该标准在美国和墨西哥、西班牙、澳大利亚、欧洲、南非等国家和地区都得到了广泛应用。该标准体系由5项能力标准、22项表现指标和87个成果指标组成,详见表1-1。

表1-1 美国高等教育信息素养能力标准

序号	标准维度	表现指标
标准一	具备明确信息需求的内容与范围的能力。	① 能够清晰地定义和表达信息需求;② 能够识别多种类型与格式的信息源;③ 能够权衡获取信息的成本和效益;④ 具备对所需信息内容与范围进行重新评价的能力。
标准二	能有效地获取所需信息。	① 能够选择最适合的研究方法或信息检索系统,以获取所需信息;② 构建与实施有效的检索策略;③ 能利用联机系统检索信息和使用各种方法获取信息;④ 能调整信息检索策略;⑤ 获取、记录、管理信息与信息源。
标准三	能客观、审慎地评估信息与信息源,并将其综合到现有的知识体系和价值观中。	① 有从获取信息中提炼信息主题的能力;② 能清晰表达运用初步的标准来评估信息和出处;③ 能综合主要思想和观点来构建新概念;④ 能比较新旧知识差异和联系,确定新信息新增含义;⑤ 能确定新的知识对个人价值体系的影响,并使其融合于个人的价值体系中;⑥ 能通过与个人、领域专家及其他人员的交流,来验证对信息的诠释和理解;⑦ 决定是否有必要修订初始的查询。
标准四	能独立或作为团队的一员有效地利用信息以完成特定的任务。	① 能够把新旧信息应用到策划和创造某种作品或功能中;② 能够修改作品或功能的开发步骤;③ 能够有效地与别人就作品或功能进行交流。
标准五	能够理解有关信息使用的经济、法律以及社会问题,获取与使用信息时符合伦理与法律规范。	① 了解信息与信息技术使用的相关法律、伦理以及社会经济问题;② 在存取、使用信息资源时,能够遵守法律、规定、机构性政策和礼节;③ 能在宣传作品或表现形式时声明引用文献的出处。

2015年2月,美国大学与研究图书馆协会(ACRL)发布了《高等教育信息素养框架》(以下简称《框架》)。该《框架》构建了新时期高等教育信息素养教育体系,《框架》的核心是一些概念性认识,它们将许多信息、研究和学术方面的相关概念和理念融汇成一个连贯的整体。《框架》按6个框架要素编排,每一个要素都包括一个信息素养的核心概念、一组知识技能以及一组行为方式。代表这些要素的6个概念按其英文字母顺序排列如下:

① 权威的构建性与情境性(Authority Is Constructed and Contextual)
② 信息创建的过程性(Information Creation as A Process)
③ 信息的价值属性(Information Has Value)
④ 探究式研究(Research as Inquiry)
⑤ 学术研究的对话性(Scholarship as Conversation)
⑥ 检索的战略探索性(Searching as Strategic Exploration)

该指标体系之所以表述为《框架》(framework)是有其特别用意的,《框架》是基于一个互相关联的核心概念的集合,可供灵活选择实施,而不是一套标准,或者是一些学习成果或既定技能的列举。该框架也可以理解为是对2000年颁布的《美国高等教育信息素养能力标准》的升级。框架将高校信息素养教育的目标延伸和聚焦到大学生适应现代社会和实现自我发展所必需的探究式学习、团队协作、沟通表达、批判思维等核心能力培养上,这些都是自主学习和终生学习能力的核心要素。当然,这种信息素养核心能力培养的思想,也与国际工程教育专业认证的《华盛顿协议》中对工程教育人才培养的理念与要求完全契合。《华盛顿协议》于1989由来自美国、英国、加拿大、爱尔兰、澳大利亚、新西兰等6个国家的民间工程专业团体发起和签署。2013年我国加入《华盛顿协议》并成为预备成员,2016年成为其正式成员国。因此,该《框架》也将对目前我国高校开展信息素养教育具有极大的借鉴和指导意义。

2. 我国的信息素养评价标准

与国外相比,我国信息素养评价标准的研究与实践正处于探索阶段,尚未形成统一的国家标准。其中有影响力的评价体系有三个,分别是北京图书馆学会2005年发布的"北京地区高校信息素养能力指标体系"、中国科学技术信息研究所制定的"高校学生信息素养评价标准"和北京高校图工委制定的"高校大学生信息素质指标体系"。其中2005年发布的"北京地区高校信息素养能力指标体系"在国内的影响力和权威性比较大,该体系分为七个指标维度、19个二级指标和61个三级指标。详见表1-2。

表1-2 北京地区高校信息素养能力指标体系

序号	标准维度	二级指标
标准一	能够了解信息以及信息素质能力在现代社会中的作用、价值与力量。	① 具有强烈的信息意识。 ② 了解信息素质的内涵。
标准二	能够确定所需信息的性质与范围。	① 能够识别不同的信息源并了解其特点。 ② 能够明确地表达信息需求。 ③ 能够考虑到影响信息获取的因素。
标准三	能够有效地获取所需要的信息。	① 能够了解多种信息检索系统,并使用最恰当的信息检索系统进行信息检索。 ② 能够组织与实施有效的检索策略。 ③ 能够根据需要利用恰当的信息服务获取信息。 ④ 能够关注常用的信息源与信息检索系统的变化。

(续表)

序号	标准维度	二级指标
标准四	能够正确地评价信息及其信息源,并且把选择的信息融入自身的知识体系中,重构新的知识结构。	① 能够应用评价标准评价信息及其信息源。 ② 能够将选择的信息融入自身的知识体系中,重构新的知识体系。
标准五	能够有效地管理、组织与交流信息。	① 能够有效地管理与组织信息。 ② 能够有效地与他人交流信息。
标准六	作为个人或群体的一员能够有效地利用信息来完成一项具体的任务。	① 能够制定一个独立或与他人合作完成具体任务的计划。 ② 能够确定完成任务所需要的信息。 ③ 能够通过讨论、交流等方式,将获得的信息应用到完成任务的过程中。 ④ 能够提供某种形式的信息产品(例如:综述报告、学术论文、项目申请、项目汇报等)。
标准七	了解与信息检索、利用相关的法律、伦理和社会经济问题,能够合理合法地检索和利用信息。	① 了解与信息相关的伦理、法律和社会经济问题。 ② 遵循在获得、存储、交流、利用信息过程中的法律和道德规范。

1.1.4 信息素养教育

1. 对大学生进行信息素质教育是适应社会信息化发展的需要

美国著名的未来学家阿尔温·托夫勒在《权力的转移》一书中指出:"谁掌握了知识和信息,谁就掌握了支配他人的权力"。在信息化社会,信息已成为这个社会赖以生存和发展的重要资源,成为促进社会发展、经济、技术革新的主要因素。信息的迅猛增长,使人们在生活、工作和开展科学研究时,都面临着信息选择的现实问题。人们通过各种渠道传递、利用、交流着信息,但这些信息都是未经筛选和处理的,这就给人们评价、理解和利用信息带来了困扰。因此,加强对大学生的信息素养教育,使他们能够准确、快速、经济地获取信息,并有效地分析、评价与利用信息,是确保他们能够适应信息时代社会发展的重要前提。

2. 对大学生进行信息素质教育是培养创新型人才的关键

高等教育的主要任务是培养面向社会的创新型人才,而创新能力是与一个人的信息素养分不开的。人们只有具有了信息素养,才能掌握有效的方法和途径去获得相关领域的知识,才能随着科学技术的发展而不断更新知识结构,为创新奠定基础。在大学阶段培养学生的信息素养,不仅有助于提高他们自主学习和创新的能力,还能为他们走向社会接受培训、学习、胜任工作打下坚实的基础,在信息社会里,大学生信息素养高低还是一个国家人力素质和生产力水平的重要指标。信息素养和创新是相辅相成的,加强信息素养教育,是把大学生培养成为高素质的创新型人才的关键。

具有信息素养的人,能够将获取的有效信息融入自己的知识结构中,从而利用信息去思考、辨别、判断,以形成自己的观点,完成一个具体的任务。这个思考、判断的过程正是一个批判性思维的过程。在这个过程中,人们通过对信息的吸收、分析形成一种新的观点、新的思想。这正是人们进行创新思维活动时所需要的过程。人的思维活动是指对感性材料进行分析和综合,通过概念、判断、推理的形式,形成合乎逻辑的理论体系的过程。人们获得的信息本身就是一种感性的材料,形成的理论体系也应该是一种升华的、超越式的、具有新的效益的体系。信息素养能改变人的思维方式,拓展思路,激发创新欲望,增加创新兴趣。信息素养能使人的思维更具联想性。人们在进行分析和综合时常会以联想的方式来运用过去的分析标准和综合方式,在分析和综合过程中逐步形成新的分析标准和综合方式,这也是创新过程的一个重要方面。

3. 加强信息素养教育是培养终身学习能力的需要

信息是人类社会发展的基础,也是人类的智慧之源。21世纪是信息社会,也是一个学习型的社会。在这个社会中,人的一生就是一个终身学习的过程。因为在信息化学习型社会中,新的知识和技术不断涌现,信息呈几何级数倍增,知识更新在加快,要使自己能够适应这个变化,就需要树立终身学习的理念。增强自学能力与终身接受教育是现代大学生必须具备的基本素质,而这正是信息素养教育着力培养的一种能力。世界各国的大学教育都在进行积极的探索与创新,其中,如何变"授人以鱼"为"授人以渔",使大学生在能力素养上变"学会知识"为"会学知识"是当下各个高校面对的一个现实课题。通过富有成效的信息素养教育使大学生具备良好的信息素养和终身学习能力,是赋能当代大学生的重要举措。

1.2 信息与信息源

1.2.1 信息·知识·情报·文献

1. 信息(Information)

(1) 信息的概念

汉语"信息"一词,最早出现于西晋著名史学家陈寿著的《三国志》中,书中有"正数欲来,信息甚大"的记载;唐代诗人李中写的《暮春怀故人》中诗句"梦断美人沉信息,目穿长路倚楼台",也使用了信息一词。但古人所说的信息是指音讯、消息的意思;而本书使用的信息概念,其英文是"Information",其含义是情报、资料、消息、报道之意。随着科学技术的发展与社会信息量的剧增,信息的概念逐步被运用到人类社会生活的各个领域。但是,不同领域的人会从不同的角度对其进行表述,尽管这些定义不尽相同,但他们对理解信息的概念均有着重要的参考价值,现列举其中的几个典型定义如下。

信息论的奠基人香农(C. E. Shannon)认为"信息是用来消除随机不确定性的东西",

这被看作是对信息的经典性定义。

控制论创始人维纳(N. Wiener)认为"信息是人们在适应外部世界,并使这种适应反作用于外部世界的过程中,同外部世界进行互相交换的内容和名称"。"信息既不是物质,又不是能量,信息就是信息。"维纳的观点深刻地揭示信息是有别于物质和能量的构成人类社会赖以生存的三大基础之一。世界由物质组成,能量是一切物质运动的动力,信息是人类了解自然及人类社会的依据。

美国信息管理专家霍顿(F. W. Horton)给信息下的定义是:"信息是为了满足用户决策的需要而经过加工处理的数据。"简单地说,信息是经过加工的数据,或者说信息是数据处理的结果。

哲学家们则从产生信息的客体来定义信息,认为事物的特征通过一定的媒介或传递形式使其他事物得以感知。这些能被其他事物感知的、表征该事物特征的信号内容,即为该事物向其他事物传递的信息。

可见,虽然各学科对信息的定义形态各异,但是有关信息的基本内涵却是相近的,即信息不是物质本身,它是物质的一种基本属性;信息是自然界和人类社会中一切事物自身运动状态以及它们之间的相互联系与相互作用所发出的消息、音信、信号、指令、程序等所包含的内容;信息是无时不有和无处不在的,任何物质系统无时不与其他物质系统进行着信息传递和交流。

(2) 信息的基本属性

① 普遍性。信息是普遍存在的。从宏观的宇宙天体到微观粒子、从自然界到人类社会,万事万物都是信息的母体。信息无处不在、无时不在。

② 客观性。信息不是虚无缥缈的东西,它是现实中各种事物的运动状态与运动方式的客观反映。只要有事物的存在,就会有事物的运动,就一定会有信息的存在。因此,信息的存在是不以人的意志为转移的,但信息可以被人所感知、存储、处理、传递和利用。

③ 传递性。信息的传递性是指信息在空间上可以从一个地方传到另一地方,在时间上信息也可以从一个时期传递到另一个时期。信息储存就是信息在时间上的传递。信息借助于一定的物质载体才能进行传送,信息的传递性决定了信息的可扩散性,信息可以通过各种渠道和媒介得以传播。

④ 时效性。由于事物是不断变化的,所以反映各种事物运动状态和特征的信息也会随之而变化。随着信息社会的快速发展,反映社会政治、经济、文化、科技等各类信息的新增与老化速度都同步加快。信息的价值取决于人们能否对其及时把握。过了时效的信息可能就失去当时应有的效用,例如战争情报、金融信息等时效性很强的信息。信息的时效性提醒我们,只有敏锐地捕捉信息才能有效地利用信息。

⑤ 共享性。信息的共享性主要表现在同一信息内容可以同时为多个用户使用,而信息内容和信息量并不会因此而有所减少,信息的共享程度越高,信息所发挥的作用就越大。可见,信息交流与实物交流有着质的区别。人们在进行实物交流时,一方有所得是以另一方有所失为前提的;而人们在做信息交流时却不会因一方拥有而导致另一方失去拥有的可能。

⑥ 依附性。信息不能独立存在,信息必须借助于一定的载体而存在或表现出来。信

息的生产、处理、储存、传播、利用都离不开物质载体,与载体分离的信息是不存在的。

⑦ 存贮性。信息可以收集、加工、整理、筛选、归纳和综合,并通过记忆或各种载体把信息存储起来。人类正是通过对信息的存贮才保存了人类的文化遗产,保证了人类文明的不断延续,使人类可以在前人智慧的基础上,去发展和创造新的文明。

(3) 信息的分类

信息的分类方法很多,按照不同的标准从不同的角度可以得到不同的分类结果。例如:

① 按信息记录方式划分,信息可以分为文字信息、图像信息和语声信息。

② 按信息载体形态划分,信息可以分为文献信息、实物信息、口头信息和电子信息。

③ 按照信息的加工层次,信息可以分为零次信息、一次信息、二次信息和三次信息。

④ 按信息内容划分,信息可分为政治信息、经济信息、文化信息、科技信息和农业信息等。

2. 知识(Knowledge)

知识是人们在改造世界的实践中所获得的认识和经验的总和,是人的大脑通过思维重新组合的系统化的信息集合。知识来源于信息,知识是信息的一部分。

知识通常被分为两类:一类是显性知识,显性知识是能够被人们以一定符码系统(最典型的是语言,也包括数学公式、各类图表、盲文、手势语、旗语等多种符号形式)加以完整表述的知识;另一类是隐性知识,它是指那些人们通过实践而积累的经验、技巧、诀窍和灵感等隐藏在人的大脑内部而未公开的秘密知识,或者说那种人类可以感知但难以表述的知识。此外,国际经济合作与发展组织(OECD)在1996年发表的《以知识为基础的经济》报告中,还依据知识的表现形态将其分为四种类型:知道是什么的知识(Know-what),指关于客观事实的知识;知道为什么的知识(Know-why),指自然规律和原理方面的知识;知道怎么做的知识(Know-how),指技术诀窍、技能和能力方面的知识;知道是谁的知识(Know-who),涉及谁知道和谁知道如何做某些事的知识。

知识主要有以下的基本属性:

(1) 实践性

社会实践是一切知识产生的基础和检验知识的标准,科学知识对实践有重大的指导作用。

(2) 真理性

知识既是客观事物及客观世界的反映,就必然有真伪可言。知识可通过实践检验其真伪或测量其真伪的程度,也可用逻辑推理证明其真假。

(3) 相对正确性

知识的真理性是有条件和有环境要求的。知识不可能无条件地真,即绝对正确,也不可能无条件地假,即绝对谬误,因此知识的真伪是具有"相对性"。在一种条件下或某特定时刻为真的知识,当时间、条件和环境改变时可能变成假。例如 $1+1=2$ 只是在十进制的前提下才是正确的,如果是二进制就不正确了;再如,"水的沸点为100摄氏度",这个知识是以"外界环境为一个大气压"为条件的,当外界的气压不是一个大气压时,上述命题就不是真的。

(4) 渗透性

随着知识门类的增多,各种知识可以相互渗透,形成许多新的知识门类,形成科学知识的网络结构体系。

(5) 继承性

每一次新知识的产生,既是对原有知识的深化与发展,又是更新知识产生的基础和前提。知识被记录或被物化为劳动产品后,可以世代相传而为人们所利用。

3. 情报(Intelligence)

情报是为了满足特定的信息需求,在搜集、整理、加工、分析信息的基础上形成的信息产品。要理解情报的概念需要把握两点:其一、情报能够满足情报用户的特定需求,体现了情报的效用性;其二、情报是一种信息产品,一般要经过对信息的搜集、整理、加工、分析才能获得,体现了情报的加工性。

情报来源于知识和信息,情报具有以下特点:

(1) 针对性。对于同一个情报,对于用户 A 来说,可能是很重要的情报;对于用户 B 来说,可能是比较重要的情报;对于用户 C 来说,可能根本谈不上情报。

(2) 竞争性。情报一般用于用户与用户之间的竞争上。如用户 A 与用户 B 是竞争对手,则 A 希望获得 B 的情报,却不希望 B 获得自己的情报。

(3) 保密性。情报涉及用户的商业秘密、研究秘密、私人信息、学术信息、人际网络信息等方面的内容,而用户一般不愿意让他人了解到这些信息。

(4) 期限性。情报的期限性包括两层含义,一是针对保密性而言,即情报有一定保密期限,过了保密期限,就有可能公开化;二是针对效用性而言的,即情报可能在一定期限内有效,过了有效期限,就可能公开化,也就可能失去了之前的特定效用。

4. 文献(Literature)

世界上最古老的文献包括古代西亚的楔形文字文献、古代埃及的草纸文献、古代希腊的克里特线形文字文献和我国商代的甲骨文文献等。古时候人们所说的文献主要是指文字资料和言论资料;到了现代,随着人类的进步和科学技术的发展,文献概念的外延也在不断地扩展。按照我国 1983 年颁布的《中华人民共和国国家标准·文献著录总则》规定:文献是记录有知识的一切物质载体。由此可知,文献的构成主要有四大要素:

(1) 知识信息内容。文献的本质是知识信息,没有知识信息作为内容就不能成为文献。因此,知识信息是文献的核心与灵魂,知识信息内容是文献最基本的要素。

(2) 信息符号。文献中记录知识和信息的符号形式有文字、图表、声音、图像等多种,文献中的知识和信息是通过这些符号形式被记录下来并为人们所感知的。

(3) 记录方式。文献记录方式就是将知识和信息附载在文献上的技术手段,如铸刻、书写、印刷、复制、录音和录像等。随着现代信息技术的发展,文字记录可以转变为数字记录,并用电子技术手段将知识信息存储到现代载体上。

(4) 载体材料。载体材料是记录知识和信息符号的物质材料,也是信息和知识内容传播的媒介,如甲骨、竹简、绢帛、纸张、胶卷、磁盘和光盘等,它是文献的外在形式。随着科学技术的不断进步,文献的载体材料在向着体积更轻便、信息容量更大、更便于保存和传播的方向发展。

5. 信息、知识、情报与文献之间的相互关系

信息的概念十分广泛,既存在于人类社会,也存在于自然界,并统一于物质世界中。其中被人们认识并序列化了的那部分信息转化为知识,被人们在特定场合中使用并发挥作用的信息则成为情报。

知识仅存在于人类社会,是人脑意识的产物,信息是产生知识的原料,信息在转化为知识时经过人脑的判断、推理、综合,同时转换了载体,其中被人们运用于实践活动中,有使用价值的那部分知识成为情报的主要部分。

情报属于人工信息的范畴,信息与知识都是它的来源,符合人们特定需要的信息和知识一旦成为情报之后,便具备了知识性、传递性和效用性等特征。未被人们作为情报而搜集、加工、存贮、利用的信息则是一般意义的信息。失去时效性的情报又还原为知识。

文献是知识或信息的物质存在形式,是积累和保存知识的载体。

由此可见,信息、知识、情报与文献之间的关系是相互关联且十分密切的:信息的范围比知识、情报大;知识只是信息中的一部分;情报又是知识的一部分;而信息、知识、情报与文献又表现出了依赖关系。信息、知识、情报、文献之间的关系如下图1-1所示。

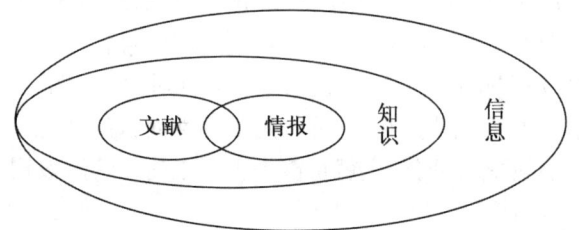

图1-1 信息、知识、情报、文献之间的相互关系

1.2.2 信息源概念及其类型

1. 信息源概念及其分类

(1) 信息源的概念

信息源就是产生信息的源头,也是人们获得信息的来源。因为信息是物质的一种属性,因此"万物皆是信息源",如文献、实物都是最常见的信息源。此外,信息源还可以是个人、机构,也可以是某一具体的活动场所或自然界的山川、河流等。这些就是我们广义角度上理解的信息源。

而图书情报领域则认为,人们在科研活动、生产经营活动和其他一切活动中所产生的各种成果、原始记录,以及对这些成果和原始记录加工整理得到的产品都可称为信息源。信息源内涵丰富,它不仅包括各种信息载体,也包括各种信息机构;不仅包括传统印刷型文献资料，也包括网络信息资源；不仅包括各类信息生产机构，也包括各类信息储存和信息传递机构。不断寻找、发现和利用对自己生活、工作、学习和研究有用的信息源，对每个人来说都是非常重要的，对于广大同学来说，掌握相关信息源就是掌握了获取知识的途径、找到了打开知识之门的钥匙。

(2) 信息源的分类

信息源可以从多个角度进行认知与分类，如果以依托的载体不同来分类，人们把信息源分为：体载信息源、实物信息源、文献信息源和网络信息源四类。

① 体载信息源，是指以人体为载体并能为他人识别的信息，按其表达方式又可分为口头信息源和体语信息源。

口头信息源，是指存在于人脑的记忆中，通过语言来传播，即以人脑为信息载体的人与人之间的对话、交谈、讨论、演讲等无文献记录或不做记录的信息来源。口头信息源具有出现早、传递快与偶发性强的特点。其中，有些认识恰如思想火花转瞬即逝；有的经过加工整理形成文字附载于各种文献中；有的成为长期记忆存贮于大脑之中。

体语信息源，是指以人的体态表达出来的信息资源，如表情、手势、姿态、舞蹈等。

② 实物信息源，是指以物质为载体通过观察来传播的信息源。如产品、样品、模型、设备建筑物等。

实物信息源包括自然实物信息源和人造实物信息源两大类。自然实物信息源，如自然界的动物、植物、山川、河流以及宇宙等，它们是未经人们加工的自然存在，能够直接反映事物的原始状态。人们可以从中获取有关自然界的信息，如气象的变化、矿产的蕴藏、动植物的繁衍等。人造实物信息源是指经过人类有目的的加工而成的物体，如产品、样品、样机等，它是人类活动的产物。其信息具有内隐性，其内涵为加工工艺、化学成分、物质参数、设计指标、外观状态等。对这类信息源的利用，需要经过较为复杂的分析研究，将蕴含在实物中的信息解释出来才能够实现。

实物信息源特点是真实性、直观性、间接性；但又具有传递不方便、流通渠道不通畅等缺点。

③ 文献信息源，是指以文字、图形、符号、声频、视频等方式记录在各种载体上的知识和信息。这类信息经过了人们的加工、整理，具有较为系统、准确、可靠的特征，便于保存和利用，但也存在信息相对滞后、部分信息尚有待证实等问题。从整体上来说，这类信息源是当前数量最大、利用率最高的一类信息源。

④ 网络信息源，是通过计算机网络可以利用的各种信息资源的总和。它是以数字化形式记录，以多媒体形式表达，存储在网络计算机磁、光介质以及各类通信介质上，并通过计算机网络通信方式进行传递的信息内容的集合，是一切投入互联网络的电子化信息资源的统称，是一种新型数字化资源。在范围上它不仅包括 Internet 上的信息资源，也包括各种局域网和广域网上的信息资源。

其中，文献信息源和网络信息源，是人们在学习、工作和研究中使用最多的两种信息源类型，下面分别做进一步的介绍。

2. 文献信息源的类型与特点

(1) 按文献的载体形式不同可以分为四种类型

① 印刷型文献

印刷型文献是指以纸张为存储介质，以印刷技术为记录手段而产生的一种文献形式。如图书、报刊以及各种印刷资料。印刷型文献具有历史悠久、收藏丰富系统、使用方式灵活方便、保存时间相对较长的特点。这类文献的使用符合人们长期以来形成的阅读习惯，即便是在今天数字化文献已经被人们广泛接受、普遍使用的情形下，纸质图书等一部分印刷型文献仍然是人们用于学习、研究活动的主要选择对象，是各级各类图书馆重点收藏和提供服务的基础内容。

② 缩微型文献

缩微型文献是一种以感光材料为存储介质，以缩微照相技术为手段而产生的一种文献形式。缩微型文献通常有缩微平片(microfiche)、缩微胶卷(microfilm)两种形式。它主要用于保存过期文献，如报纸、档案、银行票据等，也有部分文献直接以缩微形式出版。其优点是存储密度高、体积小、重量轻、易保管且不宜变质等。在存储信息量相同情况下，普通缩微平片比纸质文献节省空间98%，超缩微平片一般每张可存储文献 1 000~3 200 页。但缩微型文献缺点是阅读不方便，必须借助缩微阅读机才能阅读。

③ 声像型(或称视听型)文献

声像型文献是以感光材料或磁性材料为载体，以光学感光或电磁转换为记录手段而产生出来的一种文献。它包括录像带、录音带、幻灯片、唱片、科技电影等。对于难以用文字表达和描绘的音像资料，如用以记载野生动物保护区珍稀禽兽的活动及其吼鸣声。通过声像型文献的记载可达到如见其形、如闻其声的真切效果，给人以直观的感觉。

④ 机读型文献

机读型文献又称为数字化文献，是通过计算机存储和阅读的文献类型。它以磁性或塑性材料为载体，以穿孔或电磁光学符号为记录手段，通过编码或程序设计，将文字语言变成计算机可识别的机器语言输入计算机，阅读时再以计算机将其内容输出。主要包括磁带、磁盘、光盘，以及种类繁多的数字出版物，如数字图书、数字报刊等。

(2) 按文献的加工层次不同可以分为四个级别

① 零次文献(也称为灰色文献)

记录在非正规物理载体上的未经任何加工处理的信息源叫做零次信息，比如书信、论文手稿、笔记、实验记录、会议记录、内部档案、论文草稿和设计草稿等等，这是一种零星的、分散的和无规则的信息。它具有原始性、新颖性、分散性和不定型等特征。由于不公开交流，其传播渠道的范围有限，获得和利用的难度也较大。

② 一次文献

凡是作者在科学研究或生产实践中，根据科研成果、发明创造而撰写的文献称为一次文献。一次文献是最基本的文献信息源，也是文献检索和利用的主要对象。诸如图书、报刊、研究报告、学位论文、专利说明书、科技档案、技术标准和科技报告等都属一次文献。这些文献具有创新性、实用性和学术性等明显特征。

③ 二次文献

二次文献是文献工作者对分散的、无序的一次文献,采用一定的方法加工、整理、归纳、简化,把文献的外表特征和内容特征著录下来,最后形成的有组织、有系统的检索工具,如书目、题录、文摘、索引等。二次文献是人们有效地管理、控制和利用一次文献的工具,它提供了一次文献的线索及概貌,便于人们查找和利用各种分散的一次文献。

④ 三次文献

三次文献是在一、二次文献基础上,经过综合分析之后所编写出来的各种综述、述评、词典、百科全书、年鉴、手册、专题评述、名录等。具有系统性、综合性、知识性和概括性的特点。

综上所述,从零次文献、一次文献、二次文献到三次文献,是一个从分散到集中,从无序到有序,从多到精对知识信息进行不同层次加工的过程,他们之间的相互关系如下:

- 零次文献和一次文献,是最基本的信息源,是文献信息检索和利用的主要对象。
- 二次文献,是一次文献的集中提炼和有序化,它是文献信息检索的工具。
- 三次文献,是把分散的零次文献、一次文献和二次文献,按照专题或知识门类进行综合、分析、加工而成的成果,是高度浓缩的文献信息,它既是文献信息检索和利用的对象,又可作为检索文献信息的工具。

(3) 按文献的出版形式可以分为十种类型

① 图书

联合国教科文组对图书的定义是:凡是由出版社(商)出版的不包括封面和封底在内49页以上的,具有特定书名和著者名,编有国际标准书号(ISBN),有定价并取得版权保护的出版物称为图书。

图书是文献的主要形式,它具有内容系统、全面、成熟、可靠等特点,但传递信息的新颖性和快捷性不如期刊、会议文献等类型。图书有助于人们比较全面系统地学习和研究各种知识与理论。

从图书揭示和反映文献内容的详略程度来看,通常还可以把它区分为阅读性图书和工具性图书两种类型。其中阅读性图书包括各种教科书、学术专著、文集等;工具性图书又称为工具书,包括各种百科全书、大全、年鉴、手册、辞典、指南、名录、统计、图谱等。

每一种正规出版的图书都有一个国际标准书号(ISBN),ISBN 由多位数字分五段组成,如 978-7-302-02372-7,表示这是一个中国大陆代号为 302 的出版社出版的一种图书,其书名号为 02372,该书校验码为 7(其中,302 是代表清华大学出版社代号)。

② 期刊

期刊是指有固定名称、统一出版形式和一定出版规律的定期或不定期连续出版物。相比图书,期刊具有出版周期短、内容新颖、信息量大、发行面广、能及时传递最新科技信息,是交流学术思想最基本的文献形式。据估计,期刊情报约占整个科技信息源的 60%~70%,因此,期刊受到科技工作者的高度重视。按刊载的内容可以把期刊分为学术期刊与通俗性期刊两类;根据期刊的内容质量又可以划分为核心期刊与一般期刊等类型。

每一种正式出版的期刊都有一个国际标准刊号(ISSN),ISSN 由 8 位数字分两段组成,如 1000-0135,前七位是期刊代号,第八位是校验码。另外,我国正式出版的期刊还有一个国内统一刊号(CN)。

③ 报纸

报纸是具有固定名称,面向公众定期连续发行或发布新闻、评论、时事或娱乐等各类信息的出版物。相对于期刊和图书,报纸具有受众面广、发行量大、信息量大、时效性强、影响力大等特点,也是一种重要的信息源。

④ 科技报告

科技报告是国家政府部门或科研生产单位关于某项研究成果的总结报告,或是研究过程中的阶段性报告。出现于20世纪初,第二次世界大战后迅速发展,并成为科技文献中的一大门类。每份报告自成一册,通常载有主持单位、报告撰写者、密级、报告号、研究项目号和合同号等。按内容可分为技术报告、技术备忘录、札记、通报和其他(如译文、专利)等。按技术密级又可分为绝密、秘密、内部限制发行和公开发行。目前,英、美、德、日等国每年产生的报告达20万件左右,其中美国占80%,美国政府的PB、AD、NASA、DOE四大报告在国际上最为著名。

AD(ASTIA Document)报告:产生较早,1951年开始出版。原来为美国武装部队技术情报局(Armed Services Technical Information Agency, ASTIA)出版的文献,即ASTIA Document 报告。现今AD含义已变为入藏文献(Accession Document),主要收录军事科技方面的文献资料。

PB(Publishing Board)报告:产生于第二次世界大战结束之后,当时的美国政府为了整理和利用从战败国获得的数以千吨计的秘密科技资料,于1945年6月成立了一个专门的出版局,即美国商务部出版局(Publishing Board),负责收集、整理、报道利用这些资料,报告的内容侧重于各种民用科学技术和生物医学。

NASA报告:是美国航空航天局(National Aeronautics and Space Administration)出版的报告。内容除航空航天技术以外,涉及许多相关学科,在一定程度上成为综合型科技报告。

DOE报告:是美国能源部(US Department of Energy)出版的报告,收录能源部所辖实验室、能源技术中心和情报中心以及合同单位发表的科技报告,内容涉及核能与其他能源,包括矿物燃料、太阳能以及节能、环境和安全等内容。

科技报告具有保密的特点,因而不易获取。在我国,国家图书馆、国防科技信息研究所和上海图书馆保存的科技报告相对完整。

⑤ 会议文献

会议文献是在各种会议上宣读和交流的论文、报告和其他有关资料。传统会议文献多数以会议录的形式出现。其特点是专业性强、内容新、学术水平高、出版发行较快。会议文献大部分是本学科领域内的新成果、新理论、新方法,且经过会议主办者审查、推荐,经过专家学者提问、讨论、评价、鉴定,再由本人修改后出版。会议文献可靠性较高,基本上都是在会议上首次公布的成果,因而越来越受到人们重视,成为了解新动向、新发现的重要信息源。

会议的类型很多,依照会议召开的范围可分为国际会议、全国会议和地区性会议三种。从会议文献形成的时间节点还可分为会前文献和会后文献两类。会前文献主要指论文预印本和论文摘要；会后文献主要指会议结束后出版的论文汇编——会议录。约40%的会后文献以期刊的形式出版(如特辑、专辑等)，也有以图书形式出版的专题论文集，还有以连续性会议文献的形式定期或不定期出版的，如丛书、丛刊等。

⑥ 政府出版物

政府出版物是指各国政府部门及其专设机构所出版的文献，可分为行政性文件(国会记录、政府法令、政策、统计等)和科技文献(科普资料、技术政策等)。政府出版物具有正式性和权威性的特点，对于了解各国科学技术发展情况具有独特的参考价值。

⑦ 专利文献

广义上讲，专利文献是一切与专利制度有关的文件的统称，其内容集技术、经济、法律于一体。专利文献出版量大，实用性强，包括专利说明书、专利公报、专利分类表、专利检索工具以及与专利相关的法律性文件。狭义上讲专利文献主要是指专利说明书。专利说明书是指专利申请人向专利局递交的有关发明目的、构成和效果的技术文件。它经专利局审核后，向全世界出版发行。专利说明书的内容比较具体，有的还有附图，通过它可以了解该项专利的主要技术内容。专利文献具有数量庞大、报道速度快、涉及学科领域广阔，其内容具有新颖性、创造性和实用性等特点。

专利文献在传递经济信息和科技信息方面发挥着极为重要的作用。尽管专利文献只占期刊文献的10%左右，却能提供40%左右的新产品信息量。全世界新技术的90%~95%是通过专利文献公之于世的。据说，只要系统地搜集美、日、英、法、德五国专利，就可以了解西方科技发展情况的60%~90%。

⑧ 标准文献

标准文献是一种标准化工作的规范性技术文件，是经过公认的权威部门批准的标准化工作成果，主要是对工农业新产品、工程建设、对外贸易和文化教育等领域的质量、规格、参数及检验方法所做的技术规定文件。

标准文献的主要特点是：能较全面地反映标准制订国的经济和技术政策、技术、生产及工艺水平，自然条件及资源情况等；能提供许多其他文献不可能包含的特殊技术信息。它具有严肃性、法律性、时效性和滞后性。其中，产品标准是搜集产品信息的来源之一。通过这类文献，可以对产品的类、品种、规格、性能、参数、质量等级、试验和转换方法、包装标志等所做的统一规定有所了解，也可以知道对原材料的品种、规格、物理性能、化学成分、试验和检验方法，以及工艺、试验、分析、测定、检验、验收等的规则和方法所做的规定。

标准文献的外表特征标识有标准级别、标准名称、标准号、标准提出单位、审批单位、标准时间。

⑨ 学位论文

学位论文主要是指各高校、科研机构的学生为了获得学位，在导师指导下独立完成并获得论文答辩通过的学术研究论文。学位论文分为学士学位论文、硕士学位论文和博士学位论文三种类型。学位论文，一般具有密切结合社会实际与工农业生产所需，或以某个级别的科研课题为背景展开实际研究、设计等，具有现实意义的特征，尤其是硕士、博士学位论文所探讨的问题比较专深，在某些方面往往提出了独到的见解和观点，对相关课题研究工作有较大的参考价值。

⑩ 技术档案

科技档案是企事业单位、国家机构、社会组织及个人从事生产、科研、基建及管理活动中形成的，对国家和社会具有保存价值的应当归档保存的科技文件材料，一般有具体事物的技术文件、图纸、图表、照片和原始记录等。详细内容包括任务书、协议书、技术指标、审批文件、研究计划、方案大纲、技术措施、调查材料、设计资料、试验和工艺记录等。这些材料是科研工作中用以积累经验、吸取教训的重要文献。技术档案一般为内部使用，不公开出版发行，有些还有密级限制，因此在参考文献和检索工具中极少引用。

3. 网络信息源的内涵、特点与类型

（1）网络信息源的内涵与特点

网络信息源是指以电子资源数据的形式，将文字、图像、声音、动画等多种形式的信息储存在光、磁等非印刷质的介质中，并借助计算机与网络通信设备发布、收集、组织、存储、传递的各类信息资源的总和。与传统的信息源一样，网络信息源也涉及人类生产、生活、娱乐以及其他社会活动的各个方面，是随着社会实践的发展而不断累积起来的，网络信息源在数量、结构、分布和传播的范围、载体形态、传递手段等方面都显示出新的特点。

较之于传统文献信息源，网络信息源具有如下一些主要特点：

① 信息内容与表现形式多样化

传统信息资源主要是以文字或数字形式表现出来的信息。而网络信息资源则可以是文本、图像、音频、视频、软件和数据库等多种形式，涉及领域从经济、科研、教育、艺术、到具体的各个行业或个体，包含的文献类型从电子报刊、电子工具书、商业信息、新闻报道、书目数据库、文献信息索引到统计数据、图表、电子地图等。

② 存储数字化

信息源由纸张上的文字变为磁性介质上的电磁信号或者光介质上的光信息，使信息的存储、传递、查询更加方便，而且所存储的信息密度高且容量大，可以无损耗地被重复使用。以数字化形式存在的信息，既可以在计算机内高速处理，又可以通过信息网络进行远距离传送。

③ 使用共享化

由于信息存储形式及数据结构具有通用性、开放性和标准化等特点，网络信息源的复制、分发更容易，因此，在不考虑版权的情况下，有些网络资源可以有无限多个复本同时服务于无限多个用户。网络打破了传递的时空界限，用户可以在任何时间、任何地点获取信息资源，使网络信息资源传播的时间和空间范围得到了最大程度的延伸和扩展。多位用户可以同时共享使用同一份信息资源。

④ 信息随机变化大、动态性强

Web 2.0 时代非常流行的一个概念是"用户原创内容"（UGC）。这就是说在 Web 2.0 时代，用户不是被动而是作为主体参与到互联网中来，用户不仅是互联网信息源的使用者，同时还是互联网信息源的传播者和生产者。网络信息资源是一个动态系统，每天都有新的网站出现，同时又有许多网站在进行重组与撤销；网站自身内容和栏目的不断更新，使得许多信息随着时间的推移而不断更新。因此，Internet 上资源的信息地址、信息链接、信息内容处于经常的变动之中。由于信息源的更迭、消失无法预测,因此,必然会影响网络信息资源的有效利用,同时也必然会影响网上有效信息的历史存储。

(2) 网络信息源的缺点

鉴于网络信息源是在一个几乎绝对开放的环境里产生并发展起来的,其信息容量的增长具有无序性。因此,网络信息源也具有一些自身的缺陷,主要表现为:

① 内容庞杂无序。互联网是开放性的,是通过 TCP/IP 协议把不同的局域网连接了起来。当前,网络信息资源的组织管理没有统一标准和规范,任何个人或组织都可以在网络上发布信息,从而使网络成为一个信息量巨大,却又分散、无序、不稳定的信息源。

② 质量良莠不齐。由于网络具有开放性和松散性等特征,难以进行有效的控制和管理,导致网络信息来源的可靠性和检索质量也受到影响,并在兼容性、规范化等方面存在很大差异。因此网络信息的正确性和可靠性,则更多依赖我们自身的鉴别和把握。

③ 缺乏安全保障。网络信息产生和传递的自由程度很高,已突破传统信息管理的范畴,因而必然会带来诸如信息安全、网络安全等一系列问题,版权保护、隐私保护等也缺乏必要的管理和法律保障措施。

(3) 网络信息源的类型

网络信息源是多种多样的,至今并没有一个统一的定义,从不同的角度人们可以对其类型做界定,如下是一些常见分类方式:

① 按信息表现形式,分为电子出版物和非电子出版物。

② 按信息的媒体形式,分为文本信息、超文本信息、多媒体信息和超媒体信息。

③ 按网络信息源加工层次,可以分为网络源指南和搜索引擎、联机馆藏目录、数据库、电子出版物、网上参考工具和其他动态信息。

④ 按照用户采用的不同的网络协议来划分,可以分为基于超文本传输协议(HTTP)的信息源、基于文件传输协议(FTP)的信息源、基于远程登录(Telnet)的信息源、新闻组(USenet/NewSgroupS)源和电子邮件(E-mail)信息源。

此外,随着 Web 2.0 的发展,网络信息源还遍及于整个 Web 2.0。如博客、百科、维基、播客等。

⑤ 按信息内容的表现形式和用途,可分为全文型信息源、事实型信息源、数值型信息源、书目文献型信息源、实时活动型及其他类型信息源(如图形、音乐、影视、广告等各种媒体)。

1.3 信息检索基础

1.3.1 信息检索的原理

信息检索(information retrieval)的概念,最早由美国学者穆尔斯(C. W. Mooers)在 1949 年提出并使用。信息检索的全称为"信息存储与检索",是指将信息按一定的方式组织和存储起来,并依据用户的需求找出所需信息的过程和技术。

信息检索有广义和狭义之分。广义上的信息检索包含对信息的存储和检索两个过程。存储过程是人们将大量的文献,依据其外部特征(指文献名、著者、文献出处等)和内容特征(指文献的主题词、分类号、内容摘要等)进行归类、标引,使之有序化、系统化,形成可以查询使用的信息检索系统。信息的存储过程主要由图书情报部门的专职人员或专业信息标引人员完成的。检索过程就是用户根据检索需要,采用一定的方法,借助信息检索系统,从信息检索系统的信息集合中找出所需要信息的查找过程。

狭义的信息检索,即为广义概念信息检索的后半部分,通常又称为"信息查找",是指从信息检索系统的信息集合中找出用户所需信息的过程。

信息检索的原理就是将检索标识,与已存储在检索工具或系统中的标引标识进行比较匹配,两者一致或信息标引的标识包含着检索标识,则为命中记录,信息检索原理图如图1-2所示。

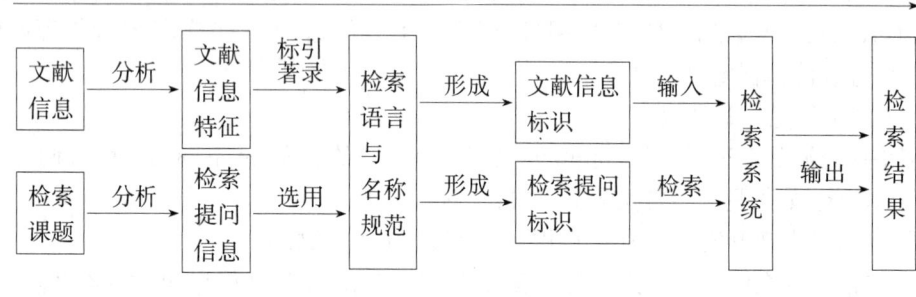

图1-2 信息检索原理图

信息存储时,文献信息工作者将大量的文献、数据、事实资料以一定的格式输入到计算机的软件系统中,形成具备多种分类检索功能的检索数据库。信息检索时,用户将检索提问词组成的检索式输入计算机内,计算机将检索提问词与存储系统的数据进行匹配计算,输出符合需要的检索结果。可见,信息检索基本原理的核心就是用户信息需求与文献信息集合的比较和选择,是两者匹配(match)的过程。

1.3.2 信息检索的类型

1. 根据检索对象来划分

根据检索对象来划分,信息检索可分为文献检索、数据检索和事实检索。

(1) 文献检索(document retrieval)。

文献检索是指以文献原文为检索对象的检索,它是利用检索工具和系统查找文献线索、获取文献信息的过程。传统的文献检索过程一般包括两个步骤,即先通过检索工具(目录、文摘、索引)获取文献线索,再据此查找或者复制文献全文。随着全文检索系统和超文本检索系统的发展,现在人们利用计算机全文检索系统,既实现了对文献信息的查找,也同步实现了对原文文献的直接获取。

(2) 数据检索(data retrieval)。

数据检索是以数据为特定对象的检索,即查找文献中的某一数据、公式、图表以及某一物质的化学分子式等。数据检索是一种确定性检索,检索的结果是经过核实、整理的数据信息,是用户直接可以利用的信息。

(3) 事实检索(fact retrieval)。

事实检索是以各种史实资料、研究结果和现状为检索内容的信息检索。其检索结果既包括事实、概念、思想、知识等非数值型信息,也包括数值型信息。事实检索是信息检索中最复杂的一种,要求检索系统必须有一定的逻辑推理能力和自然语言理解功能。

在上面三种类型的信息检索中,文献检索是一种相关性检索,系统不直接解答用户所提出的问题本身,而只是提供与问题相关的文献供用户参考;数据检索和事实检索是一种确定性检索,系统直接给出用户所需确切的数据或事实。

表1-3所示为常见的中外文文摘型数据库一览表,表1-4为常见的中外文全文型数据库一览表。

表1-3 常见的中外文文摘型数据库一览表

中文题录数据库	中国科学引文数据库(CSCD)、中文社会科学引文索引(CSSCI)、中国生物医学文献服务系统等。
外文文摘数据库	Web of Science(SCI、SSCI、A&HCI 和 CPCI)、Ei(工程索引)、SciFinder(美国《化学文摘》)、PQDT(ProQuest学位论文文摘索引数据库)、CSA(剑桥科学文摘)、CALIS外文期刊目次数据库等。

表1-4 常见的中外文全文型数据库一览表

中文全文数据库	CNKI中国知网、超星数字图书馆、中华数字书苑、读秀学术搜索、维普中文期刊服务平台、万方数据知识服务平台、爱迪科森网上报告厅、国家科技图书文献中心、国研网、台湾学术文献数据库、新东方多媒体学习库、CIDP制造业数字资源平台、中经网统计数据库、世界艺术鉴赏库、银符考试模拟题库等。
外文全文数据库	Elsevier(电子期刊)、ACS(美国化学会)、Wiley-Blackwell(电子期刊)、ASME(美国机械工程师学会)、AIP(美国物理联合会)、AMS(美国数学会)、IOP(英国物理学会)、IEEE/IET Electronic Library(IEL)、Nature(电子期刊)、Springer-Link(电子期刊)、Emerald(爱墨瑞得)、ASCE(美国土木工程师学会)、ASM(美国微生物学会)、EBSCO(学术信息、商业信息数据库)、APS(美国物理学会)、SpecialSciDBS(国道数据库)等。

2. 根据检索方式划分

根据检索方式划分,信息检索可分为手工检索和计算机检索。

(1) 手工检索。是指人们利用手工检索工具(目录、索引、文摘和各类工具书等),通过手翻、眼看、大脑思维判断等人工方式查找所需信息的检索方式。手工检索是图书馆实现数字化管理之前传统的信息检索方式,其缺点是检索速度慢、漏检率高。

(2) 计算机检索。是指在计算机或计算机检索网络终端上,通过特定的检索指令、检索词和检索策略,从计算机检索系统的数据库中检索出所需信息的方式。计算机检索需要以计算机、通信硬件设施和相应的应用软件为基础支撑,利用这种方式能对大量的信息进行存储,并可以根据用户要求从已存储的信息中迅速抽取特定信息。计算机检索已经逐步成为当前信息检索的主要方式。

3. 按信息的组织方式划分

按信息的组织方式来划分,信息检索可以分为全文检索、超文本检索和超媒体检索。

(1) 全文检索

它是以文献所含的全部信息作为检索内容,即检索系统存储的是整篇文章或整部图书的全部内容。检索时可以查到原文及有关的句、段、节、章等文字,并可进行各种频率统计和内容分析。全文检索主要是用自然语言表达检索课题,较适用于某些参考价值大的经典型文章,全文检索是计算机检索的重要发展方向。

(2) 超文本检索

超文本结构类似于人类的联想记忆结构,它采用一种非线性的网状结构组织块状信息,没有固定的顺序,也不要求读者按照某个顺序来阅读。采用这种网状结构,各信息块很容易按照信息的原始结构或人们的"联想"关系加以组织。

(3) 超媒体检索

把多媒体信息引入超文本中就产生了多媒体超文本,即超媒体。它是对超文本检索的补充,其存储对象超出了文本范畴,融入了静态、动态图像及声音等多媒体信息;另外,信息存储结构从单维发展到多维,存储空间范围也得到了扩大。

1.3.3 信息检索工具

检索工具是指人们用来存储、报道和查找信息的工具,具体地说,就是汇集各种信息并按照特定方法编排,以供查考的工具或系统。作为检索工具,它具有存储和检索两方面的基本功能。存储功能是指检索工具把汇集的有关信息按照其特征记录下来,使之成为一条条有序化的信息线索,这就是所谓的信息存储过程。检索功能是指检索工具提供一定的检索入口,让人们能够按照一定的检索方法来查找所需信息,也就是信息的检索过程。

按照加工处理信息的手段不同,可以将信息检索工具分为印刷型检索工具和计算机检索工具。

1. 印刷型检索工具

印刷型检索工具,是计算机检索系统普及之前应用最为广泛的一类检索工具,主要包括参考工具书和检索工具书两种类型:

① 参考工具书是能为读者提供所需具体资料的工具书,供人们查阅数据、结论、定义、公式、分子式、人物简介等数据或事实信息。一般包括百科全书、年鉴、手册、类书、年表、历表、图录、字典、辞典等,属于三次文献范畴。

② 检索工具书是在一次文献的基础上,整理、编制出的提供文献信息线索的二次文

献。一般包括目录、题录、索引、文摘、文献指南等,主要用于查找国内外书刊资料的线索,借此获得索取原文的途径。

随着计算机的广泛应用,现在人们在出版印刷版参考工具书和检索工具书的同时,也会同步发行其数字版,同时,相关的出版机构或情报部门还会地对一些印刷版检索工具做数字化回溯工作。检索工具书的数字化将给用户的文献信息查找带来极大的便利,如著名的二次文献《科学引文索引》(Science Citation Index,SCI)、美国《化学文摘》(Chemical Abstract,CA)等的电子版或网络版,因其更能满足快捷检索的需要而成为人们利用的首选检索工具。但是,印刷版的字典、词典、年鉴、百科全书、手册等,因更符合人们长期形成的阅读习惯,他们依然是人们查找信息乐于使用的重要信息源。典型检索工具简介如下:

① 目录。它也叫书目,是揭示和报道文献外部特征的检索工具,是有序的文献目录。如国家书目、再版目录、期刊目录、联合目录和专题书目等。

② 题录。它是以单篇文献作为报道单位,揭示文献外部特征的检索工具。它对信息的报道深度比目录大,检索功能比目录更强。其著录项目通常有篇名、作者、原文出处等。

③ 文摘。它是除描述文献外部特征之外,还用 100~300 字简练的语言揭示文献的主要内容,是向读者报道最新研究成果的一种检索工具。它是检索工具的主体,是二次文献的核心。

④ 索引。是指将特定范围内的某些重要文献中的有关各种事物的名称,如书名、刊名、人名、地名、篇名、术语等有价值的知识单元,分别摘录并注明页码,为读者提供文献线索的检索工具。有的检索工具本身全由索引组成,如《科学引文索引》(SCI)。

⑤ 辞典。它是字典、词典的总称。如现代《新华字典》、东汉许慎编的《说文解字》等。

⑥ 年鉴。它是以全面、系统、准确地记述上年度事物运动、发展状况为主要内容的资料性工具书。年鉴汇辑一年内的重要时事、文献和统计资料,按年度连续出版,它博采众长,具有资料权威、反应及时、连续出版、功能齐全的特点,属信息密集型工具书。

⑦ 百科全书。百科全书是记载人类一切门类或某一门类的知识,以词典形式编纂的系统完备的检索工具。目前世界上的大型百科全书一般超过 30 卷,也有超过 100 卷的超大型百科全书。比较著名的百科全书有《大不列颠百科全书》《美国百科全书》《中国大百科全书》等。

除以上几种外,常见的工具书还有手册、名录、表谱、图谱、类书、政书等,在此不做详细介绍。

2. 计算机检索工具

计算机检索工具又称计算机检索系统,是利用电子技术、计算机技术、网络通信技术等构成的用于存储和查找信息的检索系统。包括各类文献信息数据库、联机数据库、网络搜索引擎以及各类网站分类目录等。计算机检索系统具有更新速度快、检索途径多、检索效率高、检索结果输出灵活等特点。

文献信息数据库是计算机检索系统的核心,主要有事实或数值数据库、引文数据库、文摘数据库和全文数据库等。文献信息数据库通常存储着若干文档(File),文档是数据库中部分记录的有序集合,通常依据数据库所属的学科领域、收录范围和时间范围给文档归类,因而文档又被称为子数据库,每个文档包含有若干条记录(record)。记录是文献信息数据库的信息单元,记录用于描述原始信息的主要特征,每一条文献记录通常由包含文献的题名、著者、出处等特征的字段组成。

1.3.4 信息检索语言

1. 检索语言的概念

语言是人类最重要的交流工具,是人们进行沟通的主要表达方式。人与人之间的思想交流需要借助于一定的语言来实现。同理,人们在查找信息时,就需要与信息检索系统进行交流,以传递和表述检索的需求,同样需要借助一定的语言来实现,这个语言就是检索语言。只有借助于检索语言,才能使得专门从事文献信息资源收集、整理和标引的信息工作者,与作为信息使用者的检索人员能够实现彼此思想表达的沟通。这种把文献的存储与检索联系起来、把标引人员与检索人员联系起来以便取得共同理解、实现交流的语言就叫作检索语言。简言之,检索语言是信息存储与检索过程中用于描述信息特征和表达用户信息提问的一种专门语言。

检索语言的特征最主要体现在以下几点:① 标引文献信息内容及其外表特征,保证不同标引人员表征文献的一致性;② 对内容相同及相关的文献信息加以集中或揭示其相关性;③ 便于将标引用语和检索用语进行相符性比较,保证不同检索人员表述相同文献内容上的一致性,以及检索人员与标引人员对相同文献内容表述上的一致性。

因此,检索语言在文献检索过程中起着极其重要的作用,是沟通文献工作人员和文献检索者之间的桥梁。

2. 检索语言的分类

按照检索标识性质与原理来分类,检索语言还可分为:分类检索语言、主题检索语言、代码语言和引文语言等。

(1) 分类检索语言

分类检索语言是以学科为基础、按类分级编排的一类直接体现知识分类等级概念的检索语言,一般以数字、字母或字母与数字结合作为标识。常用的分类检索语言有《中国图书馆分类法》《杜威十进分类法》《美国国会图书馆图书分类法》《国际专利分类法》等。下面着重介绍一下《中国图书馆分类法》。

《中国图书馆分类法》是当今国内图书馆使用最广泛的分类法体系,简称《中图法》,该书由国家图书馆出版社出版。《中图法》于1975年出版第一版,随着科技的发展,新概念和新主题不断产生,因此《中图法》也经历了数次更新,2010年9月出版了第五版。

《中图法》的类目体系是一个层层展开的分类系统,其基本大类以科学分类为基础,结合文献的需要,在五大类的基础上展开,《中图法》采用拉丁字母与阿拉伯数字相结合的混合编码制,依据学科门类将图书分成五个基本部类,22个基本大类,每个大类用一个汉语拼音字母表示,各大类再进一步按照1、2、3、4级……类目层层展开。中图法的分类类目结构示意图如图1-3。

　　＋A　马克思列宁主义、毛泽东思想、邓小平理论
　　＋B　哲学、宗教
　　＋C　社会科学总论
　　＋D　政治、法律
　　＋E　军事
　　＋F　经济
　　　　＋F0　经济学
　　　　＋F1　世界世界各国经济概况、经济史、经济地理
　　　　＋F11　世界经济、国际经济关系
　　　　＋F12　中国经济
　　　　＋F13/17　各国经济

图1-3　中图法结构示意图

(2) 主题检索语言

主题检索语言是直接以代表文献内容特征的主题词汇概念为基础，经规范化处理所形成的检索语言。由于主题词汇表达概念准确，所以主题途径是信息检索的主要途径。主题检索语言可分为关键词语言、标题词语言、单元词语言和叙词语言。

① 标题词语言。标题词是指从自然语言中选取并经过规范化处理的表示事物概念的词、词组或短语。标题词语言就是用标题词来直接表达信息所论及的事物或主题，并将全部标题词按照字顺排列起来而形成的一种检索语言。显然，它是一种先组式的检索语言，形象直观、含义明确是其特点；但它无法满足人们从多个因素和多个途径进行检索，是其极大的不足。目前，已经已较少使用。

② 单元词语言。单元词是指从文献的题目、正文或摘要中抽取出来的、最基本的、其概念不可再分的词。它一般未经过规范化，也无词表。单元词语言就是以单元词作为文献内容标识和检索依据的一种主题语言。由于单元词的专指度较低，词间无语义关系，对检准率有较大的影响，目前已基本被叙词语言取代。

③ 叙词语言。叙词是从文献内容中抽选出来的、从概念上不可再分的词汇。检索时利用这些叙词进行组配，以表达一个复杂的概念。叙词语言适用于计算机和手工检索系统，是目前应用较广的一种语言。SA、CA、EI(1993年后)等著名检索工具都是采用叙词法进行编排。

④ 关键词语言。关键词语言是指从文献的篇名、文摘和正文中抽出的对表达文献主题有实质意义，并在揭示和描述文献主题内容上起关键作用的词和词组。关键词属于自然语言，它不经过规范化处理或仅受极少量的规范化处理，因此不像其他主题语言那样编有词表，关键词的等级关系和相关关系也无从体现。

关键词语言的最大优点是适用于计算机自动抽取词汇进行标引，编制各种类型的关键词索引。随着科学技术的飞速发展，新理论、新观点、新技术层出不穷，检索词的控制已面临很多困难，而关键词语言则可以避免这些困难。

(3) 代码语言

对事物的某方面特征可以借助某种代码来表示或排列事物概念，并通特定代码实现

对被指代对象的检索,这种能够指代特定对象的代码系统就是代码语言。例如,专利号、标准号、报告号、ISBN号、ISSN号等的顺序排检。还可以根据化合物的分子式这种代码语言,构成分子式索引系统,允许用户从分子式出发,检索相应的化合物及其相关的文献信息。

（4）引文语言

引文语言是利用文献之间引用与被引用的关系,来表达检索文献主题之间的相互关系。不需要标引文献、检索简单而有效,在数据库检索中应用很广泛。

此外,按照检索语言描述文献的特征情况不同,我们还可将检索语言做如图1-4所示分类。

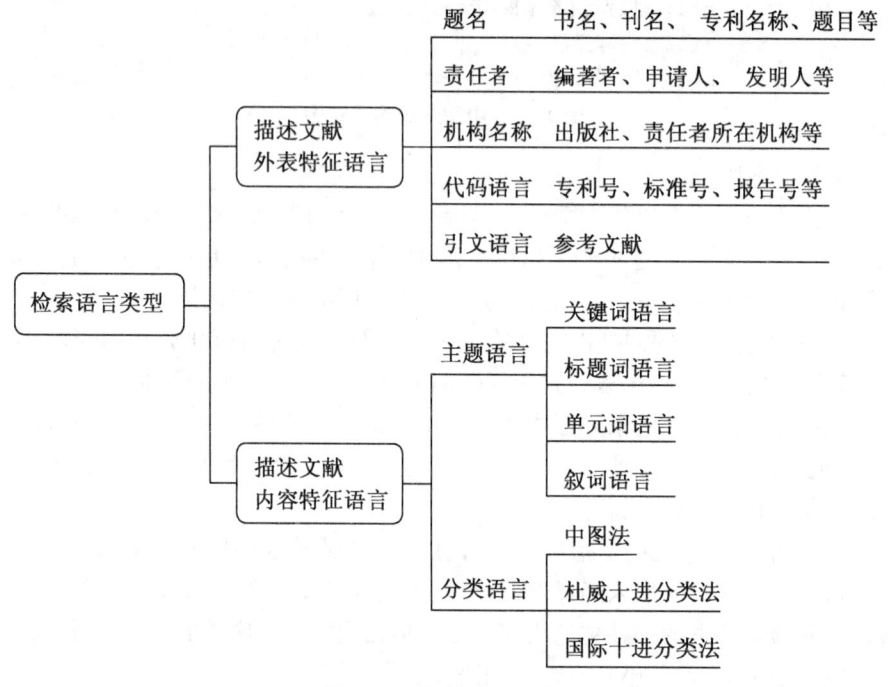

图1-4 检索语言分类图

1.3.5 信息检索途径、方法与技术

1. 文献信息检索的途径

查找文献,可根据文献的不同特征从不同的角度来查找,文献检索的途径有多种。

（1）按内容特征检索

① 主题途径。通过文献内容的主题来查找文献,以确定的主题词作为检索入口,按主题字顺进行查找。

② 分类途径。按照文献所属的学科类别来检索文献,以分类号作为检索入口,按照分类号顺序进行查找。

（2）按外表特征检索

① 著者、机构途径。是指用户根据已知文献信息的作者或相关机构进行检索的途

径。这一途径不仅包括从著者、编者、译者及其所在机构名称进行检索,还包括从专利申请人、专利权人角度检索专利文献,从会议召集单位角度检索会议录等信息。

② 题名途径。以题名作为检索入口,根据文献题名(包括书名、刊名、篇名)来查找文献的途径。

③ 序号途径。根据文献的顺序编号进行检索,以文献出版时所编的序号(专利号、标准号、报告号、合同号、文献登记号或入藏号等)作为检索入口,或利用序号索引来查找文献的途径。

④ 引文途径。通过文献结尾所附参考引用文献或引文检索工具查找引用文献。

⑤ 全文关键词途径。通过文献信息的全文中有实质意义的词进行检索,包括主题词、任意词、关联词等检索途径。

2. 信息检索方法

信息检索是根据特定的课题要求,按照一定的方法和步骤从检索系统中把符合需要的信息文献查找出来的过程。常用的方法有以下几种:

(1) 常用法

常用法是指直接利用文摘、索引等检索工具查找文献的方法。通过检索工具查找文献可以在较短的时间里获得大量所需文献,所以常用法是人们获得专业文献的主要途径,也是文献检索最常用的方法,它又包括顺查法、倒查法和抽查法。

① 顺查法。依照时间顺序,按照检索课题所涉及的起始年代由远及近、从过去到现在逐年、逐卷地查找信息的一种方法。如查找"五四"时期马克思主义在中国传播情况的文献,可采用该法,利用《五四时期期刊介绍》(中共中央马恩列斯著作编译局研究主编,人民出版社 1958—1959 年版)一书报有的 157 种期刊的篇目索引,便可查到从 1916 年开始至 1921 年中国共产党成立《青年》及《新青年》杂志所发表的全部有关宣传马克思主义的文献篇目,为该课题提供基本材料。

② 倒查法。与顺查法相反,按照检索课题的时间范围,利用一定的检索工具由近到远、从现在到过去回溯查找文献信息的一种方法。

③ 抽查法。它是针对某学科发展特点和发展阶段,抓住该学科发展较快、文献信息发表较多的年代,抽出这段时间进行检索的一种方法。其优点是能获得一批具有代表性、反映学科发展水平的文献,检索效果和效率都较高。

(2) 追溯法

追踪法是一种传统的文献检索方法,即利用文献后所附的参考文献进行深入查找相关文献的方法。利用参考文献进行逐一追查被引用文献,然后再从被引用文献所附的参考文献目录逐一扩大检索范围。依据文献引用与被引用之间的关系获得内容相关的文献,这是一种扩大信息来源的最简捷的方法。在检索工具短缺的情况下,采用此方法可获取一定数量的相关文献。

(3) 循环法

又称分段法、综合法,是指交替使用常用法和追溯法,取长补短,综合两者的优势,以期取得更好的检索结果。一般做法都是先利用检索系统获得一批文献,再以这些文献后面的参考文献为线索追溯原文,如此循环往复,直到满足检索要求。这种方法兼有常用法和追溯法的优点,可以查得较为全面、准确的文献,是实践中采用较多的方法。

3. 计算机检索的基本技术

计算机检索的实质是"匹配运算",即由检索用户把自己的检索需求,转换成计算机能识别的检索表达式并输入到计算机中,由计算机自动对数据库中各种文档进行扫描和匹配。快速构建计算机能识别的检索表达式是进行计算机检索的重要环节。

(1) 布尔逻辑检索

布尔逻辑检索是指通过标准的布尔逻辑关系算符,来构建检索词与检索词之间的逻辑关系,由计算机进行逻辑运算,以查找所需文献的检索方法。常用的布尔逻辑运算符有三种,分别是逻辑或(OR)、逻辑与(AND)、逻辑非(NOT)。

① 逻辑"与",又称逻辑乘,用"and"或"*"表示。

组配方式:A*B 或者 A and B,表示 A 和 B 两个概念之间的交叉和限定关系,只有同时含有这两个概念的记录才算命中信息。

逻辑"与"的作用是增加限制条件,从而增加检索的专指性、缩小提问范围、减少文献输出量、提高查准率。检索时,逻辑"与"组配越多,检索命中文献的结果就越少。

② 逻辑"或",又称逻辑和,用"or"或"+"表示。

组配方式:A or B 或者 A+B,表示检索含有 A 概念,或含有 B 概念,或同时包含 A 和 B 两个概念的文章。概念 A 和 B 两者是并列关系。

逻辑"或"的作用是放宽提问范围、增加检索结果、起到扩检作用、提高查全率。逻辑"或"用得越多,检中的文献会越来越多。

③ 逻辑"非",又称逻辑差,用"not"或"−"表示。

组配方式:A−B 或者 A not B,表示需要检索出含有 A 概念而不含有 B 概念的文章。

逻辑"非"的作用是用于排除不希望出现的检索词,它和"*"的作用相似,能够缩小命中文献的范围,增强检索的准确性。常用于在主题概念去除某段年份、某个语种或去除某种类型(会议、期刊)的文献等。

检索词 A 与检索词 B 的三种布尔逻辑运算示意图如图 1−5 所示。

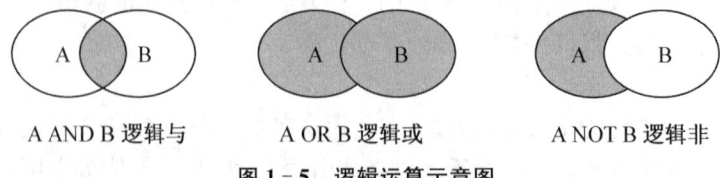

A AND B 逻辑与　　　A OR B 逻辑或　　　A NOT B 逻辑非

图 1−5　逻辑运算示意图

④ 布尔逻辑运算符优先级

有括号时,括号内的先执行;无括号时,优先顺序为 not>and>or;在检索式中只有 and、or 前后的检索标识可以交换;检索式中有 not 时前后检索词不能交换。

(2) 截词检索

截词检索主要应用于西文数字资源的检索,由于西文单词由字母组成,许多单词具有相同的词干,因此,截词检索是一种常用的检索方法。

截词检索就是通过使用通配符来截断词的一个局部进行的检索,凡满足这个词局部中的所有字符(串)的文献,都为命中文献,其作用主要是提高查全率。不同检索系统使用的通配符会有所不同,例如在 DIALOG 系统中用"?",而在搜索引擎中常用"*"。

依据截词位置不同,截词检索又可分为前截词、后截词和中间截词等多种类型。

① 后截词,就是将截词符放在一个字符串的右方,满足截词左方所有字符的记录都为命中记录。这是一种前方一致检索。例如输入"geolog*",就会把含有"geological"、"geologic"、"geologist"、"geologize"、"geology"等词的记录检索出来。

② 中间截词,就是允许检索词中间有若干变化。例如,"wom*n",检索到"woman"和"women"的结果。

③ 左截词,就是允许检索词前端有若干变化,例如,"*physics"就可检索到"physics"、"astrophysics"、"biophysics"、"chemophysics"等词的结果。

(3) 位置检索

按照两个检索词出现的顺序及距离,可以有多种位置算符。而且对同一位置算符,检索系统不同,规定的位置算符也不同。以美国 DIALOG 检索系统使用的位置算符为例介绍如下:

"(W)"算符:这个算符表示其两侧的检索词必须紧密相连,不得插入其他词或字母,两词的词序不可以颠倒。"(W)"算符还可以使用其简略形式"()"。例如,检索式为"communication (W) satellite"时,系统只检索含有"communication satellite"词组的记录。

"(nw)"算符:表示此算符两侧的检索词必须按此前后邻接的顺序排列,顺序不可颠倒,而且检索词之间最多有 n 个其他词。如:control(1w)system 可以检索出 control system 和 control in system 等信息。

"(N)"算符:这个算符表示其两侧的检索词必须紧密相连,除空格和标点符号外,不得插入其他词或字母,两词的词序可以颠倒。

"(nN)"算符:"(nN)"表示允许两词间插入最多为 n 个其他词,包括实词和系统禁用词。

1.3.6 信息检索步骤与检索效果评价

1. 信息检索步骤

信息检索过程通常包括以下几个步骤:分析课题、选择检索工具、确定检索途径及检索式、进行检索和获取原文,如图 1-6 所示。

(1) 分析课题

通过课题分析,明确课题涉及的学科专业范围,找出需要研究解决的关键问题;通过课题分析,进一步明确课题的性质和检索要求,明确课题检索的目的是查新、查准还是查全。一般来说,如要了解某学科、理论、课题、工艺过程等最新进展和动态,则强调查"新";若是解决研究中某具体问题,找出技术方案,需要检索有针对性、能解决实际问题的文献信息,则要强调查"准";若是撰写综述或作鉴定报成果,则要强调查"全"。

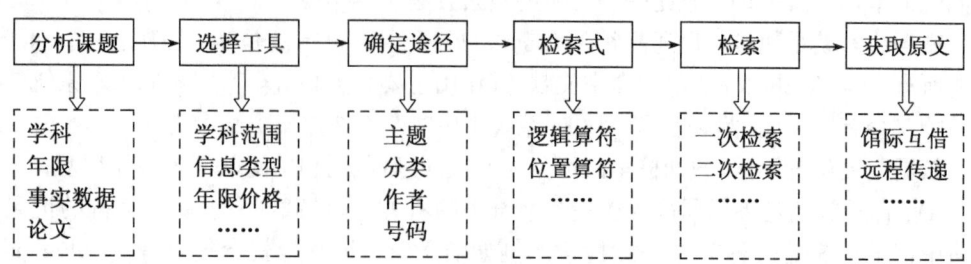

图 1-6 信息检索的一般过程

此外,通过课题分析,还应进一步明确课题需要的文献类型与检索时间范围等因素,一般来说,对于发展较快的学科,应该缩短检索时间;而对于一些特殊的研究课题(如历史类课题研究),则要考虑特定的检索时间。

(2) 选择检索工具

在全面分析检索课题的基础上,根据用户需求考虑选择检索工具。由于特定的检索工具和信息检索系统往往有着明确的文献收录范围,因此明确检索课题的学科与主题属性有助于选择合适的数据库。检索工具的选择需要考虑以下各个方面的因素:

① 全面性。要了解检索工具收录的范围,包括时间、语种、类型及更新周期等情况;还要考虑该数据库赋予用户的使用权限限定等因素。应该尽量选择所收集情报信息广泛、全面、准确、可靠的检索工具,这将有利于保障查全率和查准率。

② 针对性。要选择与检索课题学科相一致、并尽量选用该学科的权威性检索工具。

③ 便捷性。检索途径是否完善是衡量检索工具的重要标准,它也直接影响到最终查全率和查准率的高低。

④ 可获得性。检索受到收藏情况的限制,如果本单位收藏检索工具不足,也可以利用开放获取(OA)资源,或者通过文献传递的方式获取文献。

(3) 确定检索途径

检索途径往往不止一种,检索途径的选择一般是根据已经掌握的信息特征来确定。在已知文献的题名、著者等外部特征情况下,则尽量使用外部特征进行检索,以便达到更高的检索专指度;在不清楚文献外部特征的情况下,则可以从主题、分类等内容特征进行检索。当我们通过主题途径检索时,检索得到的结果专指度一般比较高,当我们从分类途径实施检索时,检索所得到结果的泛指度则会比较高。

(4) 构建检索式并实施检索

当前信息检索的主要工具是计算机系统,因此,需要构建计算机系统可识别的布尔逻辑检索表达式。首先将检索表达式输入信息检索系统中试检,如果试检结果满意,则输出检索结果,否则,要分析原因,修改和调整检索策略再重新检索。调整检索策略包括修改检索式、调整检索词、重新选择检索系统等。

(5) 获取原文

在完成信息检索后,如果使用的是全文库或者事实性的检索工具,则可以直接获得全文或具体的所需事实性信息,如果使用的是书目索引或引文等二次检索工具,则需要通过图书馆和信息单位的馆藏书刊目录、报刊目录或者通过馆际互借的方式获取原文。

2. 信息检索效果的评价

检索效果的评价指标主要有两个,即查全率和查准率。

(1) 查全率(recall factor)

是指系统在进行某一检索时,检出的相关文献量与系统文献库中相关文献总量的比率,它反映该系统文献库中实有的相关文献量在多大程度上被检索出来。

查全率 R=[检出相关文献量/文献库内相关文献总量]×100%

影响查全率的因素很多。从文献存储角度看主要有:文献库收录文献不全;索引词汇缺乏控制和专指性;词间关系模糊或不正确;标引做的不够合理、准确,检索工具疏忽了原始文献中重要概念等。从信息检索角度看主要有:检索策略过于简单;选词和进行逻辑组配不当;检索途径和方法太少;检索系统不具备截词功能和反馈功能,检索时不能全面地描述检索要求等。

提高查全率,则需要进行扩检,可以通过调整检索策略来实现,例如:降低检索词的专指度,从此表或检出的文献中选择一些上位词或相关词来检索;或选全同义词并以"OR"的方式与原词关联来构建检索表达式等途径来调整。

(2) 查准率(precision factor)

是指系统在进行某一检索时,检索的相关文献量与检出文献总量的比率,它反映每次从该系统文献库中实际检出的全部文献中有多少是相关的。

查准率 P=[检出相关文献量/检出文献总量]×100%

影响查准率的因素也很多。从文献存储的角度看主要有:索引词不能准确描述文献主题和检索要求;组配规则不严密;标引过于详尽;组配错误;检索系统不具备逻辑"非"功能和反馈功能;检索式中允许容纳的词数量有限。从信息检索的角度看主要有:选词及词间关系不正确、组配错误;所用检索词专指度不够高;检索式中使用逻辑"或"不当等。

提高查准率,则需要进行缩检,也是通过调整检索表达式来实现的,例如,提高检索词的专指度,增加或换用下位词或专指度较强的自由词;或增加概念组配,用"AND"关联一些限定主题概念的相关检索项等方法来调整。

(3) 合理平衡文献的查全率与查准率关系

一般来说,在同一系统中检索结果的查全率与查准率之间存在互逆相关性。也就是说,若在检索中通过检索策略与检索词的调整,提高了文献的查全率,那么随着检出的文献总量增加,与用户需求不相关的文献数量也会随之增加,结果使得文献的查准率下降;反之亦然。查全率和查准率的关系如图1-7所示。

由图1-7可见,在检索效果A处,

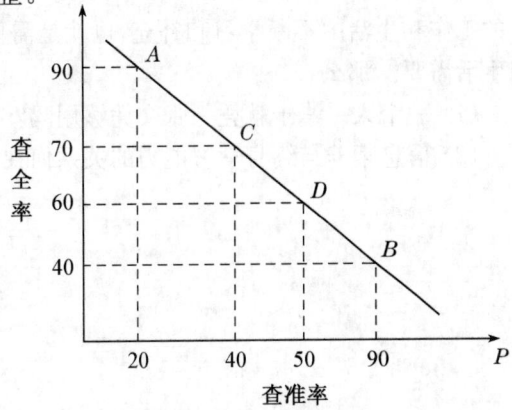

图1-7 查全率与查准率的关系示意图

查全率高达 90%,而查准率不到 20%;在检索效果 B 处,查准率高达 90%,而查全率不到 40%。

在 A 处,提高了查全率,虽查出了大量的相关文献,但误检的多,势必以牺牲查准率为前提条件;如果检索语言的专指性较强,查准率提高,查准的文献多(比如 B 处),则漏检率也增高,查全率降低,将会失去了大量的相关文献。

因此,对于一项特定的检索课题,查全率和查准率同时提高是不现实的。但我们可以根据检索课题的核心需求,合理地调节查全率和查准率之间平衡关系来追求最佳检索效果。

本章思考题

1. 谈谈你对信息社会概念与特征的认识和理解?
2. 什么是信息?信息、知识、情报、文献之间的关系是怎样的?
3. 信息素养的概念和内涵构成是什么?
4. 大学生应当从哪些方面培养和提升自身的信息素养?
5. 简述信息源的概念?按照载体形式分信息源各有哪些类型?
6. 文献的载体形式有哪些?按出版形式可以把文献信息源分为哪些类型?
7. 简述网络信息资源的内涵、特点和类型?
8. 什么是检索语言?有哪几种常见的检索语言?
9. 简述信息检索的途径和方法?
10. 影响查全率和查准率的因素各有哪些?
11. 针对"马克思主义中国化与中国传统文化的关系研究"这个课题,请基于所学知识做初步的信息检索的课题分析。
12. 讨论题:

【讨论题背景材料】 据统计,在农业经济时代,一个人学习 8 年可以满足终身需求;在工业经济时代,一个人学习 17 年大体可以满足终身需求;而在 21 世纪的信息时代,一个人在学校里所学知识仅仅占其一生所需知识的不足 10%,而其余大量的知识需要在以后的工作和生活中不断学习和补充,也就是需要依托终身学习才能适应未来的各种工作与生活需要。那么?

(1) 一个人一辈子就凭一张文凭够用吗?
(2) 信息素养与终身学习能力的关系何在?

第 2 章 走进图书馆

扫码可见第 2 章微课

《图书情报词典》一书将"图书馆"一词解释为通过文献的收集、整理、存储、利用,为一定社会读者服务的文化、科学和教育机构。人类社会信息交流的方式主要有两种:直接交流和间接交流。直接交流是人们之间直接接触而产生的信息交流,它通过语言、动作和表情等体态语言,生动、直观地表达信息。直接交流受时间、空间和语言等方面的限制,而且不能长期有效地存储。间接交流是人们通过文献信息间接接触所产生的信息交流,它突破了直接交流的局限。图书馆正是为适应人类间接交流的需要而产生的。

2.1 图书馆概述

2.1.1 图书馆的产生与发展

1. 图书馆的产生

公元前 6 世纪,希腊在雅典城建立了第一个图书馆。公元前 4 世纪,埃及建立了亚历山大里亚图书馆,是当时埃及的学术中心,共有藏书 70 万卷,几乎包括了所有古代埃及的著作和一部分东方典籍。

我国藏书早在公元前 13 世纪的殷代,王室就有了保存甲骨文的地方和管理人员,这是我国最早的图书馆雏形。周朝出现的"藏室"是专门藏书的机构,而老子就是"收藏室之史"。秦朝阿房宫曾设立藏书机构,并设有固定的官员——"柱下史"负责管理。到了汉代,由于大规模地收集、整理图书,国家藏书空前丰富,修建了藏书的馆舍——"天禄阁",并编成我国最早的藏书目录——《七略》。

2. 图书馆的发展

图书馆的发展演变历史,可分为 3 个阶段。

古代图书馆始于有史料、有文献的奴隶社会,建立和发展于封建社会。我国自秦始皇统一全国后,直至鸦片战争以前的藏书机构,均属于古代图书馆。在国外,17 世纪中叶英国产业革命以前的图书馆称为古代图书馆。无论中国还是外国,古代图书馆的主要特征是以藏书为主,仅供王公贵族等少数人使用,又称藏书楼。

近代图书馆的主要标志是公共图书馆的出现,特点是"藏、用"兼顾,以用为主。这个时期西方国家图书馆得到了迅速的发展,较早的有 1657 年建立的丹麦皇家图书馆,1661

年建立的德国柏林皇家图书馆,1753年建立的英国伦敦不列颠博物院图书馆,1800年建立的美国华盛顿国会图书馆。1850年英国颁布了建立公共图书馆的法令,并于1852年在曼切斯特建立了第一所公共图书馆。18世纪末的法国资产阶级革命,推动了西方各国图书馆的蓬勃发展。西方许多国家宣布了图书馆的普及性,到二战前夕,西方各国图书馆都已经相当发达了。1840年鸦片战争以后,西方向社会开放图书馆的经验也传到中国,封建藏书楼逐渐解体,1902年古越藏书楼建立,1903年成立了武昌文华公书林,我国国家图书馆——北京图书馆的前身京师图书馆于1912年正式对外开放。从此,全国各省先后设立了公共图书馆,到1936年,各类图书馆已达5 000余所。近代图书馆的特点是从私有化转向社会化,由封闭收藏转向为社会开放,并逐渐形成了采访、分类、编目、外借、咨询等一整套科学的工作方法。

现代图书馆是指第二次世界大战结束到20世纪末。第二次世界大战结束后,科学技术迅猛发展,现代化技术设备广泛应用,特别是电子计算机的出现并在图书馆得到应用,图书馆随之发生了深刻的改变。世界各国的图书馆正在逐步实现现代化,随之而来的就是数字化图书馆。

数字化图书馆的特点,一是以电子计算机技术应用为标志,取代了图书馆传统的手工借阅方式,实现了信息自动化;二是声像技术及缩微技术的应用,使文献类型发生了很大变化,除传统的印刷型文献外,出现了缩微品、录音带、录像带、磁盘、光盘等非印刷型文献;三是图书馆工作的深化和标准化,现代技术的应用使图书馆知识信息加工工作逐渐深入、更标准,各项服务工作更加主动、更加多样;四是图书馆向国际化、信息化、网络化发展,实现最大范围的文献和信息资源共享;五是图书馆由传统的"知识宝库"变为"知识喷泉",除了保存文化典籍和进行社会教育外,传递科技情报信息已成为日趋重要的职能。

2.1.2 图书馆的类型

图书馆按照不同的分类标准,可以划分为不同类型。我国主要采用按主管部门、系统和读者对象将图书馆划分为公共图书馆、学校图书馆、科学图书馆、专业图书馆、工会图书馆、军事图书馆等几个主要类型。

公共图书馆是面向社会和公众开放的图书馆。我国的公共图书馆是按照行政区划建立的,由文化部门领导,一般都建在政治和文化中心所在地,包括国家图书馆、省、市、自治区图书馆,县图书馆和文化馆等所属的图书室。

高校图书馆以本校师生为主要服务对象,其馆藏文献兼顾综合性与专业性,学术性强,文献搜集紧紧围绕本校的学科专业需要。高校图书馆是学校的图书资料情报中心,是为教学和科研服务的学术性机构,是学校三大支柱(师资、教学设备、图书资料)之一,其主要职能是信息服务职能,主要任务是除了为全校提供文献信息资源保障外,还应积极参与学校的人才培养、学科建设和校园文化传承。

科学与专业图书馆是按专业和系统组织起来的,在一个专业或系统内形成上下沟通的图书馆体系,是为科研和生产服务的重要部门,在科学研究、生产建设方面起参谋作用,主要包括:中国科学院系统图书馆、中国社会科学院系统图书馆、中国农业科学院系统图书馆、中国医学科学院系统图书馆、中国地质科学院系统图书馆、政府部门所属研究院

(所)图书馆、大型厂矿图书馆以及其他专业性图书馆。

2.2 图书馆文献信息的组织

2.2.1 图书馆传统文献信息的组织

在传统环境下,图书馆馆藏资源主要是以图书、期刊等纸本资源为主,图书馆的藏书数量庞大,类别繁多,如果没有一个科学的方法组织、整理它们,使用起来就不会得心应手。图书分类是指按照图书内容的学科属性或其他特征,揭示图书馆藏书,并分门别类地将它们系统地组织起来的一种手段,是图书馆组织与管理图书文献的重要手段,也是向读者揭示馆藏的重要途径。

中国古代,已经有人发明了"七略"、"四库"等图书分类体系。公元前26年,西汉的刘向、刘歆父子在整理图书的基础上编辑了我国第一部综合性的分类目录——《七略》,也是世界上最早的一部规模较大的图书馆分类法著作。而《四库全书》全称《钦定四库全书》,是清代乾隆时期编修的大型丛书,共收书3 460多种、79 000多卷、36 000多册,分为经、史、子、集四部。

近代以来,随着西方科学技术广泛传入和出版社、图书馆的兴起,反映新学科、新文化的书籍日益增多,中国传统的四部分类法已经难以适应新兴图书分类的需要,我国学者开始尝试引进外国文献分类方法,在外国文献分类法及其理论的基础上,我国学者初步建立了我国现代文献分类理论与方法体系。

目前我国图书馆采用的图书分类法主要有《中国图书馆图书分类法》(简称《中图法》)、《中国科学院图书馆图书分类法》(简称《科图法》)和《中国人民大学图书馆分类法》(简称《人大法》)。其中影响最大、使用面最广的是《中图法》,它是国家推荐统一使用的一部大型、综合性图书分类法著作,目前我国95%以上的图书馆都采用这种分类法。

《中图法》按学科和专业集中文献,类目划分遵循从总到分、从一般到具体、从简单到复杂、从理论到实践的原则,形成一个层层隶属、详细列举的等级分类体系。《中图法》将人类全部知识归纳为五个基本部类:马列主义、毛泽东思想、邓小平理论;哲学、宗教;社会科学;自然科学;综合性图书。在此基础上,社会科学和自然科学两个基本部类再分别展开,就形成了22个基本大类的知识分类框架,具体如表2-1所示。

表2-1 《中图法》一级类目

类别	内容	类别	内容
A	马列主义、毛泽东思想、邓小平理论	F	经济
B	哲学、宗教	G	文化、科学、教育、体育
C	社会科学总论	H	语言、文字
D	政治、法律	I	文学
E	军事	J	艺术

(续表)

类别	内容	类别	内容
K	历史、地理	S	农业科学
N	自然科学总论	T	工业技术
O	数理科学和化学	U	交通运输
P	天文学、地球科学	V	航空、航天
Q	生物科学	X	环境科学、安全科学
R	医药、卫生	Z	综合性图书

《中图法》采用英文字母与阿拉伯数字相结合的混合制标记符号,以英文字母标记基本大类,以阿拉伯数字标记各级类目。由于工业技术大类范围广泛,内容繁多,所以采用双字母标记其所属的16个二级类目,如表2-2所示。

类号采用从左到右逐位对比的方法排列。字母部分按英文字母的顺序排列,数字部分按小数制排列。为了醒目,数字从左到右每隔三位,以小圆点分割,如 I247.58 武侠小说。《中图法》还采用了一些其他特殊符号作为辅助标记符号,如 TP393-33《计算机网络实验教程》。

表2-2 T工业技术类二级类目

类别	内容	类别	内容
TB	一般工业技术	TL	原子能技术
TD	矿业工程	TM	电工技术
TE	石油、天然气工业	TN	无线电电子学、电信技术
TF	冶金工业	TP	自动化技术、计算机技术
TG	金属学与金属工艺	TQ	化学工业
TH	机械、仪表工业	TS	轻工业、手工业
TJ	武器工业	TU	建筑科学
TK	能源与动力工程	TV	水利工程

2.2.2 图书馆数字资源组织

搜索引擎搜索到的信息大约只占整个互联网信息资源的16%,其余84%的资源对于这些搜索工具是不可见的,成为隐蔽资源。这些"隐蔽资源"中包含对学习科研极为重要的各类中外文网络数据库。中国知网、万方数据库资源系统、维普数据库系统、EBSCOhost、ProQuest、Springlink、Elsevier 和 Web of Science 等均是国内影响力和利用率都很高的中外文数字资源。它们已成为大多数高等院校、公共图书馆和科研机构文献信息保障系统的重要组成部分,是科研人员进行科学研究、科技查新、论文写作的重要信息来源,也是中外文学术信息的重要代表。

数据库是对大量的规范化数据进行管理的技术,是按照数据结构来组织、存储和管理的。利用数据库技术对信息资源组织、存储、有序化后,提高了对大量数据的检索和处理效率。

随着网络技术的发展,集网络技术和数据库技术于一体的网络数据库已经成为网络资源的重要组成部分,其所存储的都是经过人工严格收集、整理加工的具有较高的学术价值和科研价值的信息。由于各个数据库后台的异构性和复杂性,以及对其使用的限制,利用一般性的网络信息检索工具,如搜索引擎等,无法检索出其中的信息资源,因此必须利用各个数据库专用的检索系统。

按照收录的信息类型可将数据库分为:综合全文数据库、文摘题录数据库、引文数据库、数字图书数据库等。如进入浙江大学图书馆网站(http://210.32.137.90/s/lib/libtb/),如图2-1所示,可以看见数据库按照字母、学科、类型等进行分类,读者可以根据自己的需要快捷选择相应的数据库。而科学专业图书馆如中国科学院文献情报中心,主要为自然科学、边缘交叉科学和高技术领域的科技自主创新提供文献信息保障,并通过国家科技文献平台为国家创新体系其他领域的科研机构提供信息服务,如图2-2所示。而公共图书馆如中国国家图书馆积极承担为中央和国家机关、重点科研教育生产单位、图书馆业界、社会公众服务的职能,资源界面如图2-3所示。

图2-1 浙江大学图书馆数据库导航

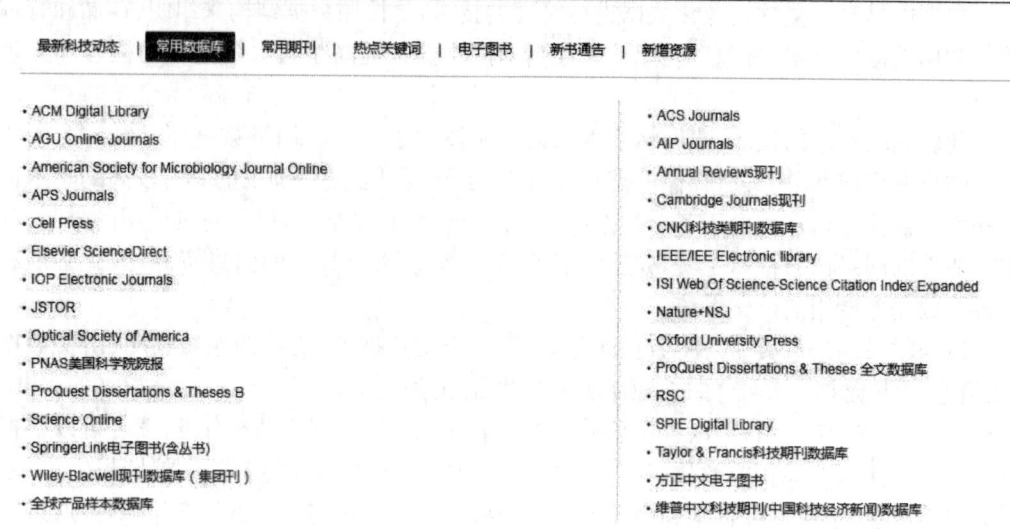

图 2-2 中国科学院文献情报中心常用数据库

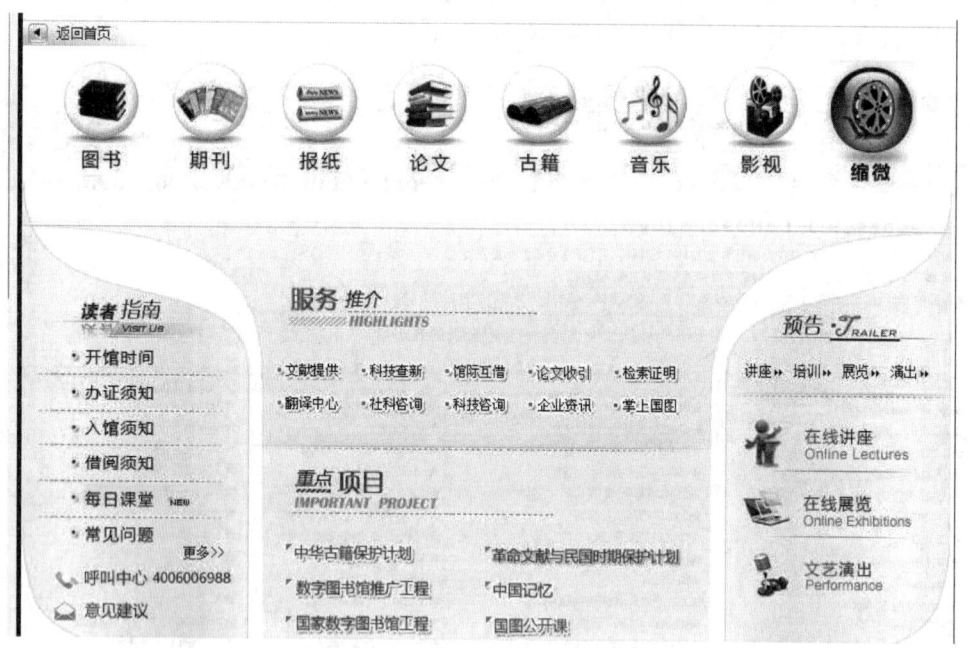

图 2-3 中国国家图书馆资源界面

2.3 公共图书馆的利用

2.3.1 公共图书馆

公共图书馆,是由国家中央或地方政府管理、资助和支持的,免费为社会公众服务的图书馆。公共图书馆的主要特征是：① 面向所有居民；② 由地方行政机构的税收提供经费支持；③ 依据法律设立和经营。

公共图书馆是人类社会文明发展的产物。早期出现的古罗马的公共图书馆向城市自由民开放,已具有公共图书馆的性质。18世纪在英、美等国出现的会员图书馆是近代公共图书馆的先声。中国20世纪初出现了公共图书馆,1902年古越藏书楼对外开放。中华人民共和国建立后,建立了全国规模的公共图书馆系统。据统计,2017年我国公共图书馆数量达到3 174个。随着我国经济实力的增强,公共图书馆得到社会各界的重视,自2006年开展"全民阅读"活动以来,阅读活动得到广泛的开展,公共图书馆的地位也得到提高。

为了促进公共图书馆事业发展,发挥公共图书馆功能,2017年11月4日通过《中华人民共和国公共图书馆法》,自2018年1月1日起施行。该法律的颁布实施,为规范、促进我国公共图书馆事业发展起到了积极的作用,具有里程碑式的意义。

在中国,国家图书馆是全国的书目中心、图书馆发展研究中心和图书馆信息网络中心,承担着为国家机关、重点科研院所、各种企事业单位和社会公众的服务,以及对外文化交流等多项职能,代表着一个国家图书馆事业的发展水平。

省、市、自治区图书馆是我国公共图书馆的主要力量,是国家科学、教育、文化事业的重要组成部分,是各省、市、自治区的藏书、目录、馆际互借和业务研究、交流的中心,它们还对中小型图书馆提供业务辅导。

市(地)、县(区)图书馆是我国公共图书馆数量最多的一部分,一般都有一定的规模,藏书基础较好,担负着为城镇、乡村经济建设、科学研究和广大群众服务的任务。

2.3.2 中国国家图书馆简介

中国国家图书馆最早可追溯到1909年的京师图书馆,1909年9月9日开始建设,1912年8月27日正式启用,1916年起收藏国内出版物的呈缴本,这也是国家图书馆职能的体现。其后更名为国立北平图书馆、北京图书馆,1998年12月12日改称国家图书馆。国家图书馆现总建筑面积28万平方米,世界国家图书馆排名第三位。馆藏丰富,拥有传统文献和数字文献,承担着为国家立法决策机构、教育科研单位、图书馆业界和社会公众服务的重任。

国家图书馆经过一百多年的发展,馆藏总量跃居世界国家馆藏第7位,其中中文文献馆藏全球居首,外文文献馆藏在国内也是最多的。国家图书馆现有馆藏逾3 500万册件,每年新增加约百万册件,馆藏已形成富有特色的藏用并重格局,建成精华尽收、从传统到现代的民族文化宝库。

国家图书馆馆藏还有皇家藏书和众多名家的私藏,时间跨度从南宋、明清到现代,最早的馆藏为3 000多年前的殷墟甲骨。珍品特藏280余万册件,其中"敦煌遗书"、"赵城金藏"、《永乐大典》、文津阁《四库全书》被誉为国家图书馆"四大专藏"。

国家图书馆以"中文求全,外文求精"为采访方针,国内正式出版物全部入藏,外文出版物有重点收藏。国家图书馆是国务院学位委员会指定的学位论文收藏中心,博士后研究报告收藏馆。自20世纪20年代,国家图书馆开始将外文书刊购藏,123种文字的文献资料约占馆藏的近 40%,同时国际组织和政府出版物也收藏众多。

伴随科技的发展信息载体形式的不断变化,国家图书馆馆藏规模不断扩大,类型日益丰富。缩微制品、音像制品收藏在列,同时建成了中国最大的数字文献资源库和服务基地,存储容量超过 1 000 TB,并以每年 100 TB 速度增长。实施"中国记忆"项目,围绕中国现当代重大事件、重要人物等专题采集口述、影像、音频等文献史料。

图 2-4　国家图书馆内景

国家图书馆编辑出版国家书目、联合目录和馆藏目录。编辑全国书刊联合目录始于1929 年,主持编制《中国国家书目》《民国时期总书目》和《中国古籍善本书目》等 30 余种书目,建立起我国的中文图书书本式目录体系。主持编制《中国图书馆图书分类法》《汉语主题词表》《中国文献编目规则》和《中国机读目录格式》等标准规范,为全国图书馆业务建设提供有力支撑。20 世纪 90 年代,国家图书馆发行了《建国五十年中文图书书目》光盘版。1997 年成立的全国图书馆联合编目中心,带领并实现全国范围内的共享书目、规范数据和馆藏资源。目前已经形成了一个规模大、品种多、覆盖广、服务产品多元的中国国家书目综合数据库,积极推动信息资源共建共享。

国家图书馆积极承担为中央和国家机关、重点科研教育生产单位、图书馆业界、社会公众服务的职能。

(1) 服务中央和国家领导机关

国家图书馆紧扣国家时事,为党和国家领导人、中央立法决策机构提供文献信息支持、保障;通过服务全国"两会"、建设国家图书馆部委分馆、开通"国家图书馆立法决策服务平台"等方式,有效服务国家大政方针政策制定与决策工作。

(2) 服务重点科研、教育与生产单位

国家图书馆加强对教育、科研与企业用户的服务,了解国家重大战略领域、重点建设项目的需求并提供相应的服务,逐步完善由一般咨询服务、定题咨询服务、馆际互借服务、文献传递服务、文献复制服务等构成的咨询服务体系;建设全国图书馆参考咨询协作网,创建面向企业和科研的国图服务品牌。

（3）服务图书馆业界

国家图书馆积极开展以"引领业务、开放资源、主动服务、合作共赢"为特色的服务理念，为我国图书馆事业的发展起到领头羊的作用。在图书馆立法进程、重要政策性文件起草方面，为事业发展创造良好政策环境；组建全国图书馆界不同领域的行业协作平台，开展面向全国图书馆，尤其是公共图书馆的业务辅导和交流合作；依托中国图书馆学会等行业组织，面向国内外图书馆界组织各类交流合作项目。

（4）服务社会公众

到馆读者服务。国家图书馆主要为读者提供中外文普通文献阅览、纸质文献借阅、电子文献阅览、研究性服务、主题展览服务。通过优化服务布局，形成"查、阅、咨、藏一体化"的现代化服务新格局。通过先进的自助设备及多元的服务，满足读者多样化需求。

远程读者服务。国家图书馆提供在线咨询、文献提供、馆际互借等综合服务；覆盖互联网、移动通信网、广播电视网等多种载体的服务网络日渐完善，读者在馆外同样可以获取丰富的数字图书馆服务；用户或群众可以远程登录国家图书馆网站，注册实名账户，享受国家数字图书馆资源和服务。

特殊群体服务。国家图书馆少年儿童馆为小读者提供丰富的少儿文献，定期举办形式多样的少儿阅读推广活动；国家少儿数字图书馆为少年儿童提供了阅读学习的平台；残障人士可以访问"中国盲人数字图书馆"和"中国残疾人数字图书馆"利用国家图书馆资源；积极为特殊群体推出远程文化教育服务，定期举办老年培训服务。

社会教育服务。国家图书馆通过举办多样活动，开展社会教育服务。比如举办世界读书日主题活动、"文津图书奖"评选等文化活动，推动全民阅读；开办"部级领导干部历史文化讲座"、"文津讲坛"、"国图讲坛"等讲座；创立"国图公开课"，利用互联网提供优质课程服务；每年举办多场大型公益性展览，如"国家图书馆精品大展"、"国家珍贵古籍特展"等获得读者广泛好评；国图艺术中心大力开展艺术教育普及活动，成为社会公众提升艺术修养的大课堂。

中国国家图书馆的自动化工作起步于 20 世纪 70 年代中期。经过不断发展，2008 年 8 月中国国家数字图书馆工程上线运行，读者可以通过中国国家数字图书馆，实现多种资源的检索与阅读，如：电子图书、电子期刊、电子报纸、电子论文，还有古籍、工具书、音视频资源，以及地方馆资源和少儿资源，足不出户，就可以在线满足广大读者的各种文献信息的查阅需求。

中国国家数字图书馆为读者提供条件检索和分类导航检索。条件检索是在选择检索数据库的基础上，设定检索条件，在对应的检索项（如：题名）后输入相应的检索词（如：管理学原理），并可以选择多个检索条件（如：选择检索项：作者，在对应的检索框内输入：周三多）之间的逻辑关系（与、或）进行检索，以限定检索，找到符合读者检索需求的文献。

中国国家数字图书馆的分类导航检索，是将资源分成 46 个类目，根据检索需求点击相应的类目（如：民国期刊），进入类目后会显示相应的资源列表，可浏览相应的条目，也可再进行条件检索，得到具体的文献。

近年来，国家图书馆不断推进文献信息资源整合揭示，建设文津搜索系统，提升资源

图2-5 中国国家数字图书馆

发现能力,满足读者对各类资源的"一站式"检索需求,迅速便捷地获取所需信息。"文津"的搜索系统整合了国家图书馆已经购买的部分数字资源和自建资源,读者可以一站式获取信息资源,把图书馆的文献资源对网络用户开放。

图2-6 国家图书馆文津搜索系统

"文津"搜索系统里,用户可以在海量的信息资源中快速、准确地发现并获取有用信息。其主要功能包括:

① 海量资源。搜索系统汇聚了近2亿条文献信息,包括大量的图书、学术论文、期刊报纸、古文献、多媒体资源、缩微文献资源、文档、各类词条等覆盖了全国图书馆的信息

资源。

② 结果聚类。检索结果进行聚类,系统利用多种途径分类和排序,进行过滤、聚合与导引,给读者提供方便的服务。

③ 提高搜索质量。通过一站搜索与结果反馈,提高了用户检索效率,提高返回结果的数量与质量。

④ 文津搜索系统定位。系统可以负担巨大的用户访问量,同时迅速提供搜索反馈信息。

⑤ 在线体验。提供用户在线阅读、分享功能,并可浏览更多的文献信息资源。

⑥ 个性化服务。用户登录认证后可获得多种形式的个性化服务,例如设定搜索系统、查看检索历史等。

2.4 高校图书馆的利用

2.4.1 高校图书馆概述

高等学校图书馆担负着为教学和科研服务的双重任务,是培养人才和开展科学研究的重要基地之一。2015年教育部颁布的《普通高等学校图书馆规程》指出,图书馆应全面参与学校人才培养工作,充分发挥第二课堂的作用,采取多种形式提高学生综合素质。

图 2-7 武汉大学图书馆

高校图书馆基本特点有:

(1) 读者需求具有稳定性。高校图书馆主要为学校教师和学生服务,因为学校专业设置相对固定,教学计划相对稳定,教学内容与专业相关,所以读者的信息需求也相对稳定,对于与学科专业相关的教学及参考书的需求量大一些。

(2) 读者用书具有集中性。高校教学的特点是按照教学计划安排课程,按照教学大纲进行教学,有比较统一的进度,服务对象在用书时有较强的集中性;无论是读者在所需文献信息的时间上还是在所需文献信息的类型上都跟课程和学习过程同步。因此,高校图书馆对教学相关的参考书保证复本量以满足读者需求。

(3) 文献的收集和组织管理必须适应本校的特点。学校以自身专业设置、学科建设、科研需要作为依据,对于相关的学科进行重点文献收藏,专业文献进行全面的收藏,同时还要兼顾一般的文献。在文献收藏上既能反映科学发展的历程,又能反映科学研究的现状。具体的组织管理可因地制宜,根据学校具体情况进行划分,如文科、理科书库和阅览室,或者按教师、研究生、本科生等设置阅览室,或者按照校区设置分馆等方式。

(4) 有些高校实施的是总分馆的图书馆格局,总图书馆与系(院、所)图书馆(资料室)须各负其责。总图书馆收藏的图书比较全面系统,各个类别、各个专业相关的参考工具书及课外阅读的书籍都有收藏;系(院、所)图书馆(资料室)主要面向自己的系(院、所)的师生,收藏专业性较强的文献资料。

伴随计算机技术和网络技术的发展,高校图书馆的职能和读者服务内容不断变化丰富,在读者生活、学习和科研中的地位也日趋提高。高校图书馆的任务不但包括为教学服务,还要为科研服务,是培养人才和开展科学研究的重要基地之一。高校图书馆不光是一个藏书借阅场所,更是一个高效的信息获取中心,是一个快速的信息传递中心和文化传承与创新中心。图书馆的一切工作都是围绕尽量满足读者的文献信息需求而展开。

2.4.2 高校图书馆服务

1. 外借服务

外借服务是满足读者将藏书借出馆外阅读的一种服务方式,是图书馆一项最基础的服务内容。图书馆开展了个人外借、集体外借、预约借书和续借、馆际互借、文献复制和打印等多种服务方式。

2. 阅览服务

阅览室有舒适的桌椅、充足的光线、安静的气氛和整洁的环境,当读者走进阅览室时,就会被浓厚的学习气氛所感染。图书馆有印刷型书刊阅览室和电子阅览室。

3. 网络信息资源服务

图书馆建立数字图书馆,可以不限时不限空间地为读者提供网络信息资源服务。读者可以很方便地检索、下载、打印、传送文献,网络信息资源服务已成为读者利用率最高的服务项目之一。

4. 信息咨询服务

信息咨询服务是图书馆利用各种信息资源、馆藏资源、参考工具书等,通过个别解答的方式向读者提供参考答案、信息知识和查询途径方法的服务。图书馆开展了当面咨询、电话咨询、QQ群咨询、网络虚拟参考咨询工作,可在网上随时解答咨询。而图书馆也会把咨询中常见的、具有共性的问题建立基本问题资讯库,再有同类问题即由计算机自动给出问题的答案,从而达到减少服务成本,提高服务效率的效果。

5. 阅读推广服务

阅读推广是图书馆基本服务之一。阅读推广在图书馆的广泛开展,是图书馆自身职能的体现,也是其应对社会发展的举措,同时也满足了社会公民阅读及素养提高的需求。阅读推广是国家、社会及图书馆等为培养公民的阅读习惯、激发培养公民的阅读兴趣、提高公民的阅读水平、促进全面阅读而进行的相关活动的总称。阅读推广利用丰富多彩的活动吸引读者、培养读者阅读兴趣爱好,增加了读者阅读量,也提高了各类文献资源的利用,从而提高图书馆的利用效率,更好地发挥图书馆的信息服务和教育职能。

6. 学科导航

学科导航是将学科相关信息内容进行整理后,按照相应类别予以揭示,并以目录和指南的形式指引用户获取学科信息的方法。高校图书馆服务于教学和科研,学科服务是其基本工作,而学科导航的揭示非常必要。国内各高校根据自己学校学科特点和需要建立学科导航,CALIS 也领导组织了学科导航库的建设,促进其协调发展。在对学科导航建设的理论研究方面,业界也是成果丰富,从学科导航的建设情况调研到经验总结,从学科导航的资源优化组织到标准制定,以及学科导航的评估和可持续发展等方面,都是研究者们关注的主要问题,这些研究也为学科导航的进一步发展提供了理论依据。

高校图书馆作为服务师生的部门,针对自己学校相关学科的信息资源的构建及深入揭示,应受到重视。它的构建,将网络上无序信息按照学科收集、整理起来,解决了学校教学与科研信息需求的问题,方便了广大师生用户的信息需求。

7. 馆际互借及文献传递

馆际互借(Interlibrary Loan, ILL)是图书馆与图书馆之间的文献资料共享合作,根据馆际互借制度和相关的收费标准,本馆读者向协议馆借阅文献资料,以满足读者需求的文献信息服务。

文献传递是利用各种信息传递手段,从各种文献信息服务中心获取文献信息,可复印、可传真、可发电子邮件,也可在线传递等方式,是一种非返还式的文献提供服务。在信息技术的支撑下,现代文献传递更加方便快捷,多指对电子资源的有价传递。

目前,开展馆际互借及文献传递服务的主要有高校系统图书馆、中国科技信息研究所、万方数据知识服务平台、中国知网、重庆维普公司、国家图书馆、国家科技图书文献中心等。国内许多高校依托 CALIS、CASHL、NSTL 和超星数字图书馆等平台为全校师生读者提供文献传递与馆际互借服务,实现资源无界、共享无限。

举例:江苏省高校通用借书证的办理与服务。江苏省高等院校通用借书证,是由江苏省高等学校文献信息保障系统(JALIS)现称"江苏省高等学校数字图书馆"所发起的服务,从 1995 年开始使用。面向江苏省内普通高等院校的学生、教师和科研人员,并对社会读者有限开放申办。办理过该借书证的读者,可享受江苏省内高校图书馆相关的服务,有助于资源的共享,提高资源利用率,满足广大读者的需求。

8. 科技查新服务

科技查新是利用与已有文献信息的比对,通过综合分析,对项目的新颖性作出判断,并撰写有依据、有对比、有结论的查新报告的一项工作。自教育部审批设立高校科技查新工作站以来,很多高校图书馆开展了科技查新工作。

9. 用户辅导与培训服务

用户辅导的内容有:解答读者的各种疑难问题,辅导读者有效利用图书馆、使用网络信息资源、不定期举办各类专题讲座,开展与组织读书活动。此外,高校图书馆一般担负起了全校的信息检索与利用课程的教学工作。

2.5 科学专业图书馆

2.5.1 科学专业图书馆简介

专业图书馆,也称专门图书馆,是指为了使人们能准确掌握一定范围的知识并靠一些专门人才以其专业知识,用适当的方法收集、整理、保存并能迅速提供某一专业或学科的情报资料的服务性学术机构。在我国,专业图书馆更多地被定为科研系统的图书馆,因此也称为"科学专业图书馆"。

科学专业图书馆主要服务于科研机构和研究院所,政府部门及其所属研究院所、大型企业等的专业性较强的图书馆,其服务对象主要是各种专业人员或技术人员,为科学研究和生产技术研发提供服务。比如:中国科学院文献情报中心(国家科学图书馆)、中国社会科学院图书馆、国家科技图书文献中心等。

科学专业图书馆的服务对象为专业人员,其基本任务是为本机构内的科研专业人员及相关研究、业务活动等提供各类文献信息服务,进行相关专业文献信息的收集、加工组织、存储、利用等活动。

科学专业图书馆的特点主要有:其性质是附属于特定的机构,如政府组织、科研院所机构、工商业企业单位等;其设置目的,是为其所属单位及工作人员提供所需的专业文献信息;其服务对象,主要是相关单位的专门用户,大多是相关专业或领域的专家学者或研究者;其馆藏资源,具有很强的专业性文献,能为专门用户提供直接的专业信息服务;其服务模式,受所属单位的具体情况而定,服务方式、服务时间都因此受到限制;其规模,除少数专业图书馆规模还可以之外,大多数专业图书馆的规模较小;其长远目标,专业图书馆发展趋势是成为所属单位专业人员的信息中心。

我国专业图书馆建设的重要意义:

第一,建设专业图书馆有利于集中资源。根据专业需求采集、加工整理、利用信息资源,能够使资源更加专业、系统地组织起来,提高资源的利用率。

第二,建设专业图书馆有利于提高服务。专业图书馆除了拥有专业信息资源,还有专业知识储备的服务人员,可面向专业读者提供更深层次的服务,满足读者专业化、个性化需求。

第三,建设专业图书馆有利于获得资源。相关专业从业者可直接选择专业图书馆,利用已加工整理好的专业信息,获取相关的知识服务,更好地获取、利用专业信息资源。

2.5.2 中国科学院文献中心

中国科学院文献情报中心,立足中国科学院、面向全国,主要为自然科学、边缘交叉科学和高技术领域的科技自主创新提供文献信息保障、战略情报研究服务、公共信息服务平台支撑和科学交流与传播服务,同时通过国家科技文献平台和开展共建共享为国家创新体系其他领域的科研机构提供信息服务。

该中心馆藏资源丰富,其中图书有1145余万册(件)。伴随我国科技的发展,该中心为满足科技需求以及中科院"率先行动"计划,建设大数据科技知识资源体系,开展广泛的文献信息服务,提供科研创新所需的深入的情报服务。

中国科学院文献情报中心是国际图书馆协会与机构联合会(IFLA)的重要成员。近年来,该中心积极组织、参与高层次专门化国际学术交流活动,目前已经与美国、德国、韩国、俄罗斯等多个国家的文献情报机构建立了稳定的合作关系。

图2-8 中国科学院文献情报中心

2.6 数字图书馆

2.6.1 数字图书馆

1. 数字图书馆的概念

数字图书馆是伴随着信息技术的发展和社会需求的改变而出现的,目前对其还没有一个十分明确的、完整的定义。通常数字图书馆是指,利用网络通信、依靠计算机设备和技术,以满足用户个性化需求的,与传统实体图书馆不同的虚拟图书馆。数字图书馆所存储的数据资源,可以分布在一个图书馆,也可以分布在不同区域、不同组织甚至不同国家范围内的图书馆,它是一个文献信息的电子数据集散中心。

数字图书馆摆脱了传统图书馆实体场馆和资源的限制,以数字化资源为依托,通过通信网络,为分布在不同区域的用户提供方便、快捷、大量的文献信息服务,实现了信息资源的共享。

2. 数字图书馆的特征

(1) 信息资源数字化

数字图书馆以现代的电子数字信息资源为基础。与传统图书馆不同,数字图书馆是利用现代信息技术,将各类传统载体的文献信息进行扫描输入、加工处理、存储整序变为电子载体的信息资源。

(2) 信息传递网络化

数字图书馆的存在基础之中非常重要的是网络。在网络的基础上,才能方便快捷高效地传递数字信息。无论是各类数据提供商与图书馆之间,图书馆与用户之间,还有用户与用户之间,都能通过数字图书馆实现信息的传递。

(3) 信息利用共享化

信息的特征之一是共享,但是传统文献的共享性具有一定的局限性,而数字图书馆的建立,真正实现了文献信息的共享共用,极大地提高了文献信息的利用率。

(4) 信息提供知识化

传统图书馆主要提供信息服务,而依托信息技术的数字图书馆,可实现文献信息的链接、深度加工、整理、挖掘等,从而提供信息及有价值的知识。数字图书馆以知识单元为基础进行重组,伴随着人工智能技术的推进和使用,数字图书馆能更好地捕捉用户的信息需求和使用偏好,满足用户个性化信息需求。

(5) 信息实体虚拟化

数字图书馆在实体图书馆的基础上实现,将实体图书馆与虚拟的图书馆有机结合起来,虚拟图书馆有赖于实体图书馆,而实体图书馆也越来越朝着虚拟图书馆的方向发展。

2.6.2 超星数字图书馆

超星数字图书馆,1993年成立,2000年被列入国家"863"计划中国数字图书馆示范工程,同年正式开通。现为中文数字图书馆之一,提供丰富的电子图书资源,按照"中图法"分为22个大类,提供大量的免费电子图书,拥有数百万册电子图书,500万篇论文,13亿余页全文资源,数据总量100万GB,是目前世界最大的中文在线数字图书馆之一。

超星数字图书馆技术平台给广大用户提供各种阅读所需功能,其提供专门的"超星阅览器",功能强大,可实现电子图书的阅读,信息资源的汇总、加工整理,以及其他的信息功能。该平台可实现书名、作者、目录及全文的检索,通过多种途径查询到所需的电子图书,进而进行阅读或下载,满足用户的需求。

图 2-9　超星数字图书馆

2.6.3　移动图书馆

技术的不断发展,数字资源不断丰富,移动互联网时代到来,人们获取文献信息变得更加的方便,不再受空间的限制,也不再受时间的限制,伴随而来的,移动图书馆的诞生,成为图书馆服务方式的一种,在越来越多的图书馆得到推广,得到广大用户的青睐。移动图书馆最开始是实体流动的图书馆,移动图书馆源自英文"mobile library",原指大家熟知的"汽车图书馆",G. Davidson 等人认为早期的移动图书馆是指"为不能到达公共图书馆看书的民众设计的一种图书馆流动车,旨在为广大民众提供一种便捷的图书馆服务",这是传统的移动图书馆。

伴随着技术的发展,移动通信设备的普遍应用,现代的移动图书馆应运而生,尤其是智能手机、Kindle、iPad 等移动终端的广泛使用,用户的阅读体验也更方便快捷,移动图书馆的相应服务也逐渐增加完善。

目前国内做得较好的是书生移动图书馆和超星移动图书馆。

超星移动图书馆是一个移动阅读平台,用户可在手机、平板等移动设备上安装使用,实现个人借阅查询、馆藏检索、图书馆信息浏览、咨询等功能,收藏百万册电子读书,数量众多的报纸文献,还包括中外文献元数据,广大用户可自行选择,方便使用。

超星移动图书的特点:

1. 基于元数据的一站式检索

该系统使用了元数据整合技术,对馆内外的各种文献,包括:中外文图书、期刊、报纸、学位论文、标准、专利等进行了资源的整合,用户可在其平台上进行一站式搜索,可进行浏览,可获得全文阅读下载等信息服务。

2. 适合手机的信息资源

超星移动图书馆针对移动终端的特点和用户阅读的习惯特点,专门提供3万多本e-pub电子图书,近8 000万篇报纸全文供读者阅读使用。

3. 云服务共享

超星移动图书馆依托云共享服务体系,可以全天候提供文献传递服务,可提供电子邮件传递电子图书、期刊论文等文献全文服务。

4. 个性化服务体验

系统可将图书馆OPAC系统与读者个人空间实现连接,可实现馆藏查询、借阅信息、预约挂失等功能,还可以进行个性化设置,选择自己偏好的功能以满足使用需求。

图2-10 移动图书馆

2.6.4 中国高等教育文献保障系统(CALIS)

"中国高等教育文献保障系统"(China Academic Library & Information System,简称CALIS)是教育部建设的公共服务基础设施,面向高校图书馆,搭建基于互联网的"共建共享"云服务平台——中国高等教育数字图书馆,编制图书馆协同工作的相关技术标准,制定各馆之间的协作流程,为图书馆培训专业馆员,为各成员馆提供各类应用系统等,为高校成员馆间的从文献到数据、从设备到软件、从知识到人才全方位多层次的协作共享创造平台,切实有效地促进高校图书馆协调、全面发展。

1998年11月CALIS开始建设,至2012年,建成以CALIS联机编目体系、CALIS文献发现与获取体系、CALIS协同服务体系和CALIS应用软件云服务(SaaS)平台等为主干,各省级共建共享数字图书馆平台、各高校数字图书馆系统为分支和叶节点的分布式"中国高等教育数字图书馆"。目前注册成员馆逾1 800家,覆盖除台湾省外中国31个省(自治区、直辖市)和港澳地区,成为全球最大的高校图书馆联盟。

CALIS由设在北京大学的CALIS管理中心负责运行管理。CALIS的骨干服务体系由4大全国中心(文理中心——北京大学,工程中心——清华大学,农学中心——中国农业大学,医学中心——北京大学医学部)、7大地区中心、除港澳台之外的31个省级(省、自治区、直辖市)中心和500多个服务馆组成。这些骨干馆的各类文献资源、人力资源和服务能力被整合起来支撑着面向全国所有高校的共享服务。

CALIS的项目与服务主要有:高校图书馆质量工程、高职高专图书馆发展行动计划、新一代图书馆服务平台建设计划、编目服务、资源发现、馆际互借与文献传递、共享软件服务、查收查引系统和采编一体化平台。伴随着不断发展,CALIS也在深化目标,在高等教育文献保障体系基础上,不断进行内涵的深化、外延的拓展,朝着支撑我国主要高校图书馆自身日常业务,强化完善馆际之间业务协作的平台发展。

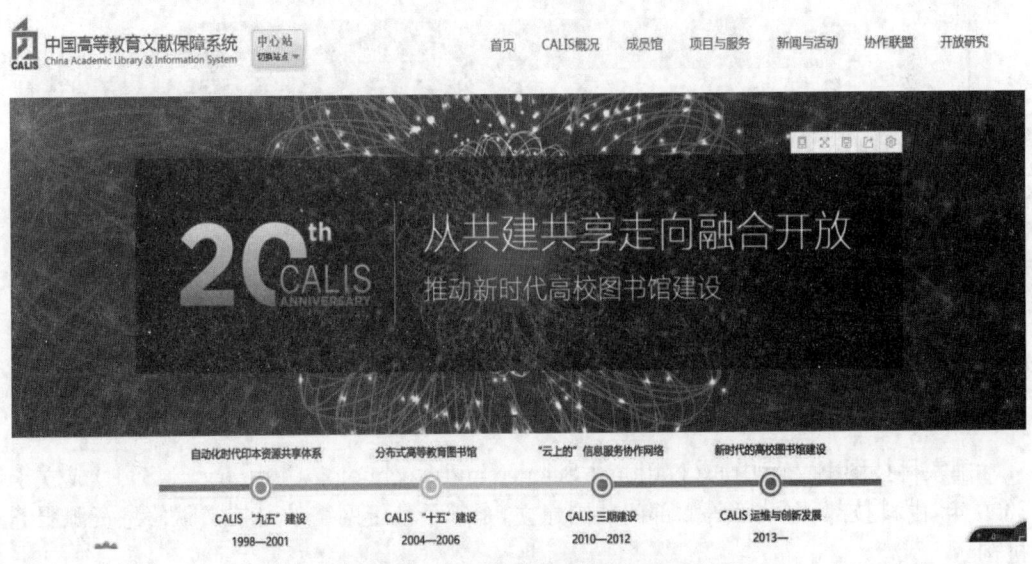

图2-11 中国高等教育文献保障系统

2.6.5 中国高校人文社会科学文献中心(CASHL)

中国高校人文社会科学文献中心(China Academic Social Sciences and Humanities

Library,简称 CASHL),其管理者为教育部,建设原则为"共建、共知、共享",建设方针是"整体建设、分布服务",同为文献保障服务体系,服务于高校哲学社会科学教学和研究工作,其最终目标是成为"国家哲学社会科学资源平台"。

CASHL 的建设,吸纳了许多优秀的高等学校图书馆,同时系统全面地引进和收藏国外人文社会科学文献资源,通过网络服务平台,为全国高校、哲学社会科学研究机构及相关人员提供全面的文献信息服务。

CASHL2004 年开始运行,目前可提供的文献信息包括:国外人文社会科学领域的重要期刊达 26 490 种;电子期刊近 2 800 种,电子图书超过 70 万种;外文印本图书 200 余万种。另外,CASHL 还提供数据库服务,其构建的"高校人文社科外文期刊目次库"和"高校人文社科外文图书联合目录"数据库,可实现检索、浏览、下载、原文传递等服务。CASHL 由 2 个全国中心、7 个区域中心和 8 个学科中心构成,其职责是收藏资源、提供服务。目前已拥有 830 家成员单位,个人用户约 13 万个,累计提供手工文献传递服务超过 120 万笔,加盟成为 CASHL 成员馆的高校图书馆,都可以享受服务和相关补贴。

图 2-12 中国高校人文社会科学文献中心

2.6.6 国家科技图书文献中心(NSTL)

国家科技图书文献中心(National Science and Technology Library,NSTL)成立于 2000 年,由科技部、财政部等六部门共同建立,是一个基于网络的科技文献信息资源服务机构。

该中心主要提供科技文献信息服务,其宗旨是,构建数字时代的国家科技文献资源战略保障服务体系,按照"统一采购、规范加工、联合上网、资源共享"的机制,收集、整理和开发各学科领域的科技文献资源。

国家科技图书文献中心服务于全国范围的机构,包括了众多地方、行业相关科技信息机构,利用网络服务系统实现其功能。已建设 40 个服务站,吸纳 29 个省市自治区相关单位,方便用户利用科技信息资源,提高地方科技单位文献利用水平,推动了全国范围的科技文献信息共建共享。

该中心经过多年发展,已成为国家科技文献资源的战略保障基地,大幅度提升了对全国科技界和产业界的文献服务能力,提供特色鲜明的文献信息服务,成为文献服务共建共享的国家枢纽,为我国科技文献事业的发展做出卓越贡献。而且伴随着技术的发展,大数据时代的到来,该中心将继续为国家科技创新体系建设做出新的贡献。

图 2-13　国家科技图书文献中心

本章思考题

1. 图书馆的作用是什么?
2. 图书馆的业务工作有哪些?
3. 思考公共图书馆、高校图书馆、科学专业图书馆的共同点与不同点?
4. 思考图书馆的未来发展趋势?

第 3 章 中文文献数据库及其检索

☞ 扫码可见第 3 章微课

常见的中文文献数据库包括三种类型:书目文摘型数据库、全文型数据库、多媒体型数据库。书目文摘型数据库,可以获取书目、刊名、摘要等基本信息,通常不提供全文下载服务,主要有全国报刊索引、中文社会科学引文索引(CSSCI)、中国科学引文索引(CSCD)、图书馆自建的 OPAC 馆藏书目数据库等。全文型数据库,能够提供全文在线阅读或者下载,资源丰富、信息量大,主要包括超星数字图书馆、中国知网、维普中文期刊服务平台等。多媒体型数据库,提供图片、音频、视频的在线观看或者下载服务,这类数据库有多种表现形式,主要有网上报告厅、起点考试网等资源。本章将按照期刊、图书、索引的查找详细介绍中文文献数据库的检索。

3.1 期刊论文及其典型库检索

期刊是学术研究采用最多、应用最广泛的文献类型。一般检索工具都会收录期刊,目前绝大多数检索系统都会提供电子期刊检索。常用的期刊论文数据库有中国知网的中国学术期刊库、维普资讯的中文期刊数据库、万方数据的中文学术期刊数据库等。

期刊是信息资源的一个重要组成部分,由于其有内容广泛、时效性强、专业化等特点,已成为人们进行知识传递、学术交流和获取信息的重要途径之一。本节将介绍期刊基本知识以及几个常用的中文期刊全文数据库。

3.1.1 基本知识

1. 国内主要期刊数据库

(1) 中国知网的中国学术期刊库

中国学术期刊库是世界上最大的连续动态更新的中文学术期刊全文数据库,是《国家"十一五"时期文化发展规划纲要》中国家"知识资源数据库"出版工程的重要组成部分。以学术、技术、政策指导、高等科普及教育类期刊为主,内容覆盖自然科学、工程技术、农业、哲学、医学、人文社会科学等各个领域。

(2) 维普资讯的中文期刊数据库

维普资讯网建立于 2000 年。经过多年的商业运营,维普资讯网已经成为全球著名的中文专业信息服务网站。中文期刊数据库收录了 1989 年以来我国自然科学、工程技术、农业科学、医药卫生、经济管理、教育科学和图书情报等学科的期刊,包括了学术与非学术期刊。

(3) 万方数据的中国学术期刊数据库

万方数据资源系统是建立在因特网上的大型科技、商务信息平台,内容涉及自然科学和社会科学各个专业领域。期刊资源包括中文期刊和外文期刊,涵盖自然科学、工程技术、医药卫生、农业科学、哲学政法、社会科学、科教文艺等多个学科。

(4) 龙源电子期刊网

龙源电子期刊网隶属龙源数字传媒集团,内容涵盖时政、党建、管理、财经、文学、艺术、哲学、历史、社会、科普、军事、教育、家庭、体育、休闲、健康、时尚、职场等领域。龙源电子期刊人文特色浓厚,突出大刊、名刊,与印刷版期刊实现同步出版、同步更新,使用方便,不需下载任何阅读器即可全文阅读,期刊实行整刊版、原文原貌版、语音版、专题版的多版本立体阅读,更加符合广大读者的阅读习惯。

(5) 台湾学术文献数据库

台湾学术文献数据库由科学数据库及人社数据库组成,是台湾收录量最大的学术数据库,其中本库中收录台湾科学核心期刊索引(TSCI)75%的期刊,收录台湾人文学核心期刊索引(THCI Core)85%的期刊,收录台湾社会科学核心期刊索引(TSSCI)89%的期刊,总计收录台湾超过 80%以上的核心期刊。

2. 期刊的检索

期刊的检索包括期刊馆藏信息检索、期刊出版信息的检索和期刊论文的检索。

(1) 期刊馆藏信息检索

目前,图书馆在网络上通过书名数据库提供图书馆期刊馆藏信息的检索。书目数据库可以既反映现刊状况,又反映合订本信息,而且可以从刊名、主题、关键字、索书号、ISSN 等途径检索,如南京大学图书馆书目检索系统,http://opac.nju.edu.cn/opac/search.php。

(2) 期刊出版信息的检索

用户可以通过期刊征订目录、集成商提供的专业数据库和搜索引擎 3 种途径获取期刊出版信息。

① 期刊征订目录检索,在我国,邮局是期刊的主要发行单位,其发行的年度《报刊简明目录》是一种重要且可靠的期刊出版信息源,不仅提供邮发代号、报刊名称和定价,而且重点期刊还包括内容简介和出版单位地址。

② 集成商提供的专业数据库检索,网络期刊集成商本身不出版电子期刊,而是将出版商的网络期刊集成在一起,建立统一的检索界面提供检索服务。目前,这些集成商的专业期刊数据库都提供期刊信息方面的浏览和检索。如维普的中文期刊服务平台、中国知网的中国学术期刊库都提供了字顺浏览、刊名检索等功能,可检索到期刊的名称、主办单位或出版单位、通讯地址等信息,是期刊的快速、方便、简捷的查询工具。

③ 搜索引擎检索,在查找电子期刊的出版时,搜索引擎是常用的一种方法。直接输入期刊名称或 ISSN 号进行检索,往往可以获得该刊物的简介、出版情况和网站链接等信息。有些单位或个人也将无版权纠纷的期刊论文全文免费提供在网上。

(3) 期刊论文的检索

期刊论文主要有两种检索方法：直接法和间接法。所谓直接法，是直接查阅有关期刊，浏览目次，进而确定所需论文的位置，以了解有关学科或专题发展动态的一种最简单的检索方法。所谓间接法，是指借助检索工具，从数量庞大的信息集合中迅速、准确地查找特定信息内容的常用检索方法，该方法所获得的信息在全面性和准确性方面都比较高。查找期刊论文的检索工具主要有：

① 由文摘和题录组成的检索型数据库，如中文社会科学引文索引(CSSCI)、工程索引(EI)、科学引文索引(SCI)等，这些检索工具将经过挑选的成百上千种期刊中的论文逐篇加工成文摘或题录，按照一定的方式编排，同时提供多种检索途径，帮助读者高效、全面、准确地找到所需期刊论文的来源。

② 记录有原始文献的全文型数据库，如中国知网的中国学术期刊库、维普公司的中国期刊服务平台等。用户可以通过相应的网站去浏览、检索和下载其收录的期刊全文。

3. 期刊数据库基本检索步骤

期刊数据库的检索特点是检索入口多，除了题名、主题、关键词、文摘、作者、作者单位外，还可以按照刊名、ISSN 号等检索和浏览。很多期刊数据库提供了对期刊类型的选择，一般包括全部期刊、核心期刊、EI 来源期刊、CSSCI 来源期刊、CSCD 来源期刊等。期刊文献检索模块一般提供基本检索、高级检索、期刊导航等。基本的检索步骤如下：

① 登录期刊数据库。登录后，选择文献检索模块，默认的检索方式一般为基本检索。

② 检索条件限定。在选择的检索模块中，选择时间范围、期刊范围、学科范围等检索限定条件。

③ 选择检索字段，输入检索词。选择作者、作者单位、主题、题名、关键词、摘要、刊名等检索字段，并输入检索词。

④ 实施检索。输入检索词后，单击"检索"按钮进入检索结果页面，查看检索结果题录列表，反复修正检索策略得到最终检索结果。

⑤ 检索结果操作。检索结果一般按照相关度进行排序，还可以根据需要选择按照发表时间、被引用次数等方式排序。

⑥ 查看文献详细信息及下载。点击文献题名进入文献详细信息页面，根据需要选择下载。

3.1.2 中国知网——中国期刊数据库

中国知网的期刊数据库(有时也被称为中国期刊网)是中国知识基础设施(China National Knowledge Infrastructure，CNKI)工程的重点项目之一。

1. 内容简介

中国知网，由教育部主管，清华大学主办，中国学术期刊(光盘版)电子杂志、同方知网(北京)技术有限公司开发运作。

中国知网的核心资源是"中国知识资源总库"，它具有完备的知识体系和规范的知识管理功能，是由海量知识信息资源构成的学习系统和知识挖掘系统。目前，总库收录内容包括期刊、报纸、博硕士学位论文、图书、会议论文、百科全书、专利、年鉴、标准、科技成果、政府文件、互联网信息等知识资源。

数据库分为十大专辑：基础科学、工程科技Ⅰ、工程科技Ⅱ、农业科技、医药卫生科技、哲学与人文科学、社会科学Ⅰ、社会科学Ⅱ、信息科技、经济与管理科学。十大专辑下分为168个专题，例如，基础科学专辑下包括数学、力学、物理、天文、生物、气象、地质、海洋、自然科学综合（含理科大学学报）等学科，工程科技Ⅰ专辑下包括化学、化工、矿冶、金属、石油、天然气、煤炭、轻工、环境、材料等学科。

2. 检索方式

中国知网的知识资源总库包含多个数据库，可以根据需要选择多个数据库进行跨库检索或只选择一个库进行单库检索。跨库检索的可检字段为各库的共有字段，单库检索则可检索所选数据库的特有字段。

（1）跨库检索

在中国知网主页，系统默认的是跨库检索，能同时在期刊、博士、硕士、专利等多个数据库中进行检索。如只需要在特定的数据库中检索，点击页面右上角的"跨库选择"按钮，在相应的数据库名称前的复选框里打"√"，如图3-1所示。

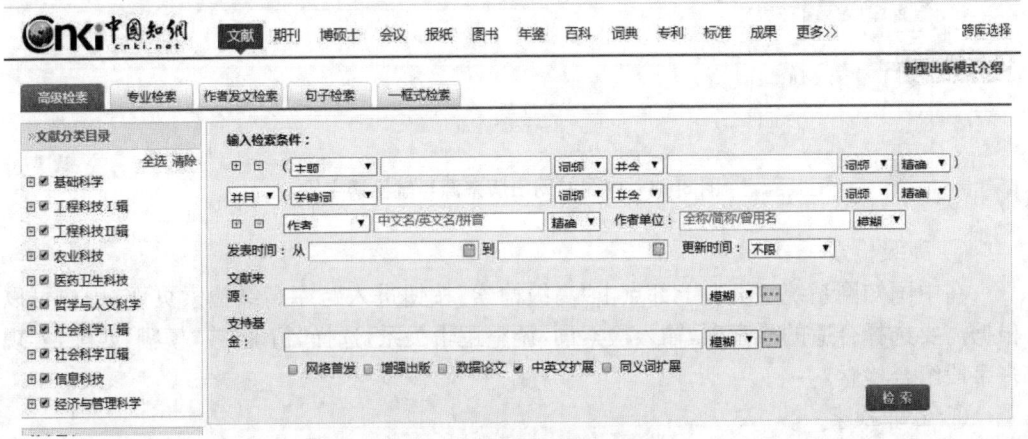

图3-1 中国知网跨库检索

① 学科导航。中国知网有学科专辑、中国图书分类法、国家学位办学科分类等三种不同分类体系的分类导航。中国期刊网可逐级选择所需学科专题，通过点击所需分类名称选择其分类，可直接浏览该分类下的文献或者限定在该分类下进行检索。

② 快速检索。中国知网首页提供了快速检索的数据库检索模块，可进行集各类资源于一体的检索。数据库检索模块分为文献检索、知识元检索和引文检索三个入口供读者选择，如图3-2所示。

文献检索默认为在期刊、博硕士学位论文、会议论文、报纸等数据库中同时检索。检索字段有主题、关键词、篇名、全文、作者、单位、摘要、被引文献、中图分类号、文献来源。

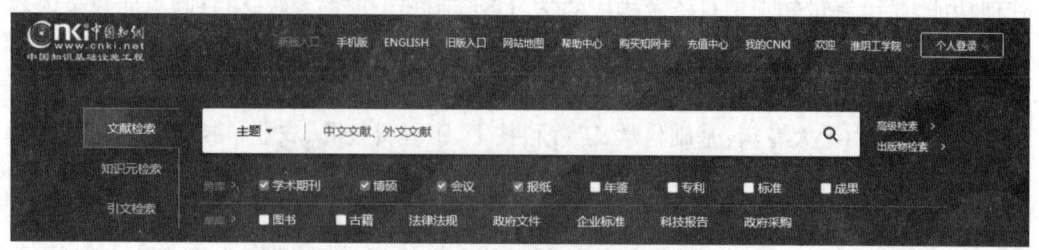

图 3-2 CNKI 快速检索

知识元检索可以选择知识问答、百科、词典、手册、工具书、图片、统计数据或者指数数据库进行检索。

引文检索可以从被引主题、被引题名、被引关键词、被引摘要、被引作者、被引单位、被引文献来源等字段检索文献。

③ 出版物检索

中国知网提供收录文献的特色导航,包括出版来源导航(如图 3-3 所示)、期刊导航、学术辑刊导航、学位授予单位导航、会议导航、报纸导航、年鉴导航、工具书导航。

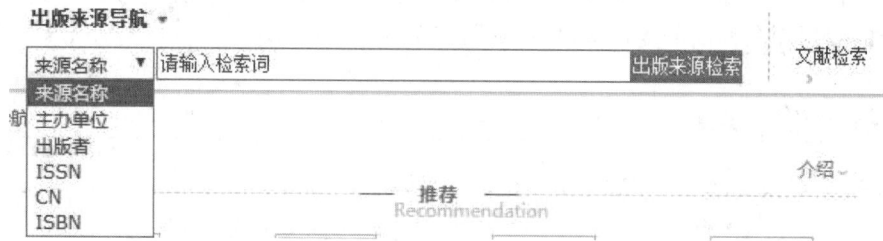

图 3-3 中国知网出版来源导航检索字段

④ 高级检索

在中国知网系统主页右上部点击"高级检索"按钮进入跨库高级检索页面,用户可以根据需要选择合适的检索项,输入检索词,调整逻辑关系,选择"精确"或"模糊"匹配,实现多字段组合检索。

⑤ 专业检索

专业检索是指对主题、题名、关键词、摘要、作者、通讯作者、第一责任人、机构、文献来源、被引文献、年、基金、中图分类号、ISSN、CN、ISBN、CF 等字段,利用逻辑运算符进行组合,构造检索式进行检索。在检索框的下方有字段的说明和检索表达式的例子,如图 3-4 所示。

跨库检索中还有作者发文检索、句子检索和一框式检索。作者发文检索的检索字段有作者、第一作者、通讯作者、作者单位,适用于检索某作者的文献,作者和作者单位可以通过"+""-"按钮进行增减,多个作者或者多个作者单位之间可以选择逻辑运算"与""或""非"进行组配;句子检索可以查找在同一句或同一自然段中同时包含两个检索词的文献,两个词在句中的前后位置不限;一框式检索可以选择各数据库(如期刊、博硕士、会议、报纸等)通用的检索字段,如全文、主题、题名等,输入检索词进行简单检索。

第 3 章 中文文献数据库及其检索

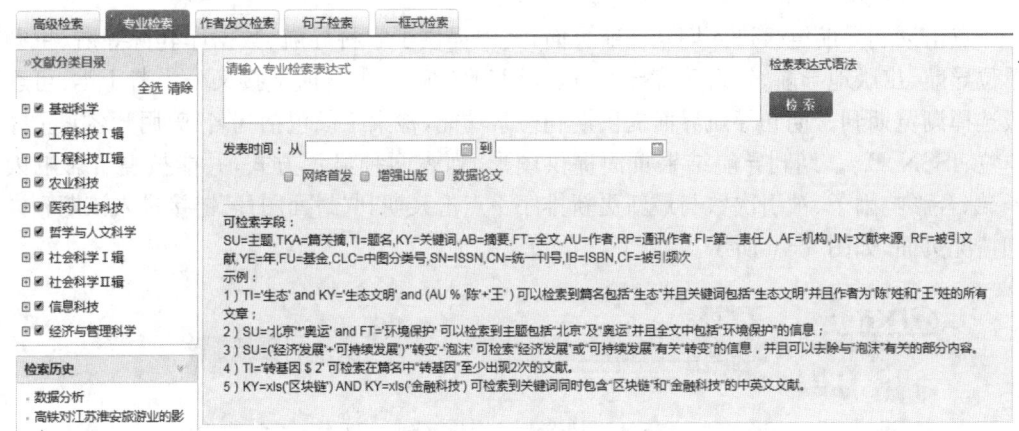

图 3-4 中国知网跨库专业检索

（2）单库检索

在中国知网主页，选择期刊数据库链接进入学术期刊库。检索方式分为高级检索、专业检索、作者发文检索、句子检索、一框式检索。期刊数据库界面中，还可以利用期刊导航，检索和浏览期刊信息，如图 3-5 所示。

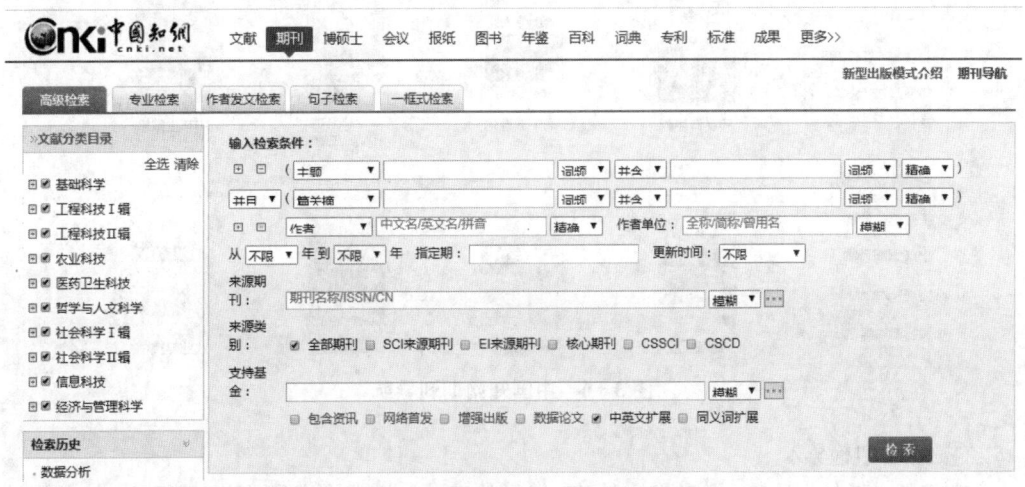

图 3-5 中国知网期刊数据库检索

① 高级检索

期刊高级检索页面与跨库高级检索页面功能类似，能进行快速、高效的逻辑组合检索，命中率高，与跨库检索的字段相比增加了 DOI 和栏目信息字段。在期刊高级检索页面中可以按照来源期刊检索，还可以指定期以及期刊的来源类别。

② 专业检索

期刊数据库专业检索页面与跨库专业检索页面功能类似，利用逻辑运算符进行组合，构造检索式进行检索。检索字段略有区别，增加了期刊名称和更新时间字段。

③ 期刊导航

点击期刊导航链接进入期刊导航页面，其中提供了学科导航、数据库刊源导航、主办单位导航、出版地导航、发行系统导航、核心期刊导航，点击导航链接又分为若干类，可逐级选择浏览期刊。期刊导航界面提供期刊检索功能，检索字段包括刊名（曾用刊名）、主办单位、ISSN、CN。期刊导航结果页面提供图形、列表两种显示方式，并能按复合影响因子、综合影响因子、被引次数与最新更新排序。点击某期刊"封面图片"链接进入该期刊详细情况页面，如图 3-6 所示。

图 3-6 中国知网期刊导航

④ 结果中检索

高级检索、专业检索、作者发文检索、句子检索、一框式检索结束后，都可以在当前结果中进行二次检索，即结果中检索。结果中检索是在当前检索结果内进行限制性的检索，主要作用是进一步精选文献。

单库检索中还有作者发文检索、句子检索和一框式检索。检索功能与跨库检索类似，只是检索范围为所选数据库。

3. 检索结果的处理

（1）结果分析

中国知网提供对检索结果按主题、发表年度、研究层次、作者、机构、基金等分组分析，选择分组方法,可以获得相应的分析数据。根据这些统计分析,可以优化检索结果,也可以直接点击浏览相应分组下的文献信息,如图3-7所示。

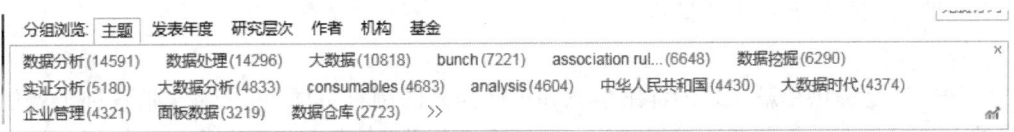

图3-7 中国知网文献分组分析

(2) 排序方式

中国知网中检索结果可以选择按照相关度、发表时间、被引情况、下载量进行排序。

(3) 检索结果显示

检索结果的显示方式可选择列表格式或摘要格式,系统默认列表格式。

(4) 保存检索结果

在文献序号前的方框中勾选所需文献,可以进行批量下载、导出/参考文献、计量可视化分析等。

(5) 阅读全文

① 预览全文。从列表界面中点击文献题名,可以链接到文献的详细信息界面,可以看到文献的题名、作者、作者单位、摘要、基金、发表期刊等详细信息,如图3-8所示。

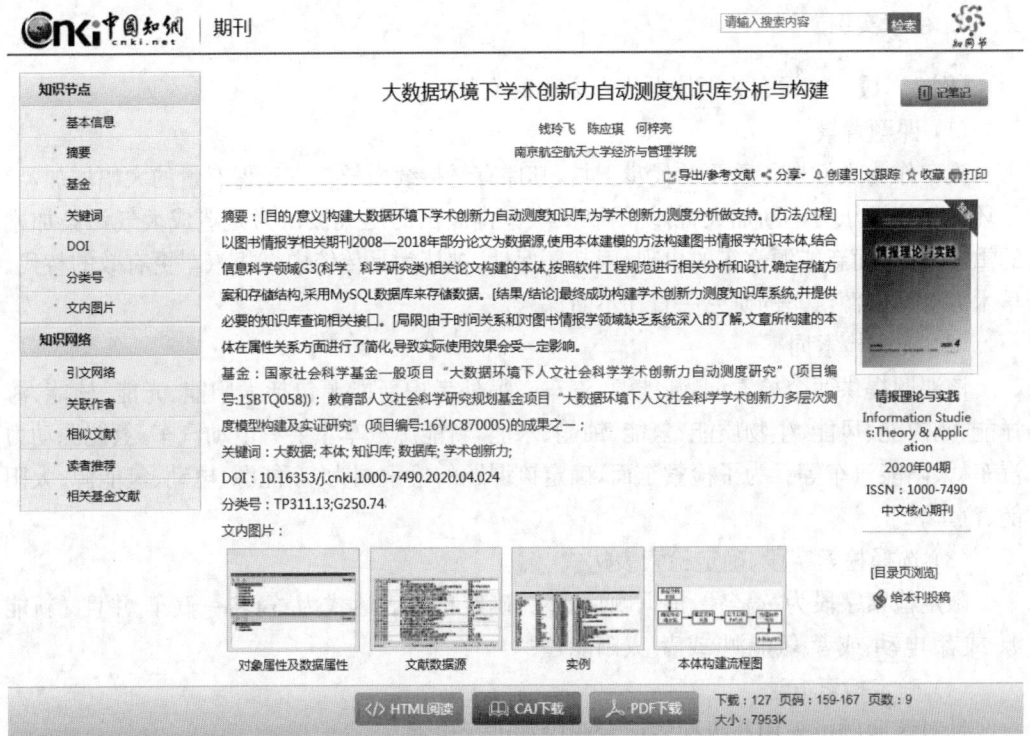

图3-8 中国知网文献信息

② 下载全文。用户可以从列表界面中点击下载按钮直接下载全文,也可以在文献的详细信息界面中选择 CAJ 格式或 PDF 格式下载全文。CAJ 格式阅读器可以在"下载中心"链接中下载,安装在本机即可。

(6) 知网节

知网节是提供单篇文献的详细信息和扩展信息的浏览页面,也是该文献各种扩展信息的入口汇集点。知网节所扩展的信息通过概念相关、内容相关等方法提示知识之间的关联关系,达到知识扩展的目的,有助于新知识的学习和发现,帮助实现知识获取和知识发现,如利用引文网络(如图 3-9 所示),链接到参考文献和引证文献等。

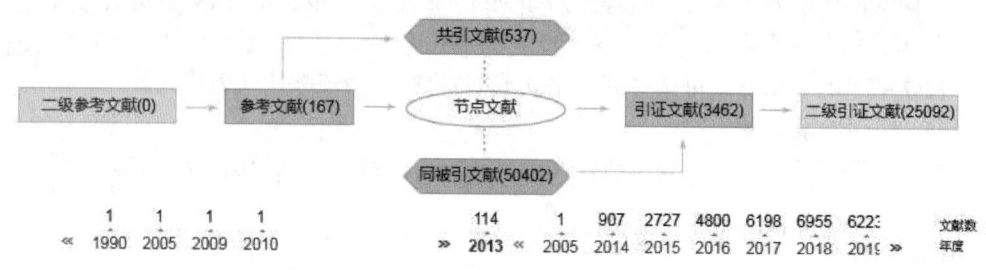

图 3-9 中国知网文献引文网络

4. 检索实例

【例 3-1】 检索有关新能源汽车方面的文献。

(1) 课题背景

汽车作为人们出行重要的代步工具,其保有量持续增长。汽车保有量的大幅增加,导致环境与能源压力不断加大,传统内燃机汽车排放出的尾气被认为是造成大气污染加剧的重要原因,而新能源汽车的出现,因其环保性,被认为是传统内燃机汽车更有效的替代。学术界对新能源汽车的研究一直在不断深入。

(2) 确定检索词

该课题提供两个检索词:新能源、汽车。另外考虑新能源包括太阳能、光能、核能、海洋能、潮汐能、风能、生物质能、氢能、铀能、水能,新能源汽车主要有电动汽车、氢能源动力汽车、太阳能汽车等。为了检索全面,确定该课题的检索词为:新能源、电动、氢能源、太阳能、汽车。

(3) 选择检索字段,确定检索表达式

限定检索字段为"篇名",根据题目要求,确定检索表达式为:篇名=汽车 并且(新能源 或者 电动 或者 氢能源 或者 太阳能)。

(4) 确定检索方法

针对该课题可采用高级检索或专业检索进行检索。

① 高级检索。首先选择检索字段为篇名,输入检索词,点击检索文献按钮,检出结果,检出的结果符合检索课题要求。

② 专业检索。使用专业检索方式，输入检索式 TI=汽车 and TI=（新能源＋电动＋氢能源＋太阳能），检索结果符合要求。

5．中国知网远见搜索

中国知网远见平台是中国知识资源总库的传播应用平台，包括文献、期刊、学位论文、知网书、学术图片、百科、会议、年鉴、专利、标准、科技成果等方面的搜索，如图 3-10 所示，网址：http://search.cnki.net。

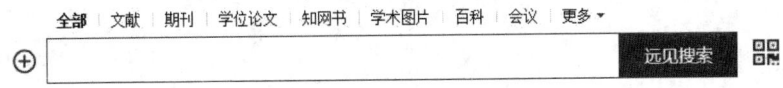

图 3-10　中国知网远见搜索

（1）学术文献搜索

学术文献搜索是基于对文献内容的详细标引，可以从任何位置搜索 CNKI 文献，包括全文、主题、篇名、关键词、作者、作者单位、摘要、参考文献、基金、文献来源、发表时间、中图分类号等位置。学术文献搜索通过多维度显示搜索结果，包括相关度、被引次数、时间、期望被引、作者指数等角度；通过指数聚类协助用户完成搜索，包括文献类型、词（相关知识点）聚类与年份聚类；通过文献链接引领用户进入知识网络，包括引证文献、相似文献等链接，如图 3-11 所示。

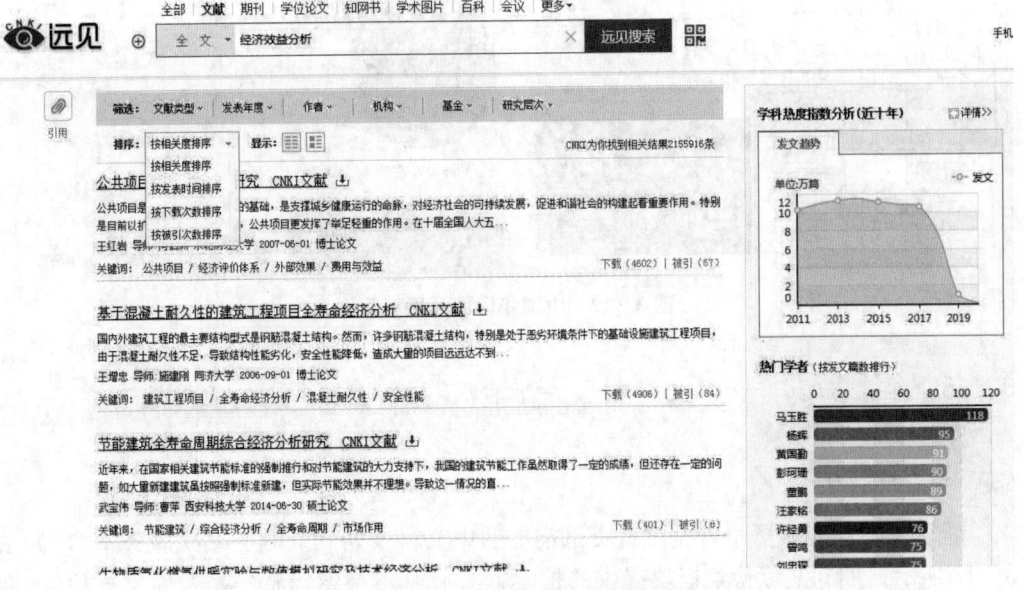

图 3-11　中国知网学术文献搜索示例

(2) 知网书搜索

知网书搜索提供了生活休闲、教育教学、经济管理、政法军事、人文社科、医药卫生、农林牧渔、信息科技、建筑房产、环境安全、水利水电、动力/电力、航空航天/汽车船舶、交通物流、能源化工、冶金矿业、机电仪表、轻工业/手工业、商贸服务、科学探索等 20 个类别的图书。

(3) 图片搜索

图片搜索提供各个行业的图片数据，所有的图片数据都出自 CNKI 全文库收录的期刊、论文、报纸等，所以搜索结果更加专业、权威，如图 3-12 所示。

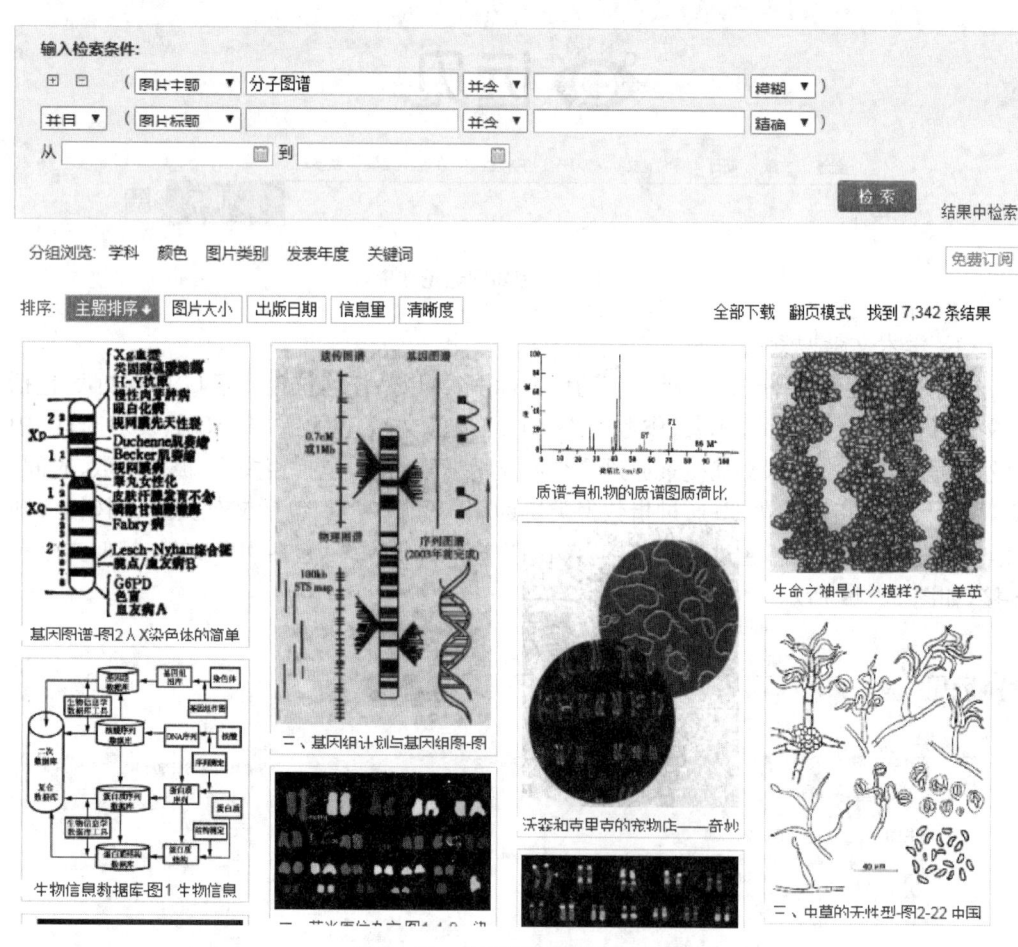

图 3-12 中国知网图片搜索示例

3.1.3 维普资讯——中文期刊服务平台

1. 内容简介

维普中文期刊服务平台是维普资讯推出的中文科技期刊资源一站式服务平台，如图 3-13 所示。期刊文献检索模块提供的检索方式有基本检索、高级检索、检索式检索、期刊导航、检索历史。

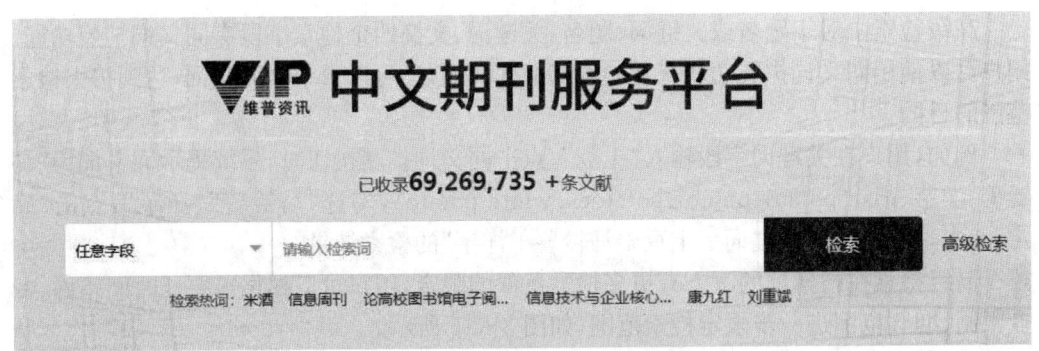

图 3-13 维普中文期刊服务平台

维普中文期刊服务平台分为 35 个学科类别：医药卫生、农业科学、一般工业技术、矿业工程、石油与天然气工程、冶金工程、金属学及工艺、机械工程、兵器科学与技术、动力工程及工程热物理、核科学技术、电气工程、电子电信、自动化与计算机技术、化学工程、轻工技术与工程、建筑科学、水利工程、交通运输工程、航空宇航科学技术、环境科学与工程、自然科学总论、理学、天文地球、生物学、文化科学、经济管理、政治法律、哲学宗教、社会学、军事、语言文字、文学、艺术、历史地理。

2. 检索方式

（1）基本检索

用户登录后，在首页的检索框中直接选择检索字段，输入检索词进行检索的方式即为基本检索。基本检索适合检索要求相对简单的情况。

（2）高级检索

点击"高级检索"按钮，即可进入高级检索界面，如图 3-14 所示。高级检索界面提供的检索字段与基本检索界面相同。高级检索为用户提供分栏式检索词输入方法，用户可选择逻辑运算关系、检索项、匹配度等。

图 3-14 维普中文期刊服务平台高级检索

高级检索中对于题名或关键词、题名、关键词、文摘四个检索字段有同义词扩展功能。用户可以使用同义词扩展功能查看检索词的同义词,还可以自定义同义词,达到扩大检索范围的目的。

例如,用户在关键词字段输入"土豆",点击同义词扩展按钮时,系统提示同义词为"马铃薯、洋芋、irish potato、potato、potatoes、white potato",勾选"马铃薯""洋芋",点击"确定"按钮,即可得到"关键词=土豆+马铃薯+洋芋"的检索结果。

高级检索在检索框的下方有更多检索条件的限定,用户可以根据需要以时间条件、专业限制、期刊范围进一步限定检索范围,如图3-15所示。

图3-15 维普期刊服务平台高级检索的更多条件限定

(3) 检索式检索

检索式是由检索词和布尔逻辑运算符组成的。检索式既可以在单个字段中输入,也可以在多个字段中输入。例如,在题名字段中,输入检索式"(CAD+CAM)*服装",检出结果等同"先用CAD和CAM进行检索",逻辑关系为"或",再用服装进行二次检索的检索结果。当用户使用多个字段进行检索时,需要用字段限定,即检索式中需包含检索词和相应的检索字段代码,如表3-1所示。检索式检索界面也可以选择时间、期刊范围、学科范围等限定项,如图3-16所示。

表3-1 维普期刊服务平台字段标识码

代码	字段	代码	字段
U	任意字段	S	机构
K	关键词	J	刊名
A	作者	F	第一作者
C	分类号	T	题名
R	文摘	M	题名或关键词

第 3 章 中文文献数据库及其检索

图 3-16 维普期刊服务平台检索式检索

（4）期刊导航

点击期刊导航按钮，即可进入期刊导航界面，系统提供期刊搜索、按字顺查、按学科查三种方法来查找期刊，如图 3-17 所示。

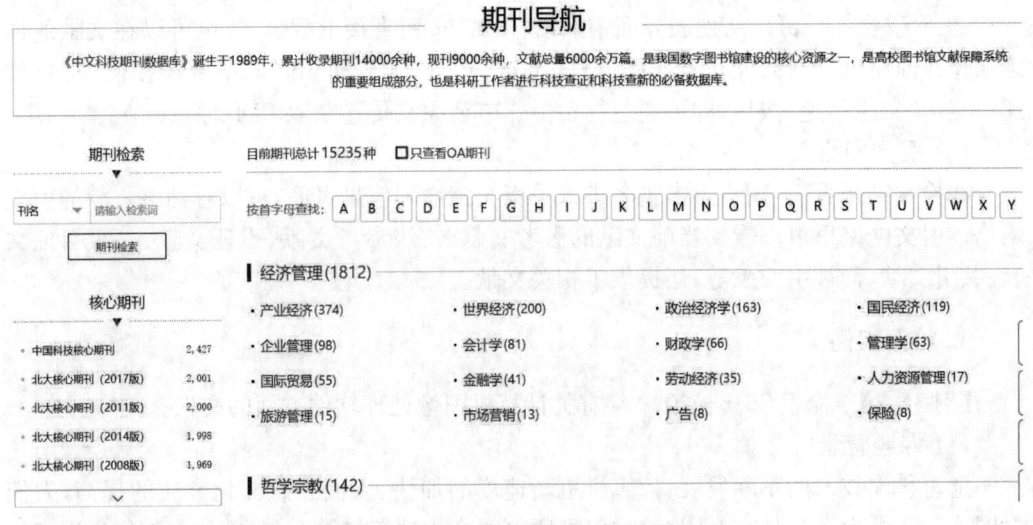

图 3-17 维普期刊服务平台期刊导航

① 期刊搜索。期刊搜索的可检索字段有刊名、任意字段、ISSN、CN、主办单位、主编、邮发代号等。用户可以选择检索字段输入检索词，点击"查询"按钮，即可进入期刊列表页。

② 按字顺查。用户点击某个字母，即可列出以该拼音字母为首字母的所有期刊列表。

③ 按学科查。用户可按学科分类导航浏览期刊列表，可通过核心期刊、国内外数据库收录导航、期刊地区分布导航对期刊进行分类浏览。

(5) 检索历史

检索历史里可以找到用户以前检索的情况,并可以点击检索结果或检索表达式再次回到上次的检索结果,也可以根据需要删除或订阅。

3. 检索结果处理

(1) 结果分组

维普期刊服务平台对检索结果可以按年份、学科、期刊收录、主题、期刊、作者、机构等分组分析,选择分组方法,获得相应的文献数据,可以直接点击浏览相应分组下的文献信息。

(2) 排序方式

维普期刊服务平台检索结果可以按照相关度、被引量、时效性排序。

(3) 检索结果显示

检索结果的显示方式有文摘、详细、列表三种格式,系统默认文摘格式。检索结果显示数量可以根据需要选择每页显示 20 条、50 条、100 条。

(4) 检索结果保存和分析

在文献序号前的方框中勾选所需文献,可以导出题录、引用分析、统计分析。

(5) 阅读全文

① 预览全文。从列表界面中点击文献题名,可以链接到文献的详细信息界面,可以看到文献的题名、作者、作者单位、摘要、关键词、分类号、发表期刊等信息。

② 下载全文。可以从列表界面中点击"下载"按钮直接下载全文,也可以在文献的详细信息界面中选择在线阅读或 PDF 格式下载全文。维普期刊服务平台还提供"文献传递",点击"文献传递"按钮,即可通过提示操作申请原文传递获取 PDF 原文。

(6) 引文网络

在检索结果页面,用户点击篇名进入单篇文献详细信息页面,可以看到该文献的引文网络。引文网络里可以看到当前文献的参考文献、二级参考文献、引证文献、二级引证文献、共引文献、同被引文献等,还提供了相关文献。

4. 检索实例

【例 3-2】 检索 2016—2020 年有关计算机图像处理软件方面的文献。

(1) 课题背景

随着科学技术的不断发展、计算机更新速度的加快、人们思想文化素质的提高,人们对图像的要求也越来越高。因此,如何把原始图像与计算机结合起来,从而创作出许多更加完美的图像,满足人们的要求,已成为人们新的需求。计算机图像处理是指利用计算机软件对图像进行一系列加工,以便获得人们所需要的效果。

(2) 确定检索词

该课题提供 4 个检索词:计算机、图像、处理、软件。另外考虑"计算机"有同义词"微机""电脑","图像"有同义词"图象","处理"有同义词"识别""分割",为了检索全面,确定该课题的检索词为:计算机、微机、电脑、图像、图象、处理、识别、分割、软件。

(3) 选择高级检索

限定检索字段为"题名或关键词",用户也可以根据自己的需要确定检索途径。

(4) 输入检索式

(计算机 or 微机 or 电脑)and(图像 or 图象)and(处理 or 识别 or 分割)and 软件,检出的文献经核对都与检索课题相关。

3.1.4 万方数据知识服务平台

1. 内容简介

万方数据知识服务平台于 1997 年 8 月创办,为科学研究和科技生产提供全面丰富的学术文献、科研资料和技术数据。系统涵盖了期刊论文、学位论文、会议论文、标准、专利、科技成果、地方志等各类信息资源。资源种类全、品质高、更新快,具有广泛的应用价值。万方数据知识服务平台的主界面与中国知网类似,提供了分类导航浏览、单库或跨库检索服务,如图 3-18 所示。

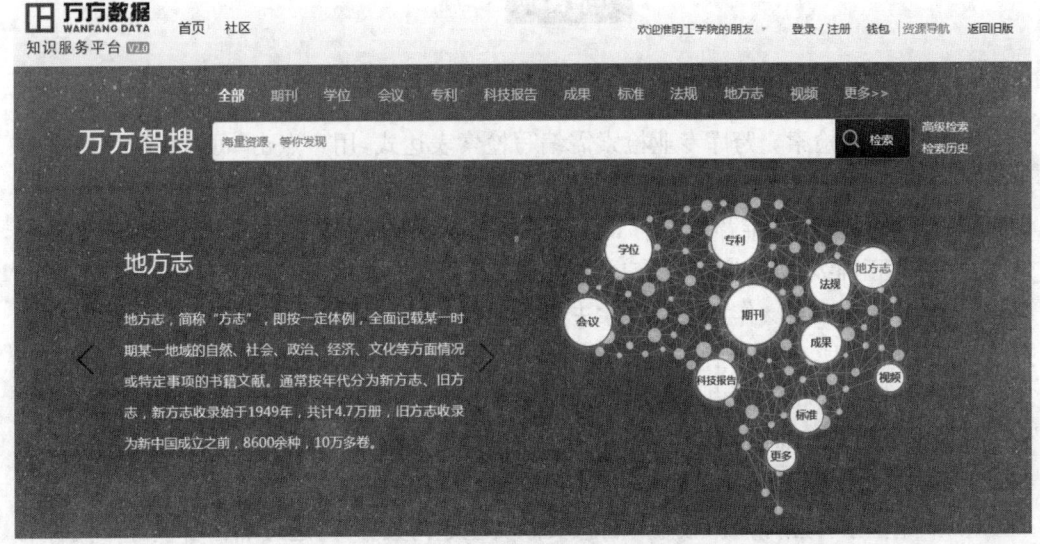

图 3-18 万方知识服务平台

万方的中国学术期刊数据库(China Online Journals,COJ),收录始于 1998 年,涵盖自然科学、工程技术、医药卫生、农业科学、哲学政法、社会科学、科教文艺等各个学科。

2. 检索方式

万方知识服务平台包含多个数据库,可以根据需要选择多个数据库进行跨库检索或只选择一个库进行单库检索。

① 跨库快速检索。万方数据知识服务平台快速查询模式是对全部文献所有可检字段的检索。如果只选一种文献类型,每个库根据所收录文献的特征设置可检字段。

② 跨库高级检索。跨库高级检索可以限定文献类型,如图 3-19 所示,系统会自动

根据选择的文献类型给出相应的可检索字段。用户点击检索框前的"+""-"可以增加或减少检索行,最多可以加至六行。行与行之间的逻辑关系支持"与""或""非"。检索界面可以选择检索词的匹配方式,并提供中英文扩展和主题词扩展功能。

图 3-19 万方知识服务平台高级检索

③ 跨库专业检索。跨库专业检索需编写检索表达式,用户点击"可检字段",可在弹出的可检字段页面,根据需要选择所需字段和逻辑关系。如果自己对用什么词语做检索词不能确定,可以点击"推荐检索词",输入一段文本,系统可以推荐检索词。数据库还提供"教你如何正确编写表达式",用户可以单击查看。

④ 作者发文检索。作者发文检索主要检索作者的发文情况。用户可以根据需要选择检索的文献类型,利用作者、第一作者、作者单位等检索字段进行检索。

⑤ 检索历史。检索历史里可以找到用户以前检索的记录,并可以点击检索结果或检索表达式再次回到以前的检索结果,也可以根据需要导出、删除或订阅。系统为用户保留登录后的检索历史记录 30 天。

⑥ 单库检索。万方知识服务平台按文献类型建构数据库,通过点击首页球形图标可进入对应数据库,单库检索的检索界面与跨库检索相同,只是可检字段不同。

⑦ 期刊导航。在万方知识服务平台的首页点击期刊,可以进入期刊导航页面。系统提供期刊搜索、按字顺查、按学科查三种方法,用户也可以按照核心收录情况浏览和查找。万方期刊数据库按照哲学政法、社会科学、经济财政、教科文艺、基础科学、医药卫生、农业科学、工业技术八个学科划分期刊,可以根据学科浏览期刊信息。

3. 检索结果处理

(1) 结果分组

检索结果提供按学科、文献类型、发表年份、发表刊物等进行分组,用户可根据需要进一步缩小检索范围,如图 3-20 所示。检索结果中列出研究相关课题发文较多的作者,可以单击作者姓名,查看其论文列表。不同类型的文献提供不同的分组方式,如期刊的分类检索界面按年份、学科分类、核心、语种、来源数据库、刊名、出版状态、作者、机构分组。

图 3-20　万方期刊数据库检索结果

(2) 排序方式

万方知识服务平台检索结果可以按照相关度、发表时间、被引量排序。

(3) 检索结果显示

检索结果的显示方式有文摘、列表两种格式,系统默认文摘格式。检索结果显示数量有每页 20 条、30 条、50 条。

(4) 检索结果导出和分析

用户在文献序号前的方框中勾选所需文献,可以批量导出和结果分析。万方知识服务平台支持的文献导出格式有参考文献格式、NoteExpress、Refworks、EndNote、NoteFirst、Bibtex、自定义格式、查新格式,如图 3-21 所示。

图 3-21　万方数据库文献导出

(5) 阅读全文

① 预览全文。用户在检索结果列表中点击篇名,可链接到详细信息页面,并可查看该文的参考文献和引证文献。检索结果页面右侧有相关主题、相关机构和相关作者等模块,点击即可浏览。

② 下载全文。万方数据库的全文为 PDF 文档,镜像站用户和注册用户可以直接点击在线阅读或下载全文。非注册用户可以用手机支付方式购买全文。

4. 检索实例

【例3-3】 检索有关 BP 神经网络研究方面的文献。

(1) 课题背景

BP 网络(Back Propagation)是 1986 年由 Rumelhart 和 McCelland 为首的科学家小组提出,是一种按误差逆传播算法训练的多层前馈网络,是目前应用最广泛的神经网络模型之一。BP 网络能学习和存贮大量的输入—输出模式映射关系,而无需事前揭示描述这种映射关系的数学方程。

(2) 确定检索词

该课题提供一个检索词为 BP 神经网络。另外考虑 BP 神经网络的同义词有 BP、BP 网络、Back Propagation、BP 神经网、BP 神经网路。为了检索全面,确定该课题的检索词为:BP、BP 网络、Back Propagation、BP 神经网、BP 神经网路。

(3) 进行检索

限定检索字段为"主题",输入检索词,检索词间的逻辑关系为"或者",也可以选择题名或关键词字段。点击"检索"按钮,检出的结果符合课题要求。

5. 万方特色服务功能

万方数据知识服务平台资源的主要优势是国内核心的科技期刊和学位论文,该平台还具有特色服务功能,如图 3-22 所示。

图 3-22 万方特色服务功能

(1) 万方分析

万方分析,即学术影响统计分析,包括主题分析、学者分析、机构分析、学科分析、期刊分析、地区分析。

(2) 万方学术圈

万方学术圈是一个知识服务及知识共享平台,既有助于学者了解其关注点的最新进展、最新研究领域,也有助于学者分享学术成果、与他人开展交流和协作。该平台可实现的功能主要包括:① 为每位学者建立个人空间,展示学术成果,提供合作学者及其发文统计、共同关注点;② 对学者的学术成果实现自动聚类,方便查看和统计被引次数、文献类型等;③ 进行学者检索,查找并了解感兴趣学者;④ 分享学者信息,将感兴趣的文献和学者分享到新浪微博豆瓣社区等互联网平台,促进学术交流,如图 3-23 所示。

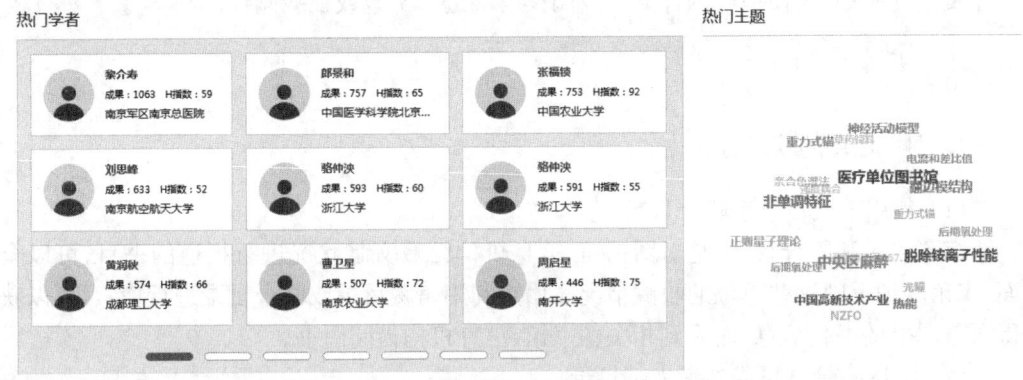

图 3-23 万方学术圈

3.1.5 其他期刊数据库

除了上面介绍的期刊数据库外,还有几个常用的检索期刊论文的数据库,如表 3-2 所示,主要包括:晚清期刊全文数据库(1833—1911 年)的全文电子期刊、民国时期期刊全文数据库(1911—1949)、华艺台湾学术期刊数据库、读览天下数字期刊阅读平台等。

表 3-2 其他期刊数据库介绍

数据库名称	资源介绍
晚清期刊全文数据库(1833—1911 年)全文电子期刊(http://www.cnbksy.cn)	数据库收录了 1833—1911 年间出版的三百余种期刊,几乎囊括了当时出版的所有期刊,拥有众多的"期刊之最",是研究晚清历史的专业人士必备的检索工具。
民国时期期刊全文数据库(1911—1949)(http://www.cnbksy.cn)	数据库共收录 17 500 余种期刊的 830 万余篇文章。用户可通过标题、作者、刊名、分类号、年份及期号等途径对文献进行检索、浏览并下载全文。用户还可以使用期刊导航功能,直接浏览和下载期刊原文。
读览天下数字期刊阅读平台(http://www.dooland.com)	读览天下数字期刊阅读平台与 700 多家杂志社合作,涵盖了社会科学、时政新闻、时尚娱乐、文化艺术、医药卫生、经济、教育等学科的精品中文期刊数据资源。读览天下支持跨平台阅读模式,读者可以采用 PC 在线阅读或下载客户端阅读,不仅可以在计算机上使用,同时支持手机、智能平板电脑(iPad、iPhone、Android 系统)等多种方式。

3.2 图书及其典型库检索

图书是人类用来记录一切成就的主要工具，也是人类交融感情、取得知识、传承经验的重要媒介。图书对人类文明的开展贡献至钜，所以，古今中外，人们总给予图书最高的肯定与特别的关怀。

电子图书(electronic book)又称数字图书，是随着电子出版、互联网以及现代通信技术的发展应运而生的一种新的图书形式，是以数字化电子文件形式存储在各种磁性或电子介质中的图书，需使用联网计算机或阅读终端进行下载或在线阅读。

3.2.1 基本知识

1. 图书信息的获取方式

(1) 利用馆藏目录或联合目录

馆藏目录和联合目录，是对图书馆、信息机构馆藏文献状况进行报道的书目，可以全面、多角度地反映这些单位的收藏情况。用户利用馆藏目录或联合目录进行检索，可以获得所需图书的书目信息，而后到相关图书馆、信息机构借阅图书。

(2) 利用附录书目或参考文献目录

附录书目或参考文献目录是指图书的词条、篇章或全书末尾所附的参考书目。它可以为读者查找专题书籍和更深入的研究提供便利条件。

(3) 利用网上电子图书、数字图书馆

网上电子图书、数字图书馆藏书一般都有一定的规模，图书种类也比较齐全。用户可以免费查询图书的书目信息，但阅读全文则需要支付一定的费用。

(4) 利用网上书店进行检索

网上书店具有图书信息量大、查询简单方便、服务多样等特点，一些网上书店还提供图书的在线阅读或下载服务。读者支付一定费用后，就可以享受这些服务。

2. 图书的检索

(1) 检索图书的收藏信息

① 利用馆藏目录。用户在图书馆检索图书，通常要借助于专门的联机公共书目查询系统(Online Public Access Catalog，OPAC)。OPAC 是以揭示文献特征、展示文献详情以及指引用户查找文献的收藏地点为目的而编制的联机检索系统。它是图书馆自动化的基础，也是数字图书馆的有机组成部分。用户通过 OPAC 查询，可以了解图书馆的文献收藏信息、文献订购、新书通报等信息。检索馆藏目录可以首先考虑本校或本地图书馆，若本地缺藏，应考虑收藏丰富的大型图书馆，通过馆际互借或文献传递服务获得全文。例如：中国国家图书馆(http://www.nlc.cn/)。

② 利用联合目录。联合目录反映多个收藏单位的馆藏情况，用户可以通过相关的馆际互借或文献传递服务，获得所需的文献。例如中国高等教育文献保障系统(http://

www.calis.edu.cn)(China Academic Library & Information System, CALIS)。

(2) 检索图书全文

① 综合型数字图书馆。数字图书馆将其组织的信息以数字化形式存储,并通过网络提供相关服务。目前,网上数字图书馆由收录单一类型文献向收录多种类型文献发展,规模较大的商业性中文数字图书馆有超星数字图书馆(http://book.chaoxing.com)、方正阿帕比、Kindle电子书等。

② 公益性数字图书馆。公益性数字图书馆多由政府机构或学术机构创办,旨在保存和宣传优秀文化遗产,推动学术研究,这些数字资源大多提供给公众免费使用。例如中国国家数字图书馆(http://www.nlc.cn/)、欧洲数字图书馆(http://www.europeana.eu)、世界数字图书馆(http://www.wdl.org/zh)。

③ 其他免费电子图书网站。综合性或新闻性网站的读书频道提供部分图书免费阅读,例如读书—人民网(http://book.people.com.cn/GB)、新华网读书频道(http://www.xinhuanet.com/book)、读书—中国网(http://www.china.com.cn)、新浪读书(http://book.sina.com.cn)等。

3. 图书检索的步骤

相比期刊论文的检索,图书的检索字段要少很多,一般提供书名、作者、出版社、ISBN等检索字段。图书检索页面一般提供学科导航、高级检索等,基本的检索步骤如下:

① 登录数据库。用户可以根据需要选择检索模块,默认的检索方式一般为基本检索。

② 检索条件限定。选择时间范围、学科范围等检索限定条件。

③ 选择检索入口,输入检索词。选择书名、作者、出版社、ISBN等检索字段,并输入检索词。

④ 进行检索。输入检索词后,单击"检索"按钮进入检索结果页面,查看检索结果题录列表,反复修正检索策略得到最终检索结果。

⑤ 检索结果操作。检索结果一般可以按照时间和书名进行排序。

⑥ 查看文献详细信息及下载。点击图书书名进入详细信息页面,根据需要下载和阅读。

3.2.2 联机公共书目查询系统 OPAC

OPAC系统(Online Public Access Catalog)的检索方法,因采用图书馆自动化系统(软件)的不同,会有差别,但功能大致相同。国内外使用较多的OPAC系统有汇文、ILAS、INNOPAC等。汇文文献信息服务系统(简称汇文系统)检索方式简洁易掌握,国内的高校图书馆采用汇文系统的有几百家,江苏省高校全部采用汇文系统。下面将具体介绍汇文文献信息服务系统。

1. 汇文文献信息服务系统

汇文文献信息服务系统,是江苏省高等教育文献保障系统的规范软件。汇文检索系统中设置书目检索、热门推荐、分类浏览、新书通报、期刊导航、读者荐购、学科参考、信息发布和我的图书馆等板块,可以实现网上书目检索、借阅查询、新书查询、预约等多项功能,如图 3-24 所示。

(1) 书目检索

为了满足不同用户的需要,书目检索板块设置了简单检索和多字段检索。

① 简单检索。简单检索最为便捷,但查准率较低。对汇文系统不熟悉的用户,可利用简单检索查找书目。更多限制中提供了文献类型、显示方式、排序方式、检索范围的选择。简单检索字段有题名、责任者、主题词、ISBN/ISSN、订购号、分类号、索书号、出版社、丛书名、题名拼音和责任者拼音等 11 个字段。

图 3-24 汇文文献信息服务系统

② 多字段检索。多字段检索既具有简单检索的功能,同时又具备布尔逻辑检索功能。用户可根据自己掌握的信息,在检索框中输入两个或两个以上的检索词,系统将把所有输入的检索词进行逻辑与的组配,得到比较确切的检索结果,如图 3-25 所示。

图 3-25 汇文文献信息服务系统多字段检索

用户通过检索,可得到题录结果显示,包括题名、著者、出版信息、索书号,同时系统根据检索结果,自动分析所属图书类型、所属分类、相关主题等聚类结果,并提示用户各聚类信息的条数,用户可以通过链接各条目缩小检索范围,精确定位检索结果。

用户点击具体的题名即可查阅图书的详细信息,如题名、作者、ISBN 号、出版发行项、载体信息、馆藏信息和相关图书推荐等。若对检索结果不满意,用户可以选择"在结果中检索"进行二次检索或选择重新检索。

(2) 热门推荐

热门推荐下分热门借阅、热门评价、热门收藏、热门图书和借阅关系图等二级选项。热门借阅统计最近 2 个月之中借阅次数最多的书籍,也提供分类浏览。热门评价提供读者评价比较集中的书籍表单,同样提供分类浏览,还可按总体评价、评价人次、好评前 100 名、差评前 100 名分别查看。热门收藏和热门图书与热门评分的原理差不多,只不过参照的标准分别为收藏次数和浏览次数。借阅关系图是利用数据可视化技术,按读者类型、读者系别,以年度热门借阅数据为起点,深入观察书与书之间的借阅关系,帮助读者更好地了解和使用图书。

(3) 分类浏览

分类浏览采用的是《中图法》的分类体系,其方法是直接在分类浏览界面左边的分类列表中点击"+"按钮,对所需查找的学科类别逐级展开浏览,直至出现书目。

(4) 新书通报

新书通报采用的也是《中图法》的分类体系,查询方法与分类浏览基本一致,不同的是可以选择时间、文献类型和校区等限定条件。

(5) 期刊导航

期刊导航有西文字母导航、期刊学科导航和年度订购期刊三种方式。西文期刊字母导航中,用户可点击某个字母按钮,即可列出以该字母为首字母的西文期刊列表;期刊学科导航中,用户可按学科分类点击"+"按钮,浏览期刊列表,检索所需要的期刊;年度订购期刊中,用户可以根据订购年份、馆藏地、文献类型、检索内容等选项查找。

(6) 读者荐购

读者可通过该系统向图书馆推荐新书。用户点击"读者荐购",即可进入书刊订购征询界面。读者荐购有两种方式:其一,直接填写读者荐购表单,完成荐购;其二,点击"详细征订书目",进入"书刊征订列表",查询或浏览征订目录列表,再点击"征订目录号"即可查看图书馆各期征订书刊的详细信息,读者可在其中选择自己想要的书刊,用鼠标点击书目或"荐购",进入荐购表单的界面,在"荐购信息"中填写推荐信息,即可推荐你所选中的图书。读者荐购页面上有读者荐购处理流程图,可以看到已荐购图书的处理进度,如图 3-26 所示。

(7) 学科参考

学科参考板块可通过输入院系名称或教师姓名,获得学科方面的荐书服务。

(8) 信息发布

信息发布板块集中发布预约到馆图书列表、委托到馆图书列表、超期欠款未缴纳信息列表以及超期催还图书列表。

图 3-26　汇文系统读者荐购

(9) 我的图书馆

我的图书馆板块为读者提供书刊借阅信息查询、读者定制信息服务、读者自助续借、预约/取消预约和挂失等功能。读者在主界面上点击"我的图书馆",输入借书证和密码即可进入,读者信息界面一站式显示了超期图书、委托到书、预约到书和荐购图书相关信息。

"我的首页"显示读者证件信息,可以修改密码、修改信息,显示了读者最多可借图书量、最多可预约图书量、最多可委托图书量、读者积分、可用积分;页面还显示读者当前的超期图书、委托到书、预约到书、荐购图书等信息。本页面还提供了读者借阅图书情况的分析表,主要有借阅分类分布、借阅时间分布、借阅趋势、借阅分析等,如图 3-27 所示。

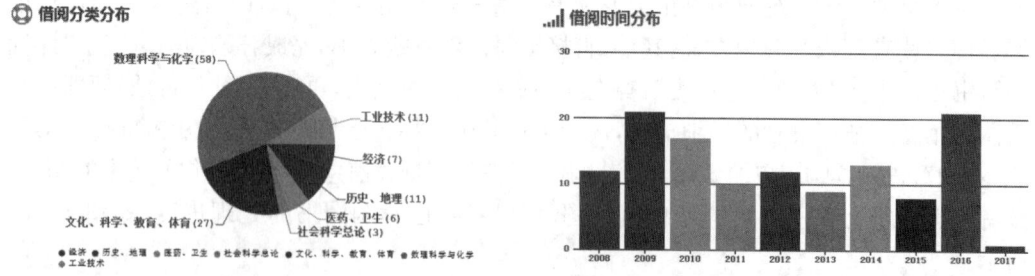

图 3-27　图书借阅信息分析

【例 3-4】　查找有关"人力资源管理与开发"方面的馆藏图书。

① 登录系统,点击"馆藏目录",进入汇文系统简单检索界面。

② 在题名或主题词检索类型下输入检索词"人力资源管理、开发",点击"检索"按钮,没有检索到馆藏书目。

③ 改用二次检索，先输入检索词"人力资源管理"检索，再输入检索词"开发"，点击"在结果中检索"，其最终检索结果即为关于人力资源管理与开发的图书。

【例3‑5】 查找有关"废水处理"方面的馆藏图书。

① 进入汇文系统简单检索界面。

② 在题名检索类型下输入检索词"废水处理"，点击"检索"按钮，在检索到馆藏书目列表中查得"废水处理"的分类号为 X703。

③ 改用分类号进行检索，提高查全率。在分类号检索类型下输入"X703"，点击"检索"按钮，可检索到此分类号下的图书。

2. 中国国家图书馆联机公共目录查询系统

中国国家图书馆是世界五大藏书过千万册的图书馆之一，中国国家图书馆分为总馆南馆、总馆北馆和古籍馆。中国国家图书馆是亚洲规模最大的图书馆，居世界国家图书馆第三位。读者查询书籍可使用"中国国家图书馆联机公共目录查询系统"，如图3‑28所示。

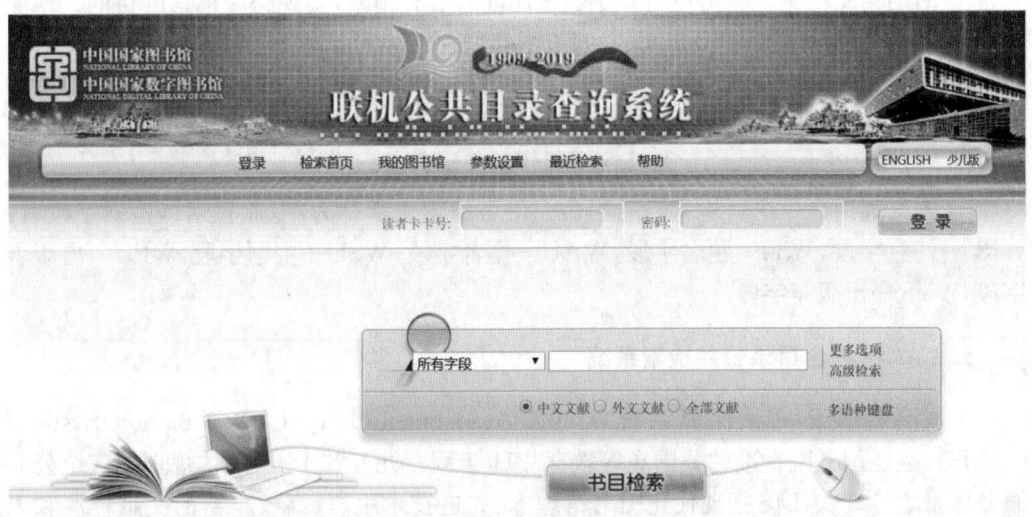

图3‑28 中国国家图书馆联机公共目录查询系统

(1) 读者的个性需求"查询参数设置"

① "每页显示记录数"，可选择3、10、15或20条；② "自动完整显示记录数"，可选择0、5、10或15条；③ "检索分馆选择"，默认为全部，可以选择中文图书借阅区、北区图书借阅区、南区工具书借阅区等35个具体馆藏部门资料；④ "查询数据显示格式"，包括详细格式、题名格式、简明格式、卡片格式等。

(2) 多语种虚拟键盘

使用关键词可以查阅外文图书。在查阅外文图书时，用户可随时启用多语种键盘快速输入查询词。

(3) 检索限制

检索限制就是限制一定的图书查询范围。图书资源的语种限制，可以指定查询的图书为中文、英文、俄文、日文、德文或法文;限制图书出版的起止时间范围,例如 2010—2019;限定资料类型有图书、期刊、电子文献等;限定资料馆藏位置,例如法律参考阅览室。

(4) 检索字段限制

检索字段包括书名、著者、分类号、主题词、出版单位、索书号、ISBN 号等,可以提高检索精确度。

排序方式包括:① 著者/题名;② 著者/年(降序);③ 年(降序)/著者;④ 题名/年(降序);⑤ 年(降序)/题名。读者可以选择图书检索结果的不同输出格式,例如"封面视图"、"简洁视图"、"详细视图"。

(5) 高级检索

高级检索分为多字段检索、多库检索、组合检索、通用命令语言检索、(普通)浏览和分类浏览六种。

① 图书多字段检索。它主要是对图书的主题、著者、题名、出版年、词邻近关系等多字段检索,实现比较精确查找图书资料的目的。

② 图书多库检索。它可以对多个数据库同时展开检索,实现跨库检索的目的。多库检索,也可以对检索资料类型范围、时间范围和物理馆藏范围进行限制。

③ 图书组合检索。组合检索就是对图书的多个检索字段进行逻辑组配(例如逻辑与)检索。在组合检索时,用户可以对查询资料的最多三个字段进行逻辑组合操作,同时可以进一步对"检索词邻近否"和"检索限制"条件进行控制。

④ 图书通用命令语言检索。通用命令语言检索也常称为"专业检索",检索字段有:WRD—任意字段,WTI—题名字段,WAU—作者字段,WSU—主题字段,WPU—出版者字段,WYR—出版年字段。

3. CALIS 联合目录公共检索系统

中国高等教育文献保障系统(China Academic Library & Information System,CALIS),是经国务院批准的我国高等教育"211 工程""九五""十五"总体规划中三个公共服务体系之一。CALIS 把现代化图书馆理念、先进技术手段、高校丰富的文献资源和人力资源整合起来,实现信息资源共建与共享。

(1) 基本检索方法。CALIS 联合目录公共检索系统采用 Web 方式提供查询与浏览。

① 多库分类检索。按照语种划分为中文、西文、日文、俄文四个数据库;按照文献类型划分为图书、连续出版物、古籍。

② 排序功能。默认的排序优先次序是题名、相关度。

③ 检索历史。保留用户发出的最后 10 个检索请求,用户关闭浏览器后,检索历史将清空。

④ 多种显示格式。检索结果有多种格式显示,包括详细文本格式、MARC 显示格式。前一种格式对所有用户免费开放,MARC 显示格式只对 CALIS 联合目录成员馆开放,查看或下载 MARC 记录,均按照 CALIS 联合目录下载费用标准收取。

⑤ 多种格式输出。系统对所有用户提供记录引文格式、简单文本格式、详细文本格式的输出,此外,对 CALIS 联合目录成员馆还提供 ISO2709、CALIS bookXML、MARC

列表输出。

⑥ 浏览功能。对古籍数据提供四库分类的树形列表浏览。

⑦ 收藏夹功能。对有权限的用户提供保存用户的检索式与记录列表、标注书签、添加和维护用户评论的功能,目前这些功能不对普通用户开放。

⑧ 馆际互借。系统提供用户之间发送请求到本馆的馆际互借网关,用户无须填写书目信息。

(2) 简单检索。简单检索中可以选择题名、责任者、主题、分类号、ISBN 号等检索项。

(3) 高级检索。高级检索就是对多个检索项(例如题名、作者、出版社等)进行与、或、非的布尔逻辑表达且进一步组配检索项的"包含""前方一致"与"精确匹配"关系,实现检索的高查准率。

江苏省高等教育文献保障体系(JALIS)是 CALIS 建设的一个组成部分。JALIS 的书目数据库为江苏省高等学校数字图书馆,其网址为 http://www.jalis.org.cn/。

4. OCLC 世界书目

联机计算机图书馆中心(OCLC,Online Computer Library Center,Inc)(http://www.oclc.org/en/worldcat.html)开放和维护的 World Category(WorldCat)是世界最大的图书馆联合目录数据库,收藏内容丰富、覆盖范围广泛。WorldCat 需要使用者注册。注册时,用户需要提供相关机构的授权码。注册成功后,检索字段包括题名、主题和作者三个,提供针对作者、文献内容、文献类型、文献语种和出版年等条件的限定检索。检索结果列表中显示了文献题名、作者、文献类型、出版地、出版者和出版信息,提供图书馆、详细信息、主题信息、版本和评论五个重要的导航条。WorldCat 是服务于多个国家的图书馆和文献信息机构,其内容涵盖多种语言的出版物。目前,该库以多国语言版发布,除了英文外,还有德文版、法文版、西班牙文版、荷兰文版、繁体中文版和简体中文版。

3.2.3 超星数字图书馆

1. 超星数字图书馆简介

超星数字图书馆(网址为 http://www.ssreader.com)由北京世纪超星信息科技有限责任公司创建,开通于 1999 年,它以数字图书馆的方式进行推广,覆盖人文科学、社会科学、自然科学及工程技术等学科,其中尤以档案文献、历史文献、社科经典文献等类别收藏齐全。超星数字图书馆向互联网用户提供上百万种中文电子书免费和收费阅读、下载、打印等服务,同时还向用户及作者免费提供原创作品发布平台、读书社区、博客等服务。

2. 检索功能

超星数字图书馆的检索方式分为分类浏览、快速检索和高级检索三种,如图 3-29 所示。

(1) 分类浏览

超星数字图书馆的图书是根据《中国法》分类的,用户层层单击目录,由大类到小类,便可查到与所选类目相关的所有图书。检索结果包括书名、作者、出版日期和主题词。分类浏览适合于只对某类书的收藏情况做大概了解,且没有明确检索目标的检索。

【例 3-6】 利用超星数字图书馆的分类浏览方式查找关于计算机方面的图书。

通过页面左侧图书分类目录逐级查找图书,图书分类→工业技术→自动化与计算机技术,可以直接查询到计算机方面的图书。

图 3-29 超星数字图书馆

(2) 快速检索

超星数字图书馆的首页即为快速检索页面,用户直接使用书名、作者、目录和全文检索项进行检索,同时可以依据"图书出版日期"和"书名"进行检索结果排序。

【例 3-7】 利用超星数字图书馆的快速检索方式查找党建方面的图书。

在快速检索页面,选择"书名",输入检索词:党建,单击"检索"可以找到相关图书。

在快速检索页面,选择"书名",输入检索词:共产党,在检索结果页面,选择"书名",输入检索词:建设,进行二次检索。

两次检索的结果综合筛选,就是需要的图书。

(3) 高级检索

超星数字图书馆的高级检索页面,提供多字段组合检索,并可对出版时间进行限制。此种检索方式适用于检索目的较强或专指度较高,不方便在普通检索中一次完成,或该检索策略需长期跟踪、保存的情况。

【例 3-8】 利用超星数字图书馆高级检索方式查找 2000 年以后科技英语翻译方面的图书。

选择"书名"字段,输入检索词:科技英语;

选择"主题词"字段,输入检索词:翻译;

选择出版年代范围:2000 到 2019 年。

单击检索可以查找到相关图书。

3. 检索结果及处理

(1) 在线阅读

可通过两种方式在线阅读全文,一是阅读器阅读,二是 PDF 阅读。阅读器阅读需要下载安装超星阅读器 SSReader。在超星电子书"在线阅读"模式下,左侧为图书目录,读者可以通过左侧目录直接跳转查阅图书原文内容,也可以逐页阅读内容。该模式提供了图书内容的放大、缩小、文字摘录、打印、下载,同时提供三种全文电子图书阅读模式:带目录阅读、双页阅读和全屏连页阅读,如图 3-30 所示。

(2) 下载图书

① 单击题录中的"下载本书",或者在超星阅读器图书全文阅读页面单击鼠标右键选择"下载",即可下载图书。下载图书的存放路径,有默认和自选两种,用户可根据需要自行选择。

② 匿名用户下载。用户可以通过下列方式查看是否是注册用户:超星阅读器→"注册"菜单→"用户信息"中显示用户名为"未注册用户"。"未注册用户"状态下载的图书为匿名用户下载,下载的图书可以在本机阅读,但不能移机阅读。

图 3-30 超星数字图书馆检索结果

③ 注册用户下载。若想将下载的图书拷贝到其他终端上阅读,必须以注册用户身份登录下载。个人用户注册登录的方法为:超星阅读器→"注册"菜单→选"用户登录",进入注册中心进行用户注册及登录。

4. 超星阅读器及其功能

超星阅读器 SSReader,是针对数字图书馆电子资源的浏览、下载、打印及版权保护而研制开发的,阅读器可从超星数字图书馆网站下载。

① 阅读全文。阅读过程中可翻页、调整页面大小、移动等。

② 文字识别。阅读超星 PDG 图像格式的图书时,用户可以对文字进行识别,单击按

钮T，选择要识别的区域，即可将PDG转换为TXT文本格式。

③ 下载图书。

④ 书签功能。在阅读过程中，用户可以添加书签，点击书签按钮，添加书签名及备注。随后可通过"书签"工具中的列表打开相应的页码，也可管理书签。

⑤ 标注功能。超星阅读器为读者提供对重点内容标注的功能。标注有批注、铅笔、直线、圈、高亮、链接6种工具。

⑥ 图像处理。打开浏览器"图书"菜单栏，可以直接将剪切的图像保存为BMP格式的图片；也可以将其粘贴到图像处理软件或Word文档中保存。

5. 超星读秀中文学术搜索

"超星读秀中文学术搜索"是全球最大的中文图书搜索及参考咨询文献传递系统，提供全文检索、图书搜索及多种搜索功能，目的是让读者"找到得到"和"集天下之书为一书"，如图3－31所示。

图3－31 超星读秀学术搜索

① 图书普通检索。用户可在搜索框直接输入关键词，关键词可定位到全部字段、书名、作者或主题词中，然后单击"中文搜索"按钮，将为用户在海量的图书数据资源中进行查找。如果希望获得外文资源，可单击"外文搜索"按钮。

② 图书高级搜索。用户在读秀学术搜索首页点击图书的搜索，在检索框的右边选择高级搜索，可链接到高级搜索页面，如图3－32所示，在检索框输入图书的任一或多个检索项（例如书名、作者、主题词、出版社、ISBN、分类、中图分类号、出版时间等）进行逻辑组配，然后单击"高级搜索"按钮，更准确地定位到所需要的图书。

③ 图书专业检索。高级搜索的上方可点击切换到专业搜索页面。专业标识符的使用含义：T＝书名，A＝作者，K＝关键词，S＝摘要，Y＝年，BKs＝丛书名，BKc＝目录。检索框下方有检索规则说明。

④ 图书分类导航。用户在读秀学术搜索首页点击图书的搜索，检索框的右边选择分类导航，可链接到分类导航界面。分类导航可方便读者按类寻找相应书籍，界面按《中图法》分类排列，每个大类下还提供了若干子项。

读秀学术搜索里除了图书的检索，还有期刊、报纸、学位论文、会议论文、音视频、文

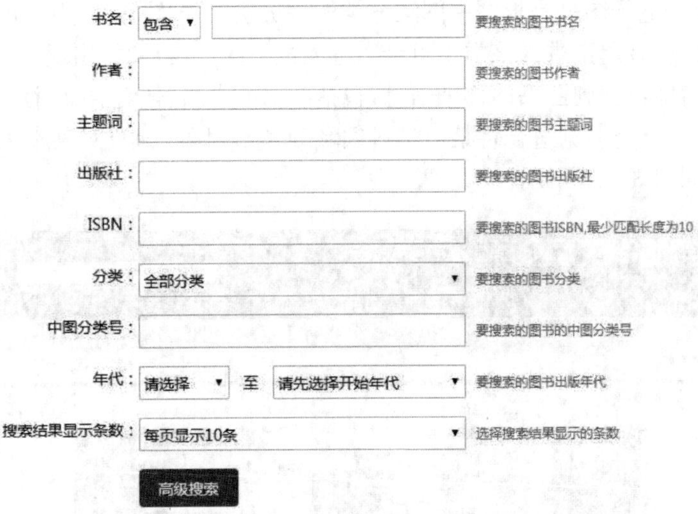

图 3-32 读秀学术搜索的图书高级搜索

档、考试辅导、课程、虚拟咨询、词典、标准、专利、百科、电子书、政府信息等的检索，检索的思路和方式大同小异，只是检索字段略有差异。

6. 超星发现

超星发现以近十亿海量元数据为基础，利用数据仓储、资源整合、知识挖掘、数据分析、文献计量学模型等相关技术，较好地解决了复杂异构数据库群的集成整合，完成高效、精准、统一的学术资源搜索，进而通过分析聚类、引文分析、知识关联分析等实现高价值学术文献发现、纵横结合的深度知识挖掘、可视化的全方位知识关联，能够为大学生的探究性与研究型学习提供专业搜索服务。

3.2.4 方正 Apabi 电子图书

1. 方正 Apabi 电子图书简介

方正 Apabi（网址为 http://www.apabi.com）由北京方正阿帕比有限公司创建于 2001 年。方正电子图书涉及工程技术、自然科学、社会科学等多个领域，收录全国四百多家出版社出版的最新中文图书，绝大部分为 2000 年以后出版的，保持与纸质图书同步发行，同步出版。未实现同步出版的，平均滞后 1~2 个月。

Apabi 电子图书采用高保真还原显示技术，图书清晰，并保持和纸质书同步同式，电子图书按中图法分类，更有深度检索功能，方便查找书目，支持在线和下载两种阅读方式。

2. 检索功能

方正 Apabi 电子图书的检索方式分为分类浏览、快速检索和高级检索三种。其首页提供了电子图书和图片库，用户可以先选择大类，便于快速有效地找到想要查询的内容。

(1) 分类浏览

方正 Apabi 电子图书是根据中图法分类的。分类浏览图书时，用户可根据需求选择相应学科类目，逐级单击进入该类子目录。进入最下级子类目时，出现该子目录下的所有图书，单击书名即可得到图书的详细信息，包括图书的书名、作者、出版社、出版时间、价格及内容介绍等。分类浏览适合将某一学科领域为了解对象，即只对某类书的收藏做大概了解的情况，如图 3-33 所示。

图 3-33 方正 Apabi 数字资源平台

【例 3-9】 利用方正 Apabi 数字图书馆分类浏览方式查找我国唐代历史方面的图书。

通过页面左侧图书分类目录逐级查找图书：历史地理→中国史→封建社会→隋唐至清前期→唐，层层细分，即可找到唐代历史方面的图书，选择感兴趣的图书，可查看题录信息或阅读全文。

(2) 快速检索

方正 Apabi 电子图书首页即为快速检索页面。快速检索提供的检索字段有全部、书名、作者、出版社、ISBN、目录、正文等。快速检索适合于检索目的专指性不强，检索条件较少的情况。

(3) 高级检索

高级检索页面提供多字段检索，并可以限定出版时间。此种检索方式适合检索目的较强或专指度较高的情况。高级检索中提供的检索字段包括书名、作者、出版社、ISBN、目录、正文等，如图 3-34 所示。

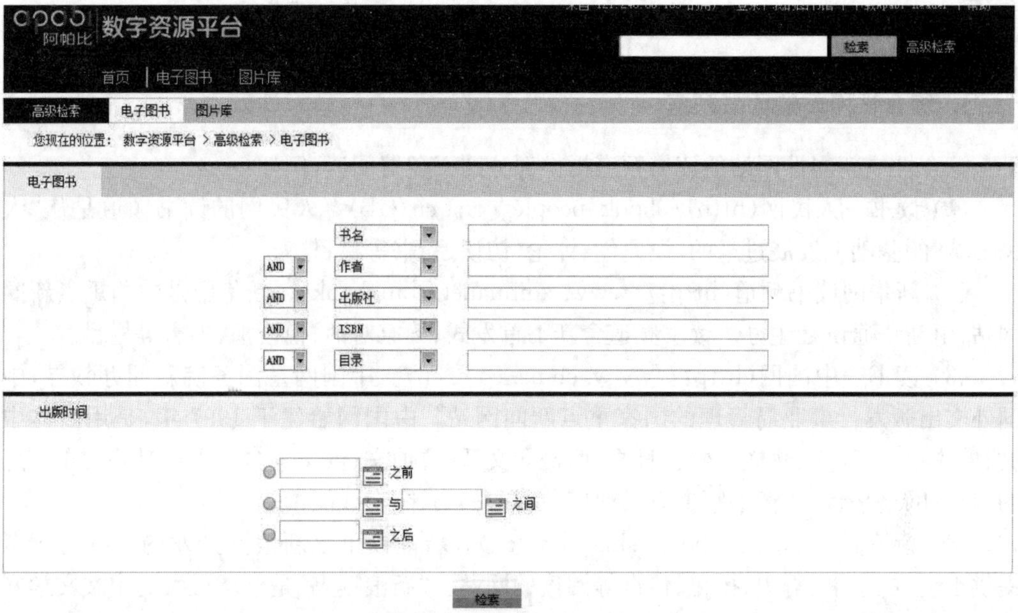

图 3-34 方正 Apabi 高级检索

【例 3-10】 利用方正电子图书的高级检索方式查找南京大学出版社出版的关于复变函数方面的图书。

选择"书名"字段,输入检索词:复变函数;

选择"出版社"字段,输入检索词:南京大学出版社;

选择逻辑运算符:"并且";

选择出版年代范围:2011—2019 年。

点击检索,输出检索结果。

2. 检索结果及处理

(1) 在线阅读

用户在电子图书详细页面单击"在线阅读",将启动 Apabi Reader 下载该资源,但该资源不进入文档管理器,且只能在规定的时间内阅读(在线阅读时间由系统管理员设置),除利用计算机终端阅读外,还可以在一定阅读设备上阅读。

(2) 借阅

用户在电子图书详细页面单击"借阅",资源被下载到本地机,下载受资源复本数的影响,如果资源复本都已被借阅,需等到该资源被归还方可再借阅。下载的图书在借阅期内可以正常阅读,如果超过借阅期,系统会自动将图书删除,迫使用户"归还"。

(3) 收藏

在电子图书详细页面,用户单击"收藏",即可把该资源收藏到"我的图书馆",再次阅读时不必重新检索,直接从"我的图书馆"收藏夹调出即可。

3.2.5 其他免费电子图书网站

1. 综合性网站的读书频道

综合性或新闻性网站的读书频道提供部分图书免费阅读，例如：

（1）读书——人民网（http://book.people.com.cn/GB）。人民网的读书频道是从"人民书城"的基础上发展过来的，设原创、评论、访谈、新书等栏目。

（2）新华网读书频道（http://www.xinhuanet.com/book）。新华网是中国重点新闻网站，由新华通讯社主办。读书频道含新书首发式、读家对话、悦读汇、书影等栏目。

（3）读书——中国网（http://www.china.com.cn）。中国网是国务院新闻办领导，中国外文出版发行事业局管理的国家重点新闻网站。中国网始建于1997年，是用简体中文、繁体中文、英文、法文、德文、日文、西班牙文、阿拉伯文、俄文等多个语种对外发布信息的"超级网络平台"。读书频道有书业广角、新书、书评、在线阅读等栏目。

（4）新浪读书（http://book.sina.com.cn）。新浪读书是新浪网开发的一款为读者提供小说、电子书、野史、揭秘、传奇等阅读的网站。"新浪读书"是全球最大的中文文学网站，为文学爱好者搭建了中文最具影响力的网络原创平台。它致力于传播精品图书，第一时间刊发国内外文化图书资讯，为读者提供集阅读、写作、评书、购书的一站式服务。

网上还有图书情报部门、研究机构制作的一些专门网站，比如台湾华文电子书库（http://taiwanebook.ncl.edu.tw/zh-tw）、豆瓣读书（https://book.douban.com/）、多看阅读（http://www.duokan.com）、周读（http://www.ireadweek.com/）等。

2. 搜索引擎的图书搜索频道

百度阅读（https://yuedu.baidu.com/），百度阅读是百度为了满足用户阅读类需求而推出的产品，包含面向版权方的百度阅读开放平台和面向阅读类用户的各个展示终端。用户在百度阅读开放平台上提交的资源，百度阅读为用户提供多终端的展现，包括百度应用、百度文库书店、百度无线，多个终端同步接入。

3.3 索引及其典型库检索

引文索引数据库是以引文为检索起点的数据库，它在索引的编制、检索途径以及功能作用等方面，都区别于传统的文献检索数据库，为用户提供了一种新的检索思路。

3.3.1 基本知识

1. 引文的概念

"引文"这一概念，是由美国情报学家 Dr. Eugene. Garfield 最先提出的。引文又称被引文献或者参考文献，在科技论文、图书、报告等各种形式的文献末尾、章节之后或者脚注的位置出现，作为文章中某个观点、某个概念或者某句话的参考依据。与之相对应的另一个概念是来源文献,又称施引文献,表示引用"引文"的论文、著作等文献。

由引文引申出两个概念:耦合文献和同被引文献。耦合文献又称共引文献,表示引用相同参考文献的文献。读者通常可以用共引文献的多少来定量测算两篇文献之间的静态联系程度,共同引用的文献数量愈多,说明两篇文献的相关性愈强。同被引文献则是指与本文同时被作为参考文献引用的文献,与本文共同作为进一步研究的基础。

2. 引文分析法

基于对引文概念的认识,文献计量学领域的专家利用各种数学及统计学的方法进行比较、归纳、抽象、概括,对科学期刊、论文、著者等分析对象的引用和被引用现象进行分析。耦合文献、同被引文献是引文分析法中重要的研究对象,如文献的耦合强度主要通过共引文献量表示,数量越多,文献之间的关联性越强。当两篇(多篇)论文同时被其他论文引用时,则称这两篇论文具有"同被引"关系,引用它们的论文的多少,即同被引程度,称为同被引强度。

引文分析法中常用的测度指标还包括以下几个:

① 总被引频次。指该期刊自创刊以来所登载的全部论文在统计当年被引用的总次数。该指标可以客观地说明该期刊总体被使用和受重视的程度,以及在学术交流中的作用和地位。将该指标应用在论文层面上时,表示某篇论文在统计当年被引用的总次数。被引频次越高,说明论文受关注度越高,学术影响力越大。同理,被引频次也可用在某位学者、某个机构的层面。使用该指标经常用来衡量期刊、论文、学者、机构等的学术影响力。

② 自引率。在引用文献的过程中,限于主体本身范围内的引用称之为"自引",包括同一期刊文献的自引、同一著者文献的自引、同一机构文献的自引。自引率就是对主体本身范围内文献引用的次数与文献被引总数的比值。

③ 影响因子。影响因子是一个应用于期刊层面的测度指标。现已成为国际上通用的期刊评价指标,它不仅是一种测度期刊有用性和显示度的指标,而且也是测度期刊的学术水平,乃至论文质量的重要指标。一般来说影响因子高,期刊的影响力就越大。影响因子的具体计算方法是,某年某杂志在过去两年中发表的论文总被引频次为 B,在过去两年内该刊发表的论文总数为 A,则影响因子 $IF=B/A$。

值得注意的是,不同学科的期刊,影响因子可能相差很大,比如,生物和医学类的期刊,这类期刊一般情况下就比较容易有较高的影响力,这类期刊的影响因子相对较高。有些学科领域内的期刊影响因子相对较低,因此,不同学科领域之间的期刊影响因子不具可比性。

3. 引文索引

引文索引就是以科技期刊所引用的参考文献的作者、题名、出处等内容,按照引证与被引证的关系进行排列而编制成的索引。

引文索引法是从文献之间相互引证的角度,为实施检索提供了一种新思路。它既能揭示作者何时在哪种刊物上发表了哪篇论文,又能揭示这篇论文曾经被哪些研究人员在哪些文献中引用过。它不仅能像一般检索系统一样反映出收录的期刊在某个时间段内发表的论文,也能反映有关的早期文献。同时,基于共引文献,还能检索主题词可能不同、但内容上具有内在相关性的耦合文献。因此,利用引文索引,用户检索出的文献越来越旧、越查越新、越查越深。

引文索引在科学研究中具有重要作用,得益于它揭示了科技文献之间引证与被引证的关系,展示了科技文献在内容上的联系。这种索引由于遵循了科学研究之间承前启后的内在逻辑,从而在检索过程中大大降低了检索结果的不相关性。借助引文索引,用户可以不断扩大检索范围,获取更多的相关文献。

目前,常用的引文索引数据库包括国外的科学引文索引(SCI)、社会科学引文索引(SSCI),以及国内的中国科学引文索引(CSCD)、中文社会科学引文索引(CSSCI)。科学引文索引(SCI)、社会科学引文索引(SSCI)的用法参考第四章外文数据库的部分。

3.3.2 中文社会科学引文索引

1. 中文社会科学引文索引简介

中文社会科学引文索引(Chinese Social Science Citation Index,简称 CSSCI)由南京大学中国社会科学研究评价中心开发制作,它以中文社会科学期刊登载的文献为数据源,通过来源期刊文献的各类重要数据及其相互逻辑关联的统计与分析,反映文献之间的相互影响,提供从文献引用角度检索文献的渠道,可为文献的学术评价提供定量依据。

CSSCI 遵循文献计量学规律,采取定量与定性评价相结合的方法,从全国 2 700 余种中文人文社会科学学术性期刊中精选出学术性强、编辑规范的期刊作为来源期刊。

CSSCI 来源期刊遴选的原则和方法是:根据中国社会科学研究评价中心提供的各学科期刊总被引次数、近三年他引影响因子及其加权值数据,对拟入选 CSSCI 选刊标准的期刊,在考虑地区与学科合理布局的基础上遴选新年度来源期刊。查看各学科的来源期刊,可点击"来源期刊"链接,或从来源文献检索界面的期刊导航选择来源文献的类型及学科。

2. 检索方法

中文社会科学引文索引提供来源文献检索和被引文献检索,首界面上按照学科提供来源期刊和扩展版来源期刊的期刊导航,如图 3-35 所示。

(1) 基本检索

基本检索界面中来源文献检索提供的检索字段包括篇名(词)、作者、第一作者、关键词、期刊名称、作者机构、中图类号、基金细节、所有字段、英文篇名等。被引文献检索的可检索字段包括被引篇名(词)、被引作者、被引作者(排除自引)、被引期刊名称、被引文献细节等。

(2) 高级检索

① 来源文献检索

来源文献高级检索中,用户可通过篇名(词)、作者、关键词、期刊名称、作者机构、作者

第 3 章 中文文献数据库及其检索

图 3-35 中文社会科学引文索引

地区、中图类号、基金细节、所有字段、英文篇名等字段输入检索词检索,可以根据需要选择精确检索和模糊检索。检索词之间的逻辑关系支持"与"、"或",并可从发文年代、年卷期、文献类型、学科类别、学位类别、基金类别等方面对检索加以限定,对检索结果可进行二次检索,如图 3-36 所示。

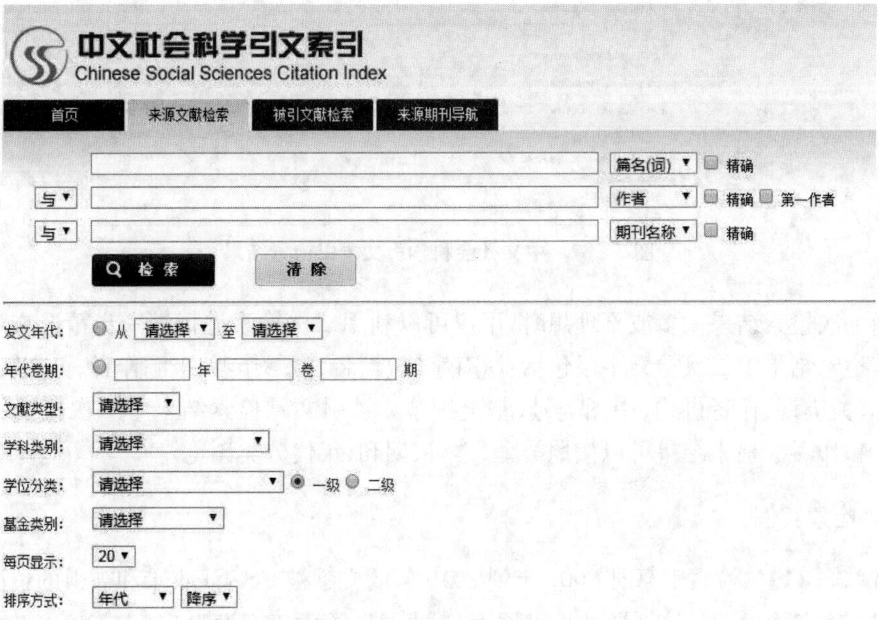

图 3-36 中文社会科学引文索引来源文献高级检索

② 被引文献检索

被引文献高级检索中，用户可通过被引作者、被引文献篇名、被引文献期刊、被引文献细节、被引文献年代等字段输入检索词检索，可以根据需要选择精确检索和排除作者自引，并可从被引年份、被引文献类型等方面对检索加以限定。

（3）期刊导航

来源期刊导航分别按来源期刊和扩展版来源期刊对其所收录期刊按照学科导航。CSSCI 包括的学科有法学、教育学、管理学、心理学、经济学、考古学、历史学、社会学等 28 个学科。

3. 检索结果

检索结果提供两种形式：一种是列表显示，提供来源作者、来源篇名、来源期刊、年卷期和页码，如图 3-37 所示；一种是视图显示，提供文献篇名、作者、出版信息和关键词。检索结果可以按照年代、篇名（词）、作者进行降序或升序的排列。勾选检索结果列表序号前面的方框，对选中记录的详细信息或者文献引证列表进行"显示""下载"和"收藏"的操作。收藏功能需要登录个人账号使用。

图 3-37 中文社会科学引文索引检索结果

当一次检索结果太多或不理想时，用户可以利用二次检索进行进一步精选文献。来源文献检索结果中二次检索字段包括：所有字段、篇名、第一作者、来源作者、英文篇名、期刊名称、关键词、作者机构、中图类号、基金细节。被引文献检索结果中二次检索字段包括：篇名、作者。检索结果可以按照类型、学科、期刊、年代分类浏览。

4. 检索实例

【例 3-11】 检索王卓君 2007 年到 2019 年的文献被 CSSCI 收录和被引的情况。

（1）确定检索词。该课题的检索词为"王卓君"，检索年度设为 2007—2019 年。

（2）选择来源文献检索，查找收录情况。在作者字段，输入检索词"王卓君"，得出检索结果。

（3）选择被引文献检索，查找引用情况。在被引作者字段输入检索词王卓君，得出检索结果。

3.3.3 中国科学引文数据库

1. 中国科学引文数据库简介

中国科学引文数据库（Chinese Science Citation Database，CSCD）内容丰富、结构科学、数据准确。CSCD具有建库历史最为悠久、专业性强、数据准确规范、检索方式多样、完整、方便等特点，自提供使用以来，深受用户好评，被誉为"中国的SCI"。系统除具备一般的检索功能外，还提供引文索引，使用该功能，用户可迅速从数百万条引文中查询到某篇科技文献被引用的详细情况，还可以从一篇早期的重要文献或著者姓名入手，检索到一批近期发表的相关文献，对交叉学科和新学科的发展研究具有十分重要的参考价值。中国科学引文数据库还提供了数据链接机制，支持用户获取全文。

汤森路透与中国科学院合作，将CSCD嵌入到Web of Science平台中，让全世界更多的科研人员了解中国的科研发展及动态，作为Web of Science中的首个非英文产品。

通过CSCD，读者能够跟踪中国研究发展趋势、了解顶尖作者、研究机构和期刊等信息，撰写反映全球发展趋势和研究情况的高质量论文，跟踪国内和国际研究团队的交流活动，确定高质量的合作者、评论者、编辑和作者。

2. 检索方法

CSCD依托于Web of Science平台，检索界面与SCI类似，在功能上略有不同。与SCI最大的区别在于，CSCD支持用中文进行检索。选择"中国科学引文数据库"，在"更多设置"中，用户可以通过选择"英文"或"中文"来确定检索语种，如果选择"自动"，系统将自动识别检索语种。目前，CSCD提供了基本检索、被引参考文献检索和高级检索三种检索方式。

（1）基本检索

基本检索的检索字段包括主题、标题、作者、出版物名称、出版年、入藏号、地址、作者识别号、文献类型和语种检索。

（2）被引参考文献检索

被引参考文献检索的检索字段包括被引作者、被引著作、引用的DOI、被引年份、被引卷、被引期、被引页、被引标题。当用户选择字段时，会有例子提示，如图3-38所示。

另外，检索无法在同一字段中执行中文和英文混合检索。如果要同时使用作者姓名的英文和中文形式执行"被引参考文献"检索，建议执行两个单独的"被引参考文献"检索，然后在"检索历史"或"高级检索"页面组配检索结果。

（3）高级检索

高级检索中的每个检索字段需用两个字母的代码标示出来。同一检索字段内不同的检索词之间可用布尔算符（AND、OR、NOT）或位置算符（SAME）组合，不同的检索字段

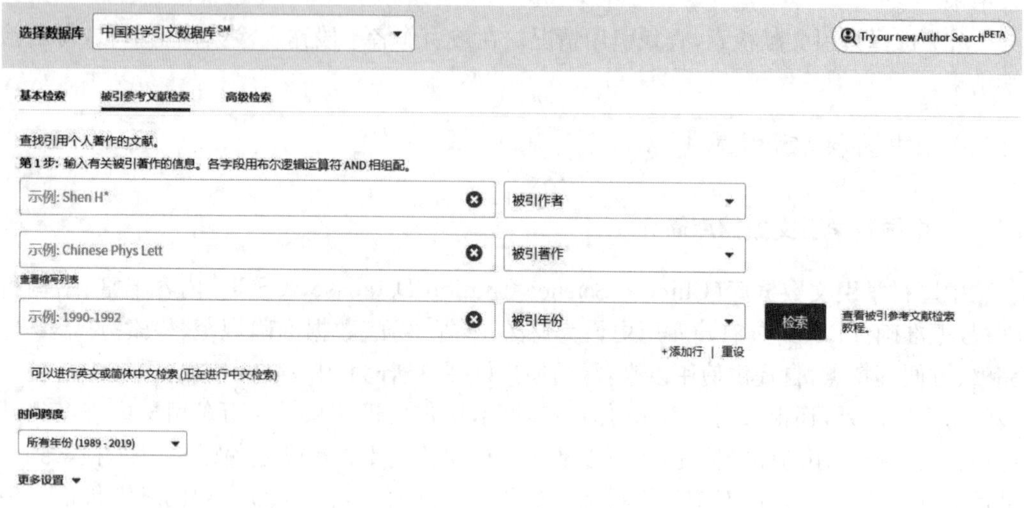

图 3‑38　中国科学引文数据库被引参考文献检索

之间只能用布尔运算符组合,不能用位置算符。布尔运算符和检索字段代码在页面的右边有提示信息。

3. 检索结果

执行一次检索后,显示检索结果,如图 3‑39 所示,当检索结果范围太大时,可以进行二次检索。

CSCD 提供了对检索结果的优化功能("精炼检索结果"),可以将其按出版年、研究方向、文献类型、机构、机构—中文、作者、作者—中文、开放获取、基金资助机构、基金资助机构—中文、来源出版物名称、来源出版物名称—中文、国家/地区、国家/地区—中文、语种等进行归类。如点击作者优化,可以显示检索结果集合中该作者所发表的文献列表。

检索结果可以按照出版日期、被引频次、使用次数、相关性、最近添加、使用次数(最近180 天)、第一作者、第一作者(中文)、来源出版物标题等进行排序。按被引频次降序排列,可以根据被引频次直观分析哪些文献有较高的学术参考价值,并优先阅读。

点击文献篇名可以浏览该篇文献全记录。在全记录屏幕上,有引文网络的功能区域。用户可以通过点击"被引频次""引用的参考文献"查看被引用文献、引文文献,以及这些文献的全记录。用户点击"创建引文跟踪",登录个人账户,为目标记录创建引文跟踪,目标记录每次被引用时,会自动收到电子邮件。

如果保存某篇或某几篇检索记录,并且希望可以自定义保存的题录信息,勾选检索记录前面的方框,并点击"添加到标记结果列表",页面上选中的有记录将被保存至"标记结果列表";或者点开检索结果列表中某一具体文章,查看全纪录,点击页面中的"添加到标记结果列表",同样地,此篇文献将被保存至"标记结果列表"。点击"标记结果列表",自由选择字段作为保存对象。

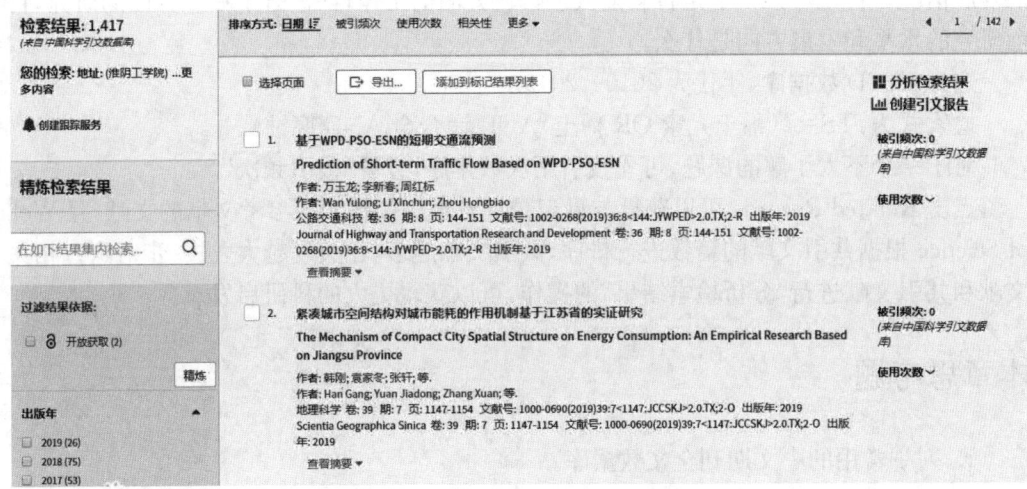

图 3‑39　中国科学引文数据库检索结果

4. 检索技巧

(1) 分析检索结果

在检索结果界面的右侧,系统提供了"分析检索结果"和"创建引文报告"功能。"分析检索结果"可以将检索结果进行聚类分析,挖掘有价值的信息并识别隐含的趋势与模式:① 按照作者分析,了解某个研究的核心研究人员是谁;② 按照国家区域分析,了解核心研究国家是哪些;③ 按照文献类型分析,了解该研究通常以什么途径发表;④ 按照机构名称分析,了解有哪些机构在从事这项研究;⑤ 按照语种分析,了解该研究涉及了哪些区域;⑥ 按照来源出版物分析,了解该研究通常发表在哪些期刊上。

(2) 创建引文报告

引文报告为检索结果提供了详细的引文分析,并提供了清晰明了的组图,包括检索结果出版物年份分布图和被引频次年份分布图。

(3) Journal Citation Reports(期刊引用报告)

如果当前论文所在的期刊同时被 SCI 收录,那么在文献的详细记录显示页面中,右下方提供了"Journal Citation Reports"链接。通过点击,用户可以查看当前记录的来源期刊近五年的影响因子,直观评价期刊的学术水平,学者们也可以根据期刊影响因子的变化趋势来选择投稿。同样,用户可以根据影响因子走势图,分析该刊所属学科专题的发展趋势,挖掘研究热点。

(4) 创建引文跟踪

对于较为感兴趣的一些文章,用户可以创建引文跟踪服务,来定期通过 E-mail 收到关于未来该记录的被引情况。

5. 检索实例

【例 3‑12】 拟对"稀土元素对镁合金的腐蚀行为的影响"进行研究,尤其是在国内的发展情况。首先考察一下是否有前人进行这方面的工作,都进行了哪些方面的研究,目前研究的水平和发展方向是什么。

选择 CSCD 数据库,年代为 2010—2019。

检索式为:TS=((稀土元素 OR 稀土)AND 镁合金 AND 腐蚀)。

对于一个不太了解的课题,可先按引用次数排序,查看"被引频次"。

点击 Related Records 可以获得与母记录拥有至少一篇相同参考文献的文献,且 Web of Science 根据共引文献的篇数进行排序,共引文献越多,相关度越大,进一步对这些相关文献和共引文献进行"分析检索结果"的操作,可以获得更大的科研启发。

本章思考题

1. 列举常用的中文期刊全文数据库。
2. 请你在中国知网中找到图书情报与数字图书馆专业被引用次数最多的期刊论文。
3. 请在学位论文数据库中找到北京交通大学 2019 届博士毕业生钟涵的博士毕业论文。
4. 在维普的中文期刊服务平台中利用同义词扩展功能,查找"维他命与人体健康的关系"的文献信息。
5. 请通过学位论文数据库确定高校某一专业博、硕士导师的相关信息。
6. 利用馆藏书目检索系统查找《国家相册:改革开放四十年的家国记忆》,并记录索书号。
7. 登录专门的图书推荐网站,查找当月好书榜排名、年度好书榜排名。
8. 利用读秀的知识搜索功能查找"人力资源管理"的相关文献。
9. 利用中文社会科学引文索引(CSSCI)和中国科学引文数据库(CSCD)查找某学科中被引用次数比较高的文献。
10. 全文数据库与索引数据库的不同之处有哪些?什么情况下适合利用索引数据库查找信息?

第 4 章 外文文献数据库及其检索

扫码可见第 4 章微课

科学的发展在于学习、继承、借鉴,并在此基础上创新。外文文献是科研人员跟踪与借鉴国外研究成果、开阔视野、紧跟学科发展方向与前沿所不可缺少的工具。本章主要介绍部分国外影响较大、学术质量较高的文献资源,包括 Web of Science、Engineering Village、ScienceDirect、SpringerLink、EBSCOhost 等。

4.1 Web of Science

Web of Science(WOS)是由 Clarivate Analytics(科睿唯安)提供的信息服务平台,数据来源于期刊、图书、专利、会议录、网络资源(包括免费开放资源)等。通过这个平台,用户可以检索关于自然科学、社会科学、艺术与人文等学科的文献信息,可以使用知识分析工具,还可以利用书目信息管理软件,如表 4-1 所示。

表 4-1 WOS 平台上的资源

数据库		知识分析工具	文献管理软件
Web of Science 核心合集	MEDLINE	inCites	
中国科学引文数据库(CSCD)	Russian Science Citation Index	Essential Science Indicators (ESI)	Endnote
KCI 韩国期刊数据库	SciELO	Journal Citation Reports (JCR)	

4.1.1 Web of Science 核心合集介绍

Web of Science 核心合集是 Web of Science 的主要组成部分,是含有引文检索的文摘型数据库和检索会议文献、化学结构、化学反应的数据库集合,是世界上有影响的多学科的学术文献文摘索引数据库。

1. Science Citation Index Expanded(科学引文索引,SCIE)

科学引文索引创刊于 1963 年,由美国科学信息研究所(Institute for Scientific Information,ISI)编辑出版,是一部国际公认的反映基础学科研究水准的检索工具。SCI 是世界上最早的综合性引文索引,它的创立是引文索引诞生的标志。收录的学科范围包括农业、天文学、生物化学、生物学、生物工艺学、化学、计算机科学、材料科学、数学、内科学、神经系统科学、肿瘤学、小儿科、药理学、物理、植物学、精神病学、外科学等领域。ISI通过它严格的选刊标准和评估程序挑选期刊,而且每年略有增减,从而做到其收录的文献能全面覆盖全世界最重要、最有影响力的研究成果。所谓最有影响力的研究成果,是指报道这些成果的文献大量地被其他文献引用。这使得科学引文索引不仅作为一种文献检索工具使用,而且成为对科研进行评价的一种依据。

2. Social Sciences Citation Index(社会科学引文索引,SSCI)

SSCI 收录了 3000 多种社会科学期刊,学科涵盖人类学、历史、行业关系、信息科学和图书馆科学、法律、语言学、哲学、心理学、政治学、公共卫生学、社会问题、社会工作、社会学、药物滥用、城市研究、女性研究等领域,数据可回溯到 1898 年。

3. Arts & Humanities Citation Index(艺术与人文科学引文索引,A & HCI)

A & HCI 现收录艺术和人文期刊 1 700 多种,学科涵盖考古学、建筑学、艺术、亚洲研究、古典文学、舞蹈、民间传说、语种、文学、音乐、哲学、诗歌、广播、电视和电影、宗教和戏剧等领域。

4. Conference Proceedings Citation Index-Science(科学技术会议录索引,CPCI-S)

CPCI-S 是 ISI 著名的学术会议录文献索引(Index to Scientific & Technical Proceedings,ISTP)的 Web 版。会议文献是主要的文献类型之一,是科技人员获取信息的重要渠道之一。CPCI-S 专门收录世界各种重要的自然科学及技术方面的会议,包括一般性会议、座谈会、研究会、讨论会、发表会等的会议文献,涉及学科基本与 SCI 相同。

5. Conference Proceedings Citation Index-Social Science & Humanities(社会科学会议录引文索引,CPCI-SSH)

即原 ISSHP,专门收录世界各种重要的社会科学、艺术及人文科学的会议。

6. Current Chemical Reactions(最新化学反应,CCR)

CCR 收录了来自重要期刊、39 个专利组织的专利所报道的一步或多步新型合成方法,每种方法都提供有总体反应流程以及每个反应步骤详细、准确的示意图。数据库提供题名、关键词等常用的检索途径,还可以通过反应式、结构式等途径进行检索。检索结果包括完整的反应图示、重要的反应条件、生物数据和作者文摘。利用 CCR 可以了解最新的化学合成、药物合成和化合物及其生物活性方面的信息。

7. Index Chemicus(化学索引,IC)

IC 收录了世界上重要期刊发表的新颖有机化合物的结构及其重要数据,是有关生物活性化合物和天然产物最新信息的重要来源,许多记录显示了从原始材料到最终产物的反应流程。

4.1.2 Web of Science 的功能

WOS 平台将高质量的信息资源、独特的信息分析工具和专业的信息管理软件无缝地整合在一起，兼具知识的检索、选取、分析、评价、管理和投稿等多项功能。

1. WOS 平台界面

点击网址 http://www.webofknowledge.com，进入 WOS 界面。

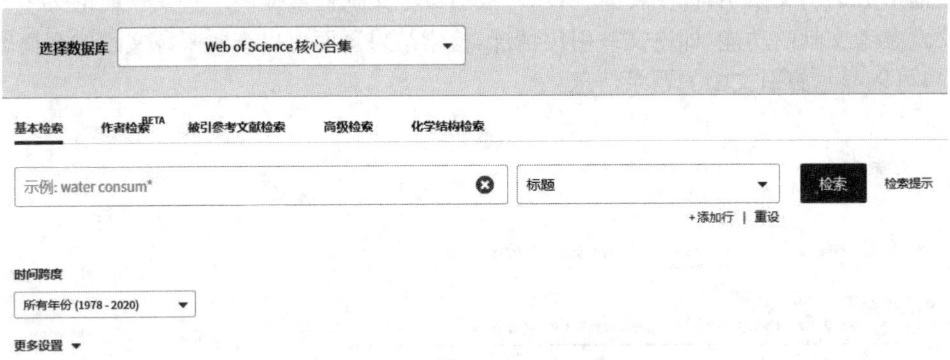

图 4-1 Web of Science 核心合集首页

首页默认用户在 WOS 核心合集和 WOS 平台上的其他资源里一站式检索。用户可以点击所有数据库进行选库，选择 WOS 核心合集或者其他资源，同时可以进一步在核心合集里通过"更多设置"选项选择 SCI、SSCI、CPCI-S 等单个数据库。首页平台提供基本检索、被引参考文献检索、高级检索三种方式；WOS 核心合集提供基本检索、作者检索、被引参考文献检索、化学结构检索、高级检索等五种检索方式。可以限定检索结果时间跨度，可选择的时间为本周、最近 2 周、最近 4 周、本年迄今、最近 5 年、所有年份。可以限定检索年限，从哪一年开始查找，至哪一年结束。

2. WOS 平台检索方式

(1) 基本检索

进入 WOS 平台，系统默认的检索方式是基本检索。基本检索有一行检索输入框，通过点击"添加行"增加检索输入行。检索字段间逻辑关系可选 AND、OR 和 NOT，通过下拉列表选择检索字段。WOS 基本检索提供了主题、标题、作者、作者识别号、出版物名称、DOI、地址、入藏号、会议、基金资助机构等检索项，根据已知信息选择合适的检索途径进行检索。

例如查找"2010 年以来碳纳米管在飞机中运用"方面的研究文献，则输入检索词：carbon nanotube*，检索字段选主题；点击"添加行"增加检索输入行，输入检索词：airplane*，检索字段选主题；行与行之间逻辑算符选 AND；出版年限定从 2010 到 2019。

如果想了解淮阴工学院 SCI 论文的发表情况，选择 WOS 核心合集中的 SCIE 数据库进行检索。通过试检索发现，淮阴工学院在 SCIE 中的标引格式主要有两种，大多记录采用"Huaiyin Inst Technol",极少数记录采用"Inst Huaiyin Technol"。从地址途径进行检索时,要使用SCI规定的缩写形式,只有输入规范的检索词,才能保证取得满意的检索结果。在输入框中输入"Huaiyin Inst Technol",检索途径选地址。通过点击"添加行"增加检索输入行。再在另一输入框中输入"Inst Huaiyin Technol",检索途径还选地址,两个输入框间的逻辑运算符选"OR",检索表达式构建好后,点"检索"对SCIE进行检索。

(2) 被引参考文献检索

被引参考文献检索,通常简称引文检索,检索的基础是对来源文献后的参考文献进行标引而形成的引文索引,如图4-2所示。被引参考文献检索提供了查找一篇论文作为其他文章参考文献的功能,即论文被引用情况,检索结果页面可以查看来源文献的文摘题录信息,可以显示施引文献的题录信息。

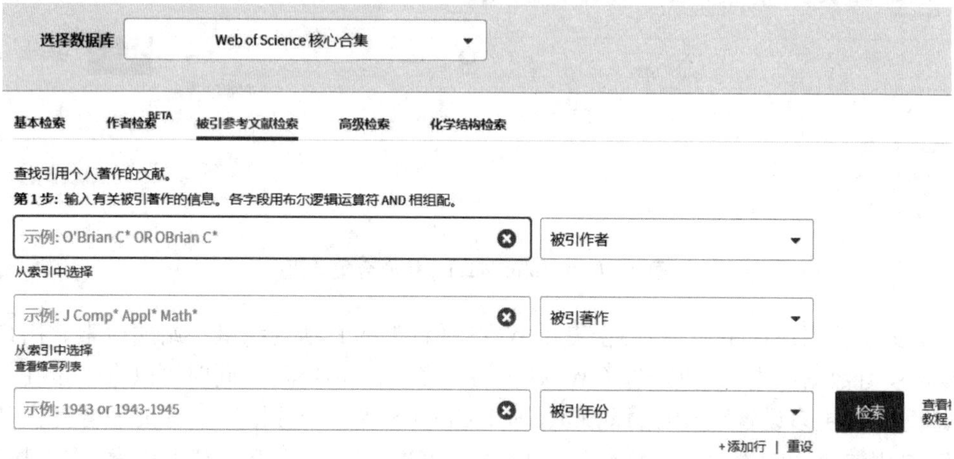

图4-2 被引参考文献检索界面

WOS提供了被引标题、被引作者、被引著作、被引年份、被引卷、被引期、被引页等检索字段。

① 被引作者检索。在检索框输入被引作者姓名,注意姓在前、名在后。名字要缩写,由于名字缩写,将会引出同名作者而影响查准率,需要输入论文的出版物名称加以限定,以提高查准率,注意出版物名称要缩写,可参见"期刊缩写列表"。

② 被引著作检索。在检索输入框输入缩写期刊名称,可查询该刊被引用的情况。检索某图书被引用的情况,则输入书名中第一个或数个有意义的单词。检索某份专利被引用的情况,则输入不带国家号码的专利号。

③ 被引年份检索。输入一个四位数年份(如2018),也可以利用or将不连续的年份连接起来(如2016 or 2018),也可用连接符"-"限定时间范围(如2015—2019)。此字段通常与其他字段配合使用,可检索某人或某出版物在某个或某几个特定年份发表论文的被引用情况,例如在被引作者字段中输入作者姓名,同时在被引年份字段中输入"2017—2019"。

(3) 高级检索

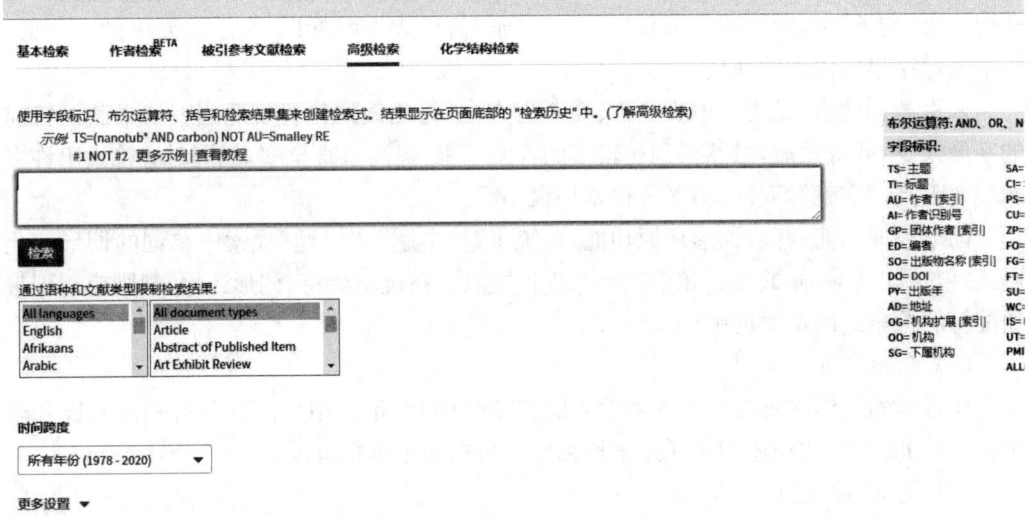

图 4-3 高级检索界面

图 4-3 所示为高级检索界面,只有一个检索输入框。需要使用字段标识、布尔逻辑运算符、括号、截词符、检索词组配来创建检索表达式。字段限定用等号"=",字段标识由两位字母组成,SCIE 的常用检索字段及其代码如表 4-2 所示。如果要检索中国作者所发表的有关碳纳米管方面的 SCI 文献,则选择 WOS 核心合集中的 SCIE 数据库,在高级检索的命令框中输入 TS=Carbon Nanotube* AND AD=China,就可以得到所需要的检索结果。

表 4-2 SCIE 的常用检索字段及其代码

字段名称	代码	字段说明	举例
主题	TS	在主题(标题、文摘、关键词)字段检索	TS=fish nutri* same consum*
标题	TI	在文献标题中检索	TI="food security"
作者	AU	作者检索	AU=(zhang hongwei or zhang h w)
团体作者	GP	指来源出版物(期刊、图书、会议文献或其他类型文献)著作权的组织或机构	GP=JET EFDA Contributors
出版物名称	SO	在出版物名称中检索	SO=J Comput Appl Math*
出版年	PY	文献出版年度	SO=food and PY=2019
地址	AD	地址字段检索	AD=(Beijing same Ins* same Tech*)
编者	ED	在编者审查人的字段检索	ED=Spink A
ISSN/ISBN	IS	在出版物标准出版号中检索	IS=00280836

SAME 运算符：same 运算符可以帮助用户精炼检索，same 与 and 很类似，但是有更多限制。检索词用 same 连接，same 前后的检索词在结果中必须都出现，且必须同时出现在同一个"句子"中，前后顺序不限。一个"句子"可代表文献标题、文献摘要中的一句话、一个关键字串或作者的地址。

采用截词检索，既要考虑查全，又要考虑查准，为此截词位置要适当。如果截词符前的字母太少，截得太短，虽然得到比较多的检索结果，提高了查全率，但同时会检索出许多相关度不高的文献。WOS 不区分检索词大小写。

词形还原功能：开启词形还原功能，系统将对"主题"、"标题"检索中单词的词形变化形式，包括同义词、复数形式和单数形式进行检索。系统不会将"词形还原"规则应用到带通配符的检索式的检索词中。

（4）作者检索

作者检索能够在查找特定作者发表的文章的同时，帮助用户区分具有相同姓氏和名字首字母的作者，此外还能够通过学科领域和机构缩小查找范围。

（5）化学结构检索

化学结构检索是为"Current Chemical Reactions"和"Index Chemicus"两个化学数据库所创建。化学结构检索界面包含以下几个部分：化学结构绘图检索、化合物数据检索和化学反应数据检索。

3. 检索结果

（1）检索结果的显示

检索结果以题录格式显示，如图 4-4 所示，包括文献题名、前三位作者、来源出版物。单击题录格式中的文献题名，即可以浏览该文献在 WOS 中的详细记录。详细记录的内容包括文献题名、全部作者、来源出版物、文摘、关键词、通讯作者邮箱、参考文献的超链接、DOI 等信息。通过点击"参考文献的超链接"，扩展了检索信息结果范围，可以进一步获取一批相关文献。

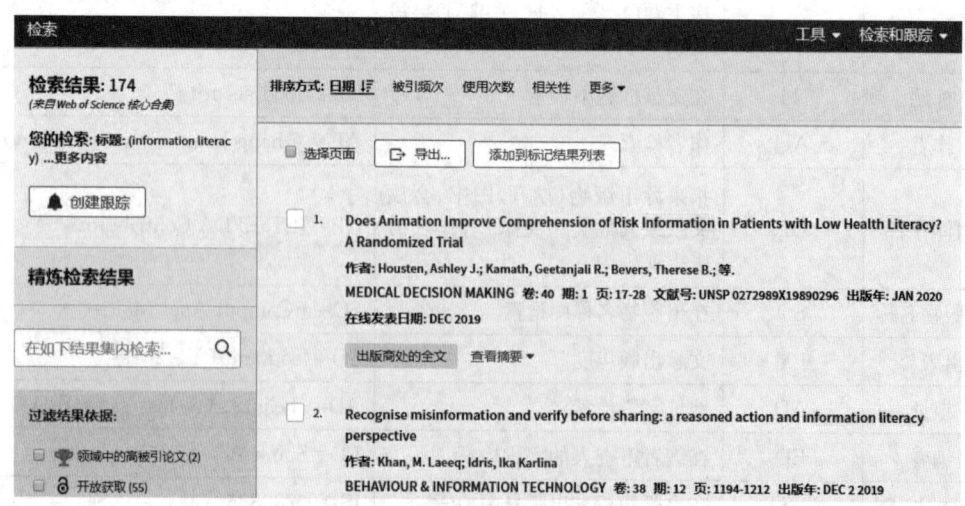

图 4-4　SCIE 检索结果页面

(2) 检索结果排序

SCIE 提供了根据出版日期、被引频次、使用次数、第一作者、相关性、来源出版物名称、会议名称等排序方式,系统默认的排序方式是按出版日期降序排列,最新出版的相关文献排在最前面。选择"被引频次降序"选项可以快速寻找高被引文献和热点论文。

(3) 检索结果的标记及输出

在检索结果输出之前,可以根据需要将准备输出的记录进行标记。用鼠标单击记录前的复选框,框内出现"√",表明该记录已被标记,标记过的记录可通过点击"添加到标记结果列表"增加到标记列表。

结果输出是对选择记录的保存管理,WOS 提供打印、电子邮件发送以及保存三种结果输出方式。可以保存到个人文献管理系统(Endnote、ResearchID、inCItes)或以其他文献格式(TXT、HTML、Bibtex 等)保存。

(4) 检索结果的分析和利用

在检索结果界面中单击"分析检索结果"即可进入 WOS 的文献分析统计界面。

WOS 提供对高被引论文、热点论文、作者、国家/地区、文献类型、语种、机构、出版年、研究方向、来源出版物、WOS 类别等多个字段信息进行分析。按照"高被引论文""热点论文"分析,了解国际高水平的论文;按照"作者"字段分析,可以发现该领域的高产出研究人员,发现科研伙伴;按照"国家/地区"分析,了解核心研究国家;按照"文献类型"分析,了解该项研究成果发表途径;按照"机构"分析,可以了解从事该项研究的主要机构;按照"语种"分析,了解这项研究成果出版语种;按照"来源出版物"分析,可以用来选择投稿刊物;按照"出版年"分析,可以了解随着时间推移,相关研究的发展动向。

4. 个性化服务

用户在使用 WOS 的个性化服务前,应先申请注册,获得一个属于个人的个人账户。检索式可保存在个人账户中,可以查看以前所做的检索,并利用它们构建新的检索式。

通过保存检索历史,创建跟踪服务,以后每周或每月系统会按已保存的检索式自动进行检索,并通过用户注册时的邮箱将新的检索结果发送给用户。通过检索式的跟踪服务,可以同时完成期刊的限定,即跟踪检索式在某些期刊上检索最新的文献进行推送。

引文跟踪是设置一篇文章被引用的最新信息的通报服务,通过创建引文跟踪,便于用户跟进 WOS 中相同主题的文献后续研究进展,了解预设文章的最新被引情况。

4.1.3 WOS 检索实例

【例 4-1】 检索 2015 年以来题名中含有"信息素养"的英文文献。

检索步骤:选择 WOS 核心合集作为检索对象,检索方式就用系统默认的基本检索。检索途径选标题,在输入框中输入"information literacy",在下方时间跨度里选择"从 2015 至 2019",在语种字段选"English",单击"检索"按钮执行检索。

【例 4-2】 查找 2018 年发表的关于"信息组织"的文献。

检索步骤:选择 WOS 核心合集作为检索对象,检索方式选高级检索。在输入框中输入检索表达式:TS=("information organization" OR "knowledge organization") AND

PY=2018,单击"检索"按钮。

【例 4-3】 查找 Spink A 教授 2006 年发表在"INFORMATION PROCESSING & MANAGEMENT"期刊上的题名为"How are we searching the World Wide Web? A comparison of nine search engine transaction logs"的论文被引用次数。

检索步骤:在 WOS 检索界面选择"被引参考文献检索",在被引作者字段输入"Spink A",在被引著作字段输入"INFORM PROCESS MANAG"(可点击"查看缩写列表"链接查找),在被引年份字段输入"2006",点检索可得到检索结果,可进一步查看引用论文的详细记录。

4.2 Engineering Village

4.2.1 Engineering Village 平台简介

Engineering Village(简称 EV)是一个多数据库的检索平台,是以 Ei Compendex 为核心数据库,将世界范围内的工程信息资源组织、筛选、集成在一起,向用户提供"一步到位"的便捷式信息服务。EV 平台上提供的数据库主要有以下几种。

1. Ei Compendex

Ei Compendex 由爱思唯尔公司(Elsevier Engineering Information Inc.)编辑出版,是著名的印刷版检索工具《工程索引》(The Engineering Index,EI)的网络版。EI 创刊于 1884 年,是著名的工程技术领域文摘数据库,目前每年仍然定期出版印刷版的月刊、年刊。20 世纪 70 年代,EI 公司开始生产《工程索引》的电子版数据库,并通过 Dialog 等大型联机系统提供远程联机检索服务。20 世纪 90 年代,《工程索引》以光盘形式(Ei Compendex Plus)广泛发行,随后在网络通信技术的影响下,EI 公司开始提供网络版《工程索引》数据库,同时开始研究基于 Internet 环境下的集成信息服务模式,1995 年推出 Engineering Village(工程信息村)。

Ei Compendex 收录了自 1969 年至今的 190 多个学科的 6 000 多种工程类期刊、会议文集和技术报告的摘要。学科涵盖核技术、生物工程、运输、化学和过程工程、光学科技、农业工程和食品技术、计算机和数据处理、应用物理、电子和通信、控制、土木工程、机械、建材、石油、航空、汽车等领域。回溯库 Ei Backfile 收录了 1884 至 1968 年间的工程领域文献。数据库每周更新。

EI 于 1992 年开始收录中国期刊,可以通过 EI 中国网站查找 EI 收录的中国期刊等信息,网址为 http://eichina.lofter.com/。

2. INSPEC

英国电气工程师协会(The Institute of Industrial Engineers,IEE)的 INSPEC 数据库是全球著名的科技文摘数据库之一,是英国《科学文摘》的网络版。它涉及的主要学科领域包括:物理、电子与电气工程、计算机与控制工程、信息技术、机械与制造工程、材料科学、核能工程、生物医学工程、纳米生物技术、环境与工程、航空航天工程、人工智能、动力与能源、雷达、通讯、地球物理、生物物理、海洋等领域。INSPEC 收录了 80 多个国家出版的 4 200 多种科技期刊,2 000 多种会议论文集,同时还有图书、研究报告和学位论文的相关信息,覆盖的文献年限自 1969 至今。每一条记录均包含英文文献标题与摘要以及完整的题录信息,包括期刊名称或会员名、作者姓名与作者机构、原文的语种等;每一条记录也包含 INSPEC 提供的控制词表、叙词和主题分类等。INSPEC 还可以通过 WOS 平台检索。

3. NTIS

NTIS(National Technical Information Service)是美国国家技术情报社出版的美国政府报告文摘题录数据库,以收录美国政府立项研究及开发的项目报告为主,少量收录世界各国的科学研究报告。包括项目进展过程中所做的一些初期报告、中期报告、最终报告等,反映政府重视的项目最新进展。该库 75% 的文献是科技报告,其他文献类型有专利、会议论文、期刊论文等。数据回溯至 1899 年。

4. Knovel

Knovel 是爱思唯尔公司开发的面向从事应用研究的科研人员的在线参考工具。它将工程学和应用科学的数据信息与分析、检索工具整合在一起,具有强大的检索功能,并能提供"交互式"数据分析。Knovel 收录了来自多家重要科技出版商和专业学会出版的参考工具书及数据库数据。

4.2.2 数据库检索方法

Engineering Village 提供多种检索方式,包括快速检索(Quick Search)、专家检索(Expert Search)、叙词检索(Thesaurus Search),满足不同检索需求;提供作者、作者机构、受控词、出版者、来源出版物名称索引。

1. 快速检索

快速检索如图 4-5 所示,检索区有一行检索输入框,可以通过点击"Add search field"添加检索输入行。对非专业检索用户而言,Quick Search(快速检索)最常用。快速检索可以检索所有的字段或可选择某个检索字段,常用检索字段如表 4-3 所示。

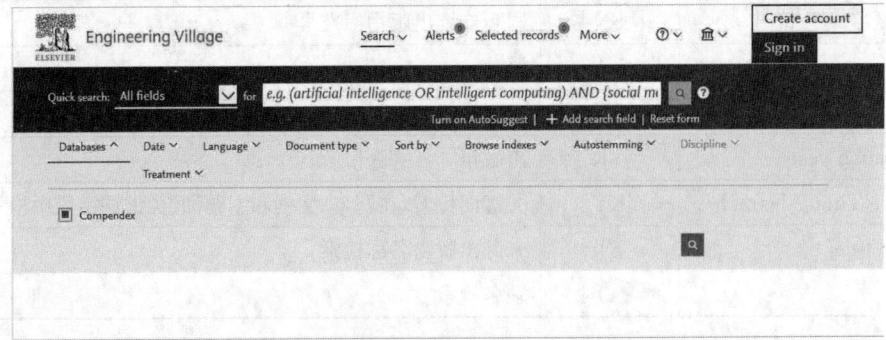

图 4-5 Engineering Village 快速检索界面

快速检索还可进行如下限定：Date(时间)、Language(文献语种)、Document type(文献类型)、Treatment(文献处理类型)、Autostemming off(关闭词干检索)，即不以词根检索，否则将检索以所输入词的词根为基础的所有派生词。文献语种限定是对检索结果中的原文所用语言的限制，EI收录文献原文的语言包括英语、汉语、法语、德语、意大利语、日语、俄语、西班牙语等；文献类型限定提供检索结果文献可以选择期刊论文、会议论文、科技报告、学位论文、丛书、专利等类别。文献处理类型是用来说明文献的研究方法及所探讨主题的类型，有 Applications(应用)、Biographical(传记)、Economic(经济)、Experimental(实验)、General review(一般性综述)、Historical(历史)、Literature review(文献综述)、Management aspects(管理)、Numerical(数值)、Theoretical(理论)等。例如，检索某课题的文献综述，可以通过限定"Literature review"来实现。

快速检索还可选择检索结果的排序方式，在"Sort by"下提供了两个选项"Date"和"Relevance"。"Relevance"表示相关度，为系统默认选项，表示检索结果按相关度排序，与输入检索词相关度越大的文献记录排列越靠前。"Date"选项表示检索结果按文献的出版时间排序，最新的文献排在最前面。

表4-3 EI的常用检索字段及其代码

字段名称	代码	字段说明
All fields	All	在所有可检索字段中检索，为系统默认方式
Abstract	AB	在文摘内容中检索
Accession number	AN	收录号检索，收录号是系统收录文献时分配给每条记录的唯一标识
Author/Inventor	AU	在作者/专利发明人字段中检索
Author affiliation	AF	在作者单位字段中检索
EI Classification code	CL	在分类字段中检索
Conference information	CF	会议信息检索，包括会议名称、日期、地点、主办方
Controlled term	CV	在叙词或主题中检索
Country of origin	CO	原始文献的出版国或专利的所属国
Document type	DT	文献出版类型，如图书、期刊论文等
ISBN	BN	国际标准书号
ISSN	SN	国际连续出版物标准号
Language	LA	语种
Publisher	PN	出版社
Publication year	YR	出版年
Subject/Title/Abstract	KY	关键词检索，在题名、文摘和主题词、关键词字段中检索
Source title	ST	来源出版物名称检索
Title	TI	题名检索

EI 的作者姓名检索需要特别注意,一般采用姓在前、名在后的形式。EI 文献的作者著录格式一般是:姓,名。姓后面加逗号和一个空格(空格也可不加),然后是名。中国作者的姓名用汉语拼音表示,如:ding, xiaomei; zhang, hong-wei 等。作者姓名根据来源文献著录,因不同的来源文献作者姓名的写法不同,对同一作者,EI 在著录时没有给出统一格式。用户在检索时,要尽可能考虑到作者姓名的各种不同格式,可以输入作者的全名,也可以输入作者姓名的一部分,作者姓名中可用截词符"*"或通配符"?"。从作者途径检索文献时,可加作者单位进行限定,从而精炼检索结果。

Engineering Village 中作者单位信息包括城市、州、国家和单位的名称,有时也给出作者所在单位的具体部门。由于机构名称本身的变化,一些缩写规则的改变以及原始文献中作者机构书写形式不统一等原因,同一作者机构可能会有多种著录格式。可使用浏览索引(Browse indexes)中的作者单位索引去查找,在索引表中,要选全某一单位的不同标引方法,才能保证查全率。当用户选择了索引中的一个或多个检索词后,将自动被粘贴到输入框中,用户还可以用布尔逻辑运算符 and 或 or 连接从索引中粘贴过来的索引词。

EI 受控词(Controlled term)是标引人员根据文献的主题内容,从 EI 受控词表(即 EI 叙词表)中选出的能够反映文献主题的规范化的名词。可以根据需要,将叙词表中的主题词自由组配,用以表达复杂的概念。例如:将"铌基合金"和"超导合金"组配起来就可以表达"铌基超导合金"这个概念。

2. 专家检索

专家检索(Expert Search)提供功能更强大、更灵活的检索,其检索界面如图 4-6 所示。

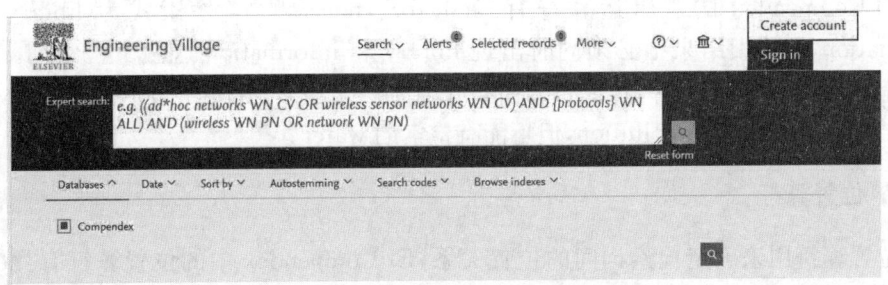

图 4-6　EI 专家检索界面

用户可以使用布尔逻辑运算符、字段限定、截词符等检索技术构建较为复杂的检索表达式,字段限定用 wn。使用专家检索时,应在检索词后加入字段代码,输入格式为:检索词 wn 检索字段代码。如果不加检索字段代码,系统默认在全部可检索字段中查找。例如:要检索题名中有图像处理的文献,可在输入框中输入检索表达式:image processing wn TI,TI 是题名字段(Title)的代码。

3. 叙词检索

叙词检索(Thesaurus Search)如图 4-7 所示,是 EI 提供的一项特色检索功能,EI 对文献进行主题标引,标引词来源于《EI 叙词表》,所以 EI 的标引词也称为受控词。EI 叙词表是由专业的规范词组成的,它可以将同一主题不同表述的词,按主题内容规范在标准的专业词下,避免了由于词汇书写不同造成漏检,或词义概念混淆导致错检的问题。用户利用叙词表可以从主题角度检索文献,提高文献的查准率。利用叙词表还可从主题概念的角度扩展或缩小检索范围。

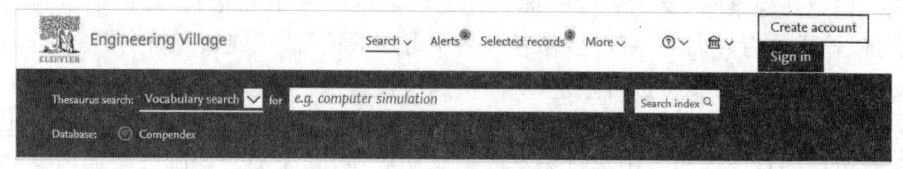

图 4-7　EI 叙词检索界面

叙词检索提供三种检索方式:搜索查询(Vocabulary search),是系统默认的方式,可判断检索词在叙词表中的正确表达方式;精确查询(Exact term),判断输入的检索词是否为叙词表中的词;按字顺查询(Browse)。

例如选择"Thesaurus Search"下的默认选项"Vocabulary search",在输入框中输入检索词 wastewater,点击"Search index",打开叙词表。在叙词表选择叙词后,被选的叙词自动粘贴到检索输入框中,可进行布尔逻辑运算符的组配,可进行文献类型、语种、年代等的限制。

4.2.3　检索技术

1. 逻辑运算符

EI Compendex 的逻辑运算符有:and、or、not。例如:检索式为 library AND information,即检索结果中必须同时出现 library 和 information 这两个检索词。air or atmosphere:检索结果包含 air 或 atmosphere 任何一个检索词即可。pollution not water:检索结果必须有检索词 pollution,但不能有检索词 water。

2. 位置算符

位置算符用来确定检索词间的位置关系,EI Compendex 中的位置算符有:near/n、Onear/n。near/n 表示前后所连接的两个词之间可插入 0~n 个词,词序可以颠倒。Onear/n 表示前后所连接的两个词之间可插入 0~n 个词,词序不能颠倒。如:avalanche Onear/2 diodes,avalanche 和 diodes 必须同时出现在检索结果中,前后相隔不超过两个单词,而且 avalanche 必须出现在 diodes 的前面。Wind near/3 power,Wind 和 power 必须同时出现在结果中,前后相隔不超过 3 个单词,Wind 和 power 出现的前后位置对结果没有影响。

3. 截词符和通配符

截词符"*"可以代替 0 到多个字母。如输入 electri*,可检索到包含 electric、electrical 等词的文献记录。

通配符"?"可以代替一个字母。如输入 wom?n,可检索到包含 woman,women 等词的文献。

使用截词符和通配符也是提高查全率的一个措施,但也会输出不相关的记录。在使用截词符和通配符时,词根检索自动关闭。

4. 精确检索

当在输入框中输入检索词时,如果不加算符和其他符号,系统默认词间是一种逻辑与的关系。若要对某个短语进行精确检索,需要加双引号""或大括号{ }。

例如,输入:{Microwave power and Electromagnetic energy}wn ST,则只有名称中精确含有"Microwave power and Electromagnetic energy"的出版物才会被检出。

在精确检索中不能使用截词符、通配符和词根检索。

5. 大小写

Engineering Village 不区分大小写。

4.2.4 检索结果及其处理

1. 检索结果显示

在检索结果界面列出本次检索的命中记录数、所检索的数据库、限制条件、所用的检索表达式和检索结果的排序方式等,用户可以进行改变排序方式、浏览文献记录、标记记录、输出检索结果等操作。

系统默认的排序方式是按照相关度来排序,检索结果显示格式是题录格式,如图4-8所示,显示文献的题名、作者、文献出处、文献类型等简单信息。在每条记录下面,有

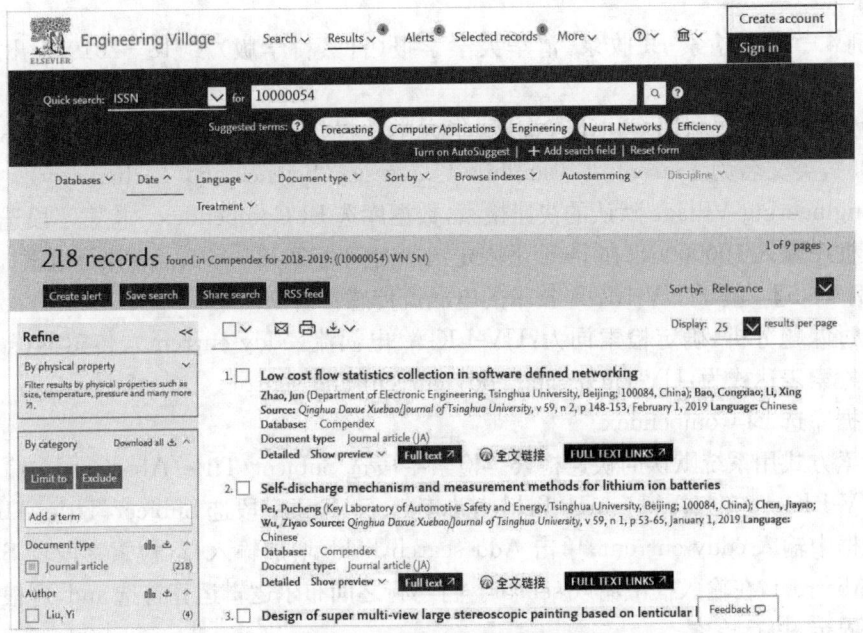

图 4-8 EI 检索结果界面

"Detailed"和"Show preview"两种更详细的文献记录显示格式的链接,单击可以看到文摘等更多的信息。其中,"Detailed"格式最详细,可以看到文献在 EI Compendex 中的全部内容。EI Compendex 本身是一个参考数据库,只提供文献线索,不提供全文。但是,EI Compendex 与一些全文数据库如 IEL、Springer、Elsevier 之间有全文链接,如果检索到的文献也被这些数据库收录,并且用户对这些数据库有权使用,那么,单击记录下方的全文链接"FULL TEXT LINKS",就会看到该条记录的全文。

2. 检索结果精炼

利用结果精炼(Refine results),可对检索结果多个字段进行精炼,如受控词、作者、作者单位、文献类型、来源出版物名称、语种、文献作者国别等,可以保留或删除选择字段的记录。对于选定字段记录,可以用 Excel 格式下载下来,或者以图直观呈现分析结果。通过对检索结果进行分析,实现以下目的:了解你关心的课题所涉及的领域,发现新的研究方向;了解课题所处的生命周期,通过文献计量的年代分析;了解课题的主要期刊,作为文章投稿的选择;通过文献类型了解论文的分布。

3. 检索结果输出

对所需要的记录进行标记后,用户可选择 E-mail(电子邮件)、Print(打印)、Download(下载)等方式输出记录。点击电子邮件图标,将弹出一个电子邮件编辑框,用户可以输入接收信息的 E-mail 邮箱,选中记录被发送到该邮箱。点击打印图标,可以对标记的记录内容进行打印选择,然后进行打印。点击下载图标后,将弹出一对话框,用户在其中选择所希望的下载格式,选中下载格式后,开始下载。

4.2.5 检索实例

【例 4-4】 检索 EI 收录《清华大学学报(自然科学版)》2018—2019 年出版的论文数。

检索步骤:首先利用 CNKI 查询《清华大学学报(自然科学版)》,查得其 ISSN 号为 10000054,英文名为 Journal of Tsinghua University(Science and Technology)。检索方式用 Engineering Village 默认的快速检索,数据库选 EI Compendex。检索字段选 ISSN,在输入框中输入 10000054,在 Date 下限定出版时间为 2018—2019 年,执行检索。

【例 4-5】 基于 UV-LIGA 技术的电涡流传感器研制。

通过课题分析,确定检索词为:UV-LIGA、电涡流(eddy current)、传感器(sensor)。构建的检索表达式为:UV-LIGA and eddy current and sensor。

数据库选 EI Compendex。

检索方式用系统默认的快速检索。检索字段选 Subject/Title/Abstract,在输入框中输入 UV-LIGA;单击 Add search field,增加输入行,检索字段选 Subject/Title/Abstract,在输入框中输入 eddy current;单击 Add search field,增加输入行,检索字段选 Subject/Title/Abstract,在输入框中输入 sensor。行与行之间布尔逻辑运算符选 and,可根据需要做一些限定,执行检索。

也可使用专家检索进行检索,直接在输入框中输入 UV-LIGA and eddy current and sensor wn KY,KY 是检索字段 Subject/Title/Abstract 的代码。

4.3 ScienceDirect 数据库

4.3.1 ScienceDirect 概述

荷兰 Elsevier(爱思唯尔)是一家历史悠久、世界领先、享有盛誉的科学技术和医学文献的商业性学术出版商和信息供应商,公司总部设在荷兰的首都阿姆斯特丹。1997 年,Elsevier 公司推出 ScienceDirect 计划,建立全文数据库 ScienceDirect,1999 年开始向读者提供电子出版物全文的在线服务。2002 年 5 月 Elsevier 成功收购 IDEAL,将包括 Academic Press 等出版商在内的 300 多种全文期刊纳入其系统。ScienceDirect 数据库收录的期刊为同行评审期刊,这些期刊中很多是 SCI、EI 等国际权威检索工具收录的核心期刊。

全球范围内,ScienceDirect 获得了 134 个国家 1 100 多万科研人员的认可。从 2000 年起,ScienceDirect 由中国 CALIS 工程中心组织集团购买。

ScienceDirect 的首页如图 4-9 所示。ScienceDirect 是 Elsevier 公司的核心产品,也是全球著名的、多学科的全文数据库之一。涉及四大学科领域,即自然科学与工程、生命科学、健康科学、社会科学与人文科学。ScienceDirect 直观友好的使用界面,使研究人员可以迅速链接到 Elsevier 出版社丰富的电子资源,包括期刊全文、单行本电子书、参考工具书、手册以及图书系列等。用户可在线访问 24 个学科接近 2 500 多种期刊,39 000 多种图书,查看 1 400 多万篇全文文献。

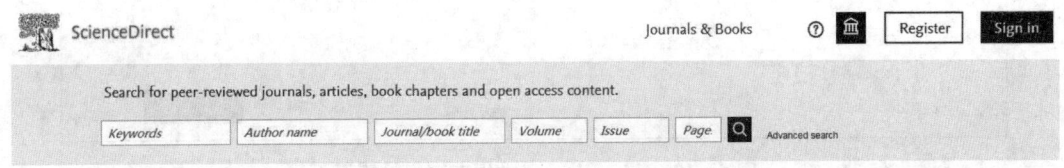

图 4-9 ScienceDirect 数据库首页

ScienceDirect 的网址为:https://www.sciencedirect.com,任何用户均可免费检索获取文摘题录信息,免费获取部分 Open Access 全文。很多 Elsevier 期刊当年的第一期都是免费开放的,作为样刊为作者投稿提供参考。另外,期刊不定期进行宣传,例如某种新刊上市推广时会连续开放一些期次的内容。大部分全文服务只有正式订购用户才可以访问。

4.3.2 检索功能

1. 快速检索

快速检索是 ScienceDirect 默认的检索方式,在数据库首页的上方,如图 4-9 所示。

快速检索可在 Keywords(关键词)、Author name(作者姓名)、Journal/book title(期刊/图书名称)三个选项中的任一字段进行检索,也可以将三个选项进行组配检索,各检索框之间的逻辑关系为逻辑"与"(and)。其中:Keywords 可对数据库中各记录的题名、文摘、关键词字段进行检索;作者输入格式为"名 姓",名与姓之间用一个空格区分,如:Yiwei Wang;Journal/book title 检索还提供 Volume(卷)、Issue(期)、Page(页)的进一步限定条件,使检索结果更为准确。快速检索既可用于检索某主题概念的全文信息,也可用于检索已知的特定全文信息。数据库默认的是字检索,如果要检索一个词组或短语,则必须使用引号。例如,输入"library science",将检索包含这个词组的文献。如果输入的是 library science,则检索包含检索词 library 和 science 的文献,检索词间是逻辑"与"的关系。

2. 高级检索(Advanced Search)

高级检索页面在快速检索的基础上增加了更多的检索条件选项,可以在单一字段、多个字段进行布尔逻辑运算,也可以限定检索的文献类型、时间范围等,使检索结果更加精确。高级检索页面如图 4-10 所示。

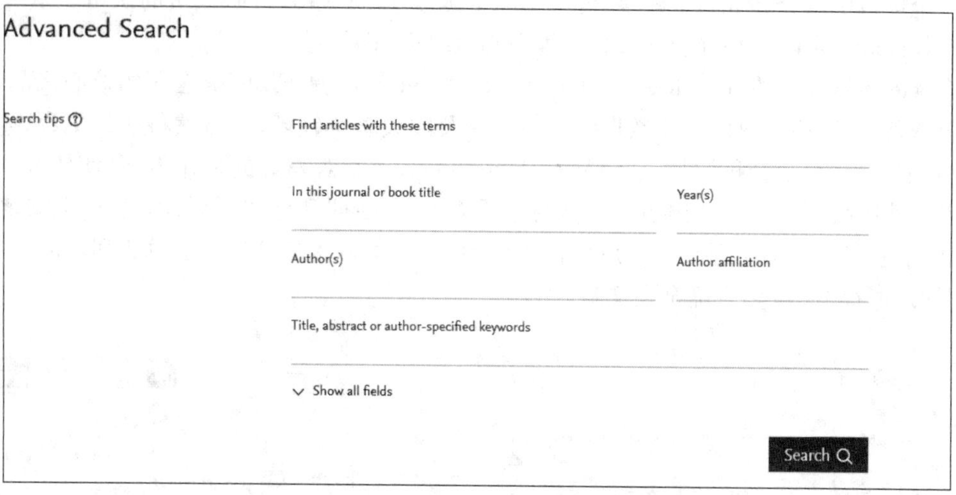

图 4-10 ScienceDirect 数据库高级检索页面

ScienceDirect 的高级检索比快速检索提供了更多的检索字段选项,高级检索的可检索字段见表 4-4。单击"show all fields",可看到高级检索的篇名、卷、期、页等其他检索字段,在检索字段下方,有"Article types"选项,用户可对要检索的文献类型进行限制。系统提供的文献类型限制选项有:Review articles(文献综述)、Research articles(研究性文献)、Encyclopedia(百科全书)、Book chapters(图书章节)、Conference abstracts(会议摘要)、Book reviews(书评)、Case reports(个案报告)、Conference info(会议信息)、Patent reports(专利报告)等多种文献类型。

表 4-4 ScienceDirect 高级检索的检索字段

字段名称	字段说明
Find articles with these terms	除参考文献外的全文检索
In this journal or book title	期刊/图书名称
Year(s)	年代,如 2016 或 2018—2019
Author(s)	作者姓名
Author affiliation	作者单位,如 Harvard
Title, abstract or author-specified keywords	题名、摘要或关键词
Title	篇名
Volume(s)	卷,如 2,1～3
Issue(s)	期
Page(s)	页码,如 85,1～20
DOI, ISSN or ISBN	数字对象唯一标识符,国际标准刊号或国际标准书号
References	参考文献

4.3.3 浏览功能

用户可以通过检索和浏览这两种方式获取 ScienceDirect 中的全文。ScienceDirect 提供了两种浏览方法:按学科主题浏览、按期刊/图书名称字母顺序浏览。

ScienceDirect 包含 4 个学科主题:自然科学与工程、生命科学、健康科学、社会科学与人文科学,在每个学科主题下,列出了 Popular Articles 和 Recent Publications。这 4 个学科主题又细分为 24 个学科类目,每一个学科类目下,再一次进行细分类。在同一类目下,按期刊/图书名称字母顺序排列。

Browse by Publication Title(按期刊/图书名称字母顺序浏览),单击字母列表中的任一字母,就进入以该字母开头的期刊/图书列表。例如单击字母 I,就进入以 I 开头的期刊/图书名称列表,如图 4-11 所示。

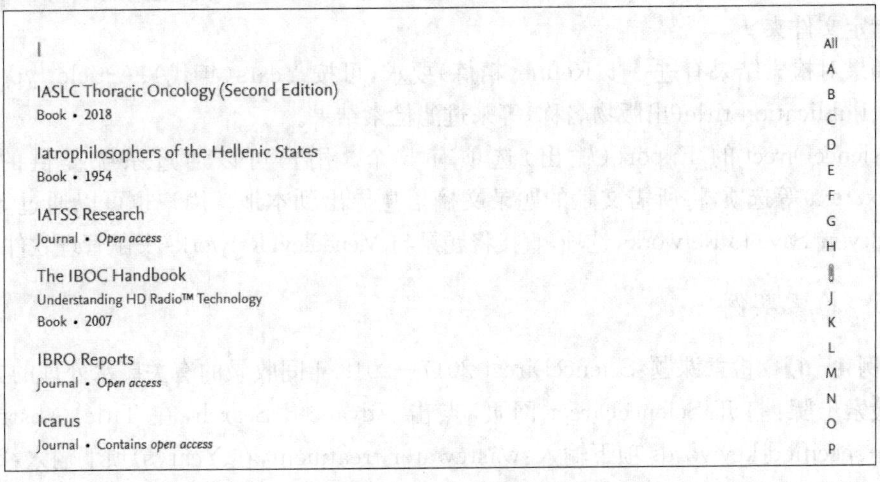

图 4-11 按期刊/图书名称字母顺序浏览

滚动屏幕就可看到 ScienceDirect 中收录的所有以 I 开头的期刊和图书的名称,用户在列表中选择所需期刊或图书。系统提供了 Publication type(出版物类型)、Access type(存取类型)等限制选项,用户如果只想浏览期刊,就只选 Publication type 下的 Journals。在列表中,单击所想浏览的期刊刊名,进入该刊的卷期列表,用户可以逐卷逐期地浏览。

4.3.4 检索结果处理

在检索结果显示页面,可浏览感兴趣记录的文摘和全文,并对检索结果进行标记、保存、打印等操作,ScienceDirect 检索结果页面如图 4-12 所示。

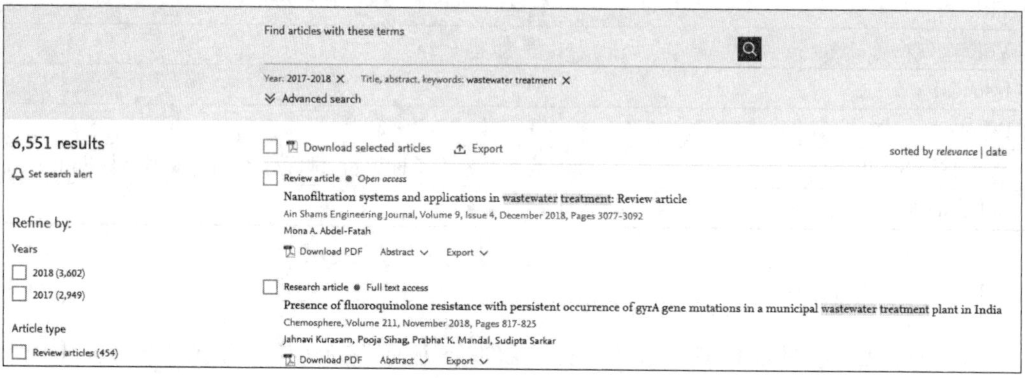

图 4-12 ScienceDirect 检索结果页面

检索结果默认按照 relevance(相关度)来排序,系统还提供按照 date(日期)来排序。

检索结果显示方式是系统默认的题录格式,显示记录的题名、文献出处、作者等信息。单击题名进入文献记录详细显示页面。在记录详细页面,不仅显示该条记录的题名、出处、作者、作者单位,用户还可以阅读文献的摘要以及 HTML 格式的全文,文章页面还提供相关文章、相关参考工具书的链接,化学类文献还提供化学分子结构。在参考文献中凡是具有全文访问权限的文献,都可以通过链接阅读相应的参考文献的全文,为用户获取相关文献带来了极大的方便。也可以单击"PDF"图标,浏览 PDF 格式全文,打印全文或保存到指定文件夹。

如果对检索结果有进一步 Refine(精炼)要求,可按 Years(年代)、Article type(文献类型)、Publication title(出版物名称)等来过滤检索结果。

ScienceDirect 的 Export(输出)选项有 5 个。用户可以通过系统提供的 RIS、BibTex、text 等选项,将所需文献的题录文摘信息导出到本地。用户也可以通过 Save to Mendeley 或 Save to Refworks 选项,直接将题录与 Mendeley、Refworks 文献管理软件对接。

4.3.5 检索实例

【例 4-6】 检索课题:ScienceDirect 2017—2018 年间收录的有关废水处理的文献。

检索步骤:打开 ScienceDirect 网页,点击 Advanced Search,在 Title, abstract or author-specified keywords 项下输入:wastewater treatment,在 Year(s)项下输入:2017—2018,点"Search"执行检索。

4.4 SpringerLink

4.4.1 资源简介

德国施普林格(Springer Verlag)是世界上著名的科技出版集团之一,1842 年在柏林成立,它有着多年发展历史。Springer 以出版学术性出版物而闻名于世,是目前自然科学、工程技术和医学领域全球最大的图书出版社,同时也是第一大学术期刊出版集团。该集团旗下资源通过 SpringerLink 向用户开放,网址为:https://link.springer.com/。

SpringerLink 平台提供 Nature 系列出版物、原 Springer 的出版物、原 Kluwer Academic Publisher 的出版物,文献类型有期刊、图书、丛书、参考工具书等。涵盖学科包括行为科学、工程学、生物医学和生命科学、人文、社科和法律、商业和经济、数学和统计学、化学和材料科学、医学、计算机科学、物理学、天文学、地球和环境科学、计算机职业技术与专业计算机应用、能源等。

4.4.2 数据库检索方法

SpringerLink 是一种将搜索和聚类优化紧密整合的检索平台,SpringerLink 主页分为检索、浏览和内容三个功能区,如图 4-13 所示。

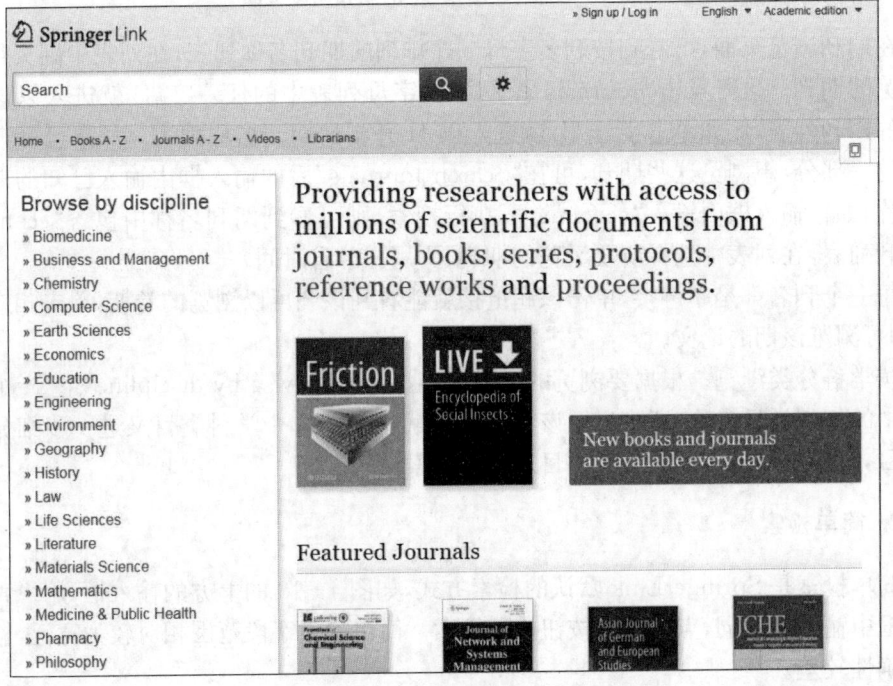

图 4-13 **SpringerLink** 主页

根据个人资料提供的相关内容,在内容区域内会按颜色识别用户类别。橙色代表匿名用户，在该区域中，可以获得所有近期的下载列表。粉色代表可识别用户，在该区域内，可以看到自己所在单位近期的下载列表。

1. 浏览

如图 4-13 所示，SpringerLink 提供按出版物类型和学科分类两种浏览方法，还提供每日特色期刊（Featured Journals）和特色图书（Featured Books）在线可读。

按出版物类型浏览。若要浏览期刊，单击 SpringerLink 主页"Journals"产品类型链接，进入期刊浏览界面，如图 4-14 所示。

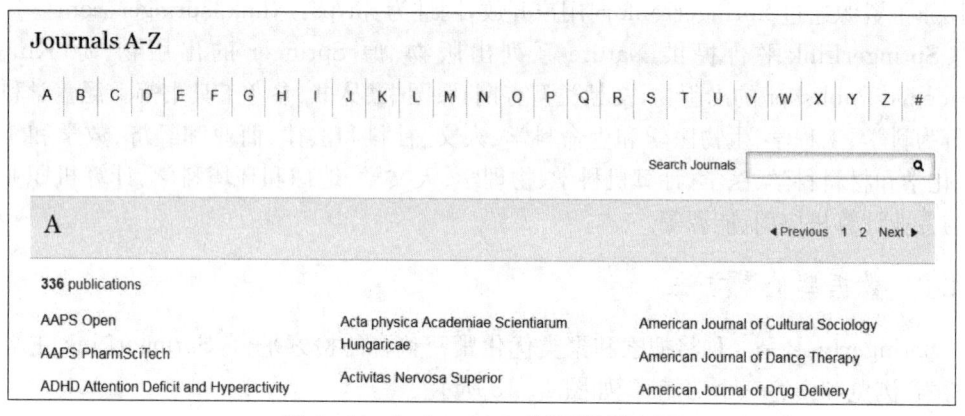

图 4-14　SpringerLink 的期刊浏览页面

在期刊浏览页面，可看到按刊名字母顺序排列的期刊名称列表，在列表中翻页查找所要浏览的期刊。也可点击"Journals A-Z"下的字母列表中的任一字母，就进入以该字母开头的期刊列表，例如单击字母 H，就进入以 H 开头的期刊名称列表。如果已知期刊名称中的一部分，想浏览这些期刊，可在"Search Journals"后的输入框内输入已知的期刊部分名称，如在输入框内输入"economic"，执行搜索，则可看到期刊名称中包含"economic"的期刊列表，在列表中选择所要浏览的期刊，为用户节省时间。

每一个刊名都是超链接，单击该超链接就能看到该刊可以浏览的卷期，单击相应的卷期，即可浏览该期的论文。

按学科分类浏览。根据要浏览的学科内容，单击"Browse by discipline"下 24 个学科类目中的相应类目名称，即可显示该学科的文献列表。24 个学科类目又进一步细分为二级类目，可通过单击相应的二级类目来精炼检索结果。

2. 简单检索

简单检索是 SpringerLink 默认的检索方式，如图 4-13 的上方的输入框，用户直接在输入框中输入检索词，点击搜索按钮执行检索。简单检索字段范围相对较为宽泛，检索结果准确性较差。

3. 高级检索

点击 SpringerLink 主页输入框右侧的齿轮按钮，选择其中的"Advanced Search"，打开高级检索界面,如图 4-15 所示。高级检索页面在简单检索的基础上增加了更多的检索条件选项,可以在多个字段进行布尔逻辑运算检索,也可以限定检索的时间范围,使检索结果更加准确。

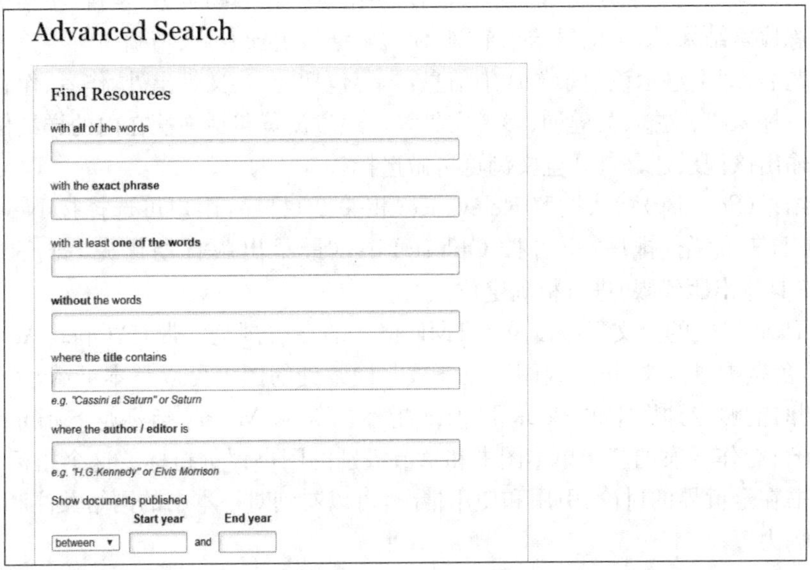

图 4-15　SpringerLink 高级检索界面

SpringerLink 的高级检索不需要使用截词符,同词根的词自动检索。系统支持同字段检索词布尔逻辑运算和不同字段检索项布尔逻辑运算组配检索,支持多个主题的检索项连接或者排除,使检索更加简单、灵活。各输入框内检索词默认布尔逻辑运算关系如下:

① "with all of the words",所有输入的检索词默认为逻辑运算"and",意味着所输入的检索词在检索结果中必须全部出现。

② "with the exact phrase",所有输入的检索词作为短语或词组进行精确检索,输入的检索词中间不能出现其他的词,顺序不能改变。

③ "with at least one of the words",所有输入的检索词默认为逻辑运算"or",意味着任意一个检索词在检索结果出现即可。

④ "without the words",所有输入的检索词在检索结果中一定不要出现,默认为逻辑运算"not"。

不同输入框之间默认为逻辑运算"and"。如果同一输入框中检索词间有多种逻辑运算关系,优先顺序为:not>or>and。

如检索表达式为:plastic bottles OR environment pollution,则系统执行的检索顺序为:plastic AND (bottles OR environment) AND pollution,不符合用户的检索要求。该检索表达式应这样构建:"plastic bottles" OR "environment pollution",才能符合用户的检索要求。

4.4.3 检索结果及其处理

SpringerLink 对检索结果提供结果浏览、标记记录和结果输出等功能。

检索结果默认按题录方式列表显示,用户可继续按出版物类型、学科、子学科、语言等进一步精炼检索结果,缩小检索结果范围,使检索结果更加专业、精确。

单击题名,即可显示该记录的详细信息,内容包括题名、文献出处、作者、作者单位、数字对象唯一标识符、文摘、关键词、参考文献等。通过浏览包括文摘在内的详细信息,再决定是直接输出该记录还是打开全文浏览再做选择。

检索结果(Sort By)默认按照 Relevance(相关度)排序,用户可选择按 Newest First(最新出版日期优先)排序,也可按 Oldest First(最早出版日期优先)排序或对 Date Published(具体出版年限)进行精确定位。

提供 PDF 格式的全文下载以及 HTML 格式的在线浏览。带有"Open Access"图标的,表示是免费提供全文,可在线阅读或下载。检索到的图书可以整本下载,也可以单章节下载,同时能够看到图书的 Book Metrix 指标。Book Metrix 指标是 Springer 出版社与 Altmetric 合作开发的基于单本图书和章节级别的图书评价指标。这个指标可以帮助了解一本书在全世界的讨论、引用和使用情况,可以看到对一本书的网络关注和该书的国际学术影响力等。

4.4.4 SpringerLink 的个性化服务

用户通过注册后可以创建 E-mail 服务、SpringerAlert 通知服务等个性化服务功能。

E-mail 服务可进行期刊目录、丛书目录、新书等通知设置,SpringerLink 将根据用户设置定期将上述最新信息自动发送至用户指定的邮箱。此外,用户还会收到有关特殊优惠的信息,例如:SpringerLink 在线期刊的免费试用、会议补贴和更多其他的优惠信息。

SpringerAlert 通知服务是一项方便且可自行设定的免费通知服务,用户可根据作者、主题、关键词或出版标准来设置出版物通知服务。

4.4.5 检索实例

【例 4-7】 检索课题:查找 2017—2018 年有关"人工智能在医学领域的应用"方面的期刊论文。

点击 SpringerLink 主页输入框右侧的齿轮按钮,选择其中的"Advanced Search",打开高级检索界面。在"where the title contains"项下输入检索词"artificial intelligence","Start year"为 2017,"End year"为 2018,点击"Search"按钮执行检索。检索结果出来后,再使用界面左侧的"Refine Your Search"精炼检索结果,点击"Content Type"下的"Article",再选择"Discipline"下的"Medicine & Public Health",就能获得所需的检索结果。还可考虑用"artificial intelligence"的上位词"robotics"(机器人技术)作为检索词进行检索,以便获得更多的检索记录。

4.5 EBSCO 系列数据库

4.5.1 资源简介

美国 EBSCO 公司成立于 1944 年,总部设在亚拉巴马州的伯明翰,是一家从事多元化产业经营的跨国公司。EBSCO Publishing 是 EBSCO 公司的一个业务部,全面负责文献信息相关产品和服务。EBSCO Publishing 在 1994 年推出了网上资料库检索系统——EBSCOhost,目前 EBSCOhost 有 100 多个数据库,其中全文数据库有 10 余个。Academic Search Ultimate(综合学科学术文献大全)和 Business Source Ultimate(商管财经学术文献大全)是 EBSCOhost 所拥有的 100 多个数据库中最重要、使用最广泛的两个全文数据库。

Academic Search Ultimate(ASU),是世界上最有价值、最全面的学术型多学科全文数据库。这个数据库几乎覆盖了所有的学术研究领域,包括:社会科学、人文科学、教育学、计算机科学、工程学、物理学、化学、语言学、艺术、文学、医学、种族研究等。它专为研究机构设计,可提供丰富的学术全文资源,其优越性在于它所提供的许多文献是无法在其他数据库中获得的。ASU 全文收录了超过 8 500 期刊,包括 7 300 多种同行评审期刊。此外,该数据库还提供了超过 12 500 期刊和总计超过 13 200 种包括专题论文、报告、会议记录等在内的出版物的索引和摘要,可回溯到 1887 年至今的 PDF 文件(绝大部分全文标题都采用原生可搜索 PDF 格式),以及 1 400 多种期刊的可搜索参考文献。

Business Source Ultimate,简称 BSU,是世界上最大的全文商业数据库,学科领域涵盖管理、市场、经济、金融、会计、国际贸易等。BSU 收录了 3 700 多种期刊全文,有 500 多种全文期刊同时被收录于 Web of Science,还包括 800 多种图书、超过 115 万份的企业背景咨询、1 200 多份国家经济报告、8 000 多份行业报告、1 万多份全球知名企业高层管理人员及财经分析家的访谈录、2 500 多份市场研究报告、4 200 多份 SWOT 分析等。BSU 收录了世界上最著名的商业类期刊,特别是在管理学和市场学方面,如 Harvard Business Review, Quarterly Journal of Economics, California Management Review 等。

除此之外,EBSCOhost 还有其他一些常用数据库。

ERIC(教育资源信息中心),是美国教育部的教育资源信息中心数据库,收录自 1966 年以来 2 400 多种教育及和教育相关期刊文献的题录和文摘,提供 1 200 多种教育期刊的全文,550 余种书籍和专著全文,众多与教育相关的会议论文全文。

MEDLINE(生物医学文献数据库),由美国国家医学图书馆创建,是当今世界上最大也是最权威的生物医学文献数据库,提供有关医学、护理、牙科、兽医、医疗保健制度、临床科学及其他方面的权威医学信息。采用了包含树、树层次结构、副标题及展开功能的 MeSH(医学主题词表)索引方法,用户可检索 5 400 多种流行生物医学期刊中的引文。

Newspaper Source(报纸资源数据库),收录 40 多种美国和国际报纸以及精选的 389 种美国地区性报纸全文,包括《今日美国报》《华盛顿邮报》《华盛顿时报》等。此外,还提供电视和广播新闻脚本,内容来自 CBS 新闻、CNN、福克斯新闻、NPR 等。

Regional Business News(地区商业新闻数据库),该数据库提供综合型地区商务出版物的全文信息,将美国所有城市和乡村地区的 80 多种商业期刊、报纸和新闻专线合并在一起,数据每日更新。

除上述主要数据库之外,EBSCOhost 还提供了以下 5 个免费数据库。

Teacher Reference Center(教师参考中心),提供了 280 多种最流行教师和管理人期刊和杂志的索引和摘要,用以协助专业教育工作者。网址:http://www.TeacherReference.com。

Library, Information Science & Technology Abstracts(图书馆、信息科学与技术文摘数据库),收录范围包含 560 多种核心期刊,近 50 种领先期刊和近 125 种精选期刊,以及书籍、研究报告和学报编入索引。主题涵盖图书馆管理、分类、编目、文献计量学、网络信息检索、信息管理等。此数据库还包括 300 多种期刊论文全文,收录的内容最早可追溯到 20 世纪 60 年代中期。网址:http://www.libraryresearch.com。

GreenFILE(环境数据库),提供人类对环境所产生的各方面影响的深入研究信息。主题涵盖全球变暖、绿色建筑、污染、可持续农业、再生能源、资源回收等。本数据库提供近 384 000 条记录的索引与摘要,以及 4 700 多条记录的 Open Access 全文。网址:http://www.greeninfoonline.com。

European Views of the Americas:1493 to 1750,这个新的书目数据库对图书馆员、学者以及爱好与美国相关的欧洲作品的个人而言,是十分珍贵的索引工具。是 EBSCO 出版社与 John Carter Brown Library 通力合作,在受到全世界学者推崇的权威数据库 "European Americana: A Chronological Guide to Works Printed In Europe Relating to The Americas, 1493-1750"的基础上,编制了这个新的数据库。该数据库收录超过 32 000 个条目,内容包含 1493 年至 1750 年按年代编写的欧洲创作的有关美国的文献,对欧洲发表的有关美国作品感兴趣的读者提供了全面指南。网址:http://www.europeanamericana.com。

OpenDissertations,是一个开放访问的数据库,旨在帮助研究人员查找历史和当代的专题论文和学术论文,整合了 EBSCO 先前发布的 American Doctoral Dissertations,收录了世界各地优选的大学院校提供的专题论文元数据。该数据库可以为研究人员提供从 20 世纪初至今的研究生研究成果的引证,并通过定期更新以及与研究生学位授予机构建立新的合作关系获得持续发展。网址:http://www.opendissertations.com。

4.5.2 数据库检索方法

用户可以通过单击所在的图书馆主页上的相关链接进入 EBSCOhost,也可以直接在浏览器的地址栏中输入 EBSCOhost 的网址:http://search.ebscohost.com/。

进入 EBSCOhost 的检索界面后,系统默认是在所有数据库中检索。用户应根据检索需求,选择合适的数据库进行检索,可单选或多选。如果在某一个数据库中进行检索,可直接单击该数据库名称。EBSCOhost 在使用时,虽然可进行跨库检索,但同时对多个数据库进行检索,可能会影响某些检索功能或数据库的使用。如:如果所选的数据库使用了不同的主题词表,就无法使用主题检索功能。

图 4‐16 EBSCOhost 的首选项页面

单击"首选项"(Preferences)工具按钮,打开"首选项"设定页面,如图 4‐16 所示。在此页面中,用户设定自己的使用偏好(Preferences),可以选择自己熟悉的语种进行检索,如可选"语言"中的"简体中文";还可以根据自己的需求设置检索结果清单中每页显示的文章数及文章信息的详尽程度等;检索结果的打印、电子邮件、保存导出格式等。

1. 基本检索

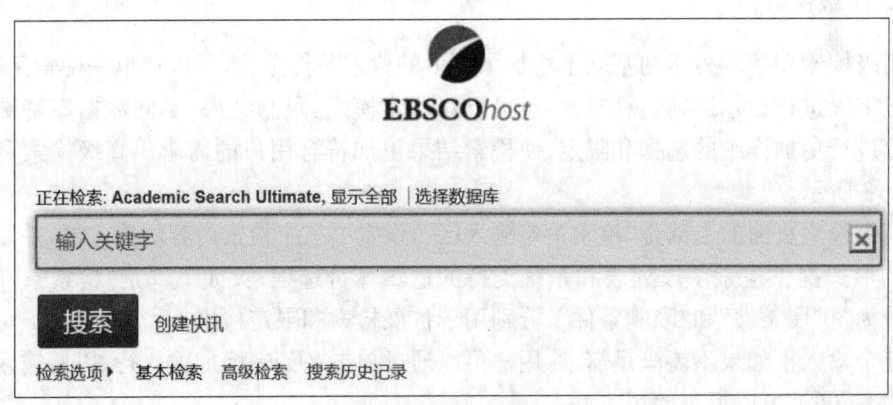

图 4‐17 EBSCOhost 的基本检索界面

基本检索是 EBSCOhost 默认的检索方式,只设置一个输入框,用户可将编辑好的检索表达式直接输入。在进行基本检索时,用户可以使用字段代码来限定检索字段,EBSCOhost 检索系统中最常使用的检索字段及其代码如表 4‐5 所示。检索时的输入格式为"字段代码 检索词",即先输入字段代码,然后输入检索词,如"TI information management"。作者的输入格式特别规定为"姓,名"格式,如"AU Wiley, Ralph"。如检索时不限定检索字段,基本检索的结果是在所有可检字段中检索,即执行全文检索。

表 4-5　EBSCOhost 常用检索字段及其说明

字段名称	字段代码	使用说明
All text	TX	在全文中检索
Author	AU	检索作者
Title	TI	在文献题名中检索
Subject	SU	主题词检索
Source	SO	出版物名称检索
ISSN	IS	国际标准刊号检索
ISBN	IB	国际标准书号检索

在基本检索和高级检索中,都可以使用以下检索技术:

① 使用布尔逻辑运算符 AND、OR、NOT 等,来规定检索词之间的逻辑关系。

② 截词符。"*"代表截断一串字符,"?"只能代替一个字符。

③ 位置算符。W, N,表示两个检索词之间的位置邻近关系。"N"表示两词相邻,顺序可以颠倒,例如"information N retrieval"的检索结果同时包括 information retrieval 和 retrieval information。"W"表示两词相邻,但顺序不能改变。N 和 W 都可以用数字表示两词中间相隔的单词的最多数量。

④ 优先运算符。当一个检索表达式中既含有 AND 又含有 OR 算符时,必须用优先级算符()来指定运算顺序,括号内的表达式优先检索。

2. 高级检索

高级检索在基本检索的基础上增加了更多的检索条件选项,可以在单一检索字段、多个检索字段进行布尔逻辑运算检索,也可以对检索模式、限制结果、不同数据库特殊限制条件等进行更加详细的选择和限定,使检索结果更加符合用户的需求。高级检索页面如图 4-18 所示。

高级检索页面的上部是"检索策略输入区",设置了三个检索内容的输入框,并以下拉菜单的形式提供检索字段列表和系统支持的逻辑算符选项;页面下部是"检索条件设定区",分为"扩展条件"和"限制条件",分别用于扩展检索和限定检索。

三个输入框如果不能满足需求,用户可以通过单击"⊕"来增加输入行,以便输入多个检索内容,"⊕"可以反复使用。

与基本检索不同的是,高级检索对需要用户选择的检索字段和布尔逻辑算符均采用下拉菜单将其列举出来,使用起来更加方便。

在高级检索方式下,系统给已使用过的检索式自动编上序号并保存在"Search History"(检索历史)里。再次检索时可以在输入框中直接输入序号,也可以在检索历史记录窗口中选择序号。调用检索历史记录进行检索时,检索字段只能选择"选择一个字段(可选)"。例如:

检索式一:S1 TI environmental control

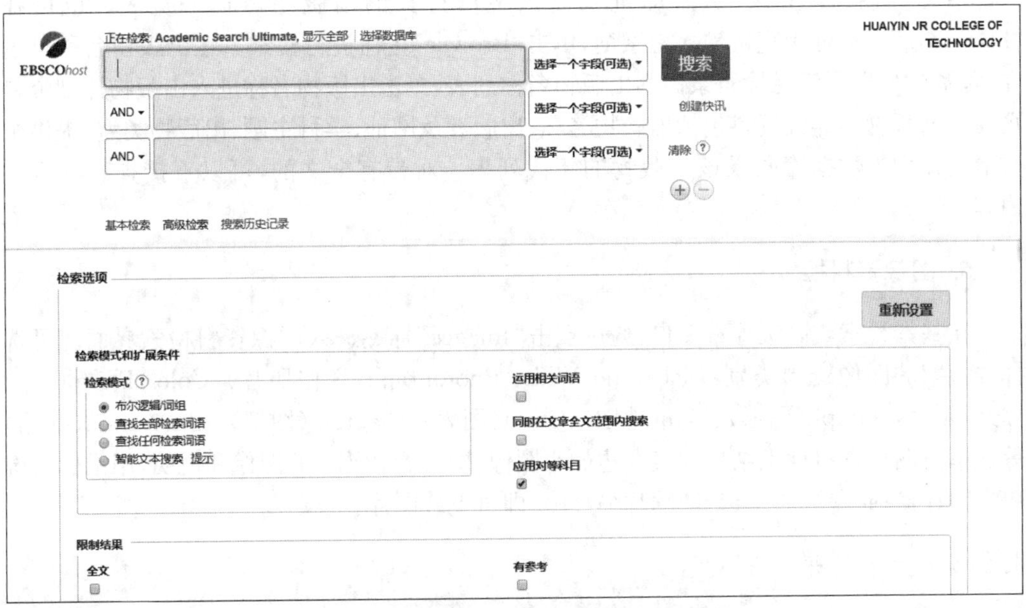

图 4-18 EBSCOhost 的高级检索界面

检索式二：S2 S1 and china

在高级检索中，先输入"environmental control"，检索字段选"TI"，该检索表达式被保存在检索历史记录中，用 S1 表示该检索表达式。想检索有关中国环境控制方面的文献，就可以直接调用第一个检索表达式，即在输入框中直接输入"S1 and china"。

根据需要在检索条件设定区内勾选相应的选项，可在按检索式检索的基础上进一步扩展或限制检索的范围。

3. 主题词检索（Subject Terms）

在高级检索方式下，可在输入框内直接输入自拟的主题词，检索字段选择"SU"，就可以进行主题词检索。

或者鼠标点击工具栏中的"Subject Terms"标签，进入主题词检索界面。系统提供的主题词表按主题词字母顺序排列，可翻页浏览，也可逐级展开，查看需要规范化的主题词。或者先在"Browsing"浏览框中输入自拟的主题词，单击"Browse"按钮，在系统列出的有关主题词中进行选择，在所选主题词前的方框内做标记，也可选择逻辑组配，单击"Add"按钮，所选的主题词和逻辑运算符出现在检索按钮前的输入框内，单击检索按钮就可以根据所选的规范化的主题词进行检索了。利用词表中给出的规范化的主题词，而不是用自拟的主题词进行检索，能提高检索效率，检索结果的相关性更大。

4. 出版物检索（Publications）

通过工具栏中的"Publications"标签进入出版物检索界面，该界面下系统列出了按字母顺序排列的出版物名称一览表，可翻页浏览，查看需要的出版物。如果已知出版物名称的首字母，直接单击该字母，即进入以该字母打头的出版物名称一览表。也可在"Browsing"浏览框中直接输入检索词，单击"Browse"按钮进行检索。在出版物名称显示界面，系统列出了满足检索条件的出版物名称列表，单击出版物名称进入出版物详细资料页面。出版物的详细资料包括出版物名称、出版者及网址、学科主题、出版物类型、提供全文情况并列出数据库收录该出版物的年代列表。对带有全文的，可以直接查看其全文内容。

5. 图像资料检索

在基本检索或高级检索窗口，通过点击"Images"标签进入图像资料检索界面。可选择要检索的图像资料类别：Black and White Photograph（黑白照片）、Color Photograph（彩色照片）、Graph（图形）、Map（地图）、Chart（图表）、Diagram（图解）、Illustration（插图）等。单击图像资料检索结果列表左边的小图像，即可看到放大的图像和说明，用鼠标右键单击图片，在菜单列表中选择"图片另存为"即可下载图片。

4.5.3 检索结果及其处理

在检索结果界面，系统列出了参加检索的数据库名称、检索条件、满足检索条件的命中记录总数、当前显示记录数、页面快速定位、排序方式设置以及命中记录的题录列表。题录列表包括题名、作者、来源等信息。单击工具栏中的"Preferences"（首选项），根据说明，用户可以按需要设定检索结果显示的详简程度。检索结果可按出版时间、来源、作者、相关度排序，系统默认按时间排序。单击检索结果题录列表中的题名，显示该记录的详细信息。

如果对检索结果有进一步筛选需求（Refine Results），可在"Limit to"下按"全文""有参考""学术同行评审期刊""出版日期"对检索结果再次过滤，也可在"Source Types"下按"学术期刊""杂志""图书评论""图书"对检索结果进行精炼。其他的过滤选项还有Subject（主题）、Publication（出版物）、Publisher（出版者）、Language（语言）等。

需要标记记录时，单击显示文献后面的带有加号的文件夹图标，添加该篇文献记录到工具栏中的"Folder"（文件夹）中，单击"Folder"可看到标记过的所有记录。

EBSCOhost提供两种全文输出格式：PDF格式的图像文件和HTML格式的文本文件。用户可根据需要对检索结果进行打印、电子邮件发送、另存为文件等输出操作。

4.5.4 个性化服务

用户在使用EBSCOhost的个性化服务前应先申请注册，获得一个属于个人的用户名和密码，即个人账户，其过程类似于申请电子邮箱。

检索式可保存在个人账户中，用户在下次登录EBSCOhost时，可以利用保存在个人账户中的检索历史重新进行检索。还可以设定定题服务、期刊通告等，按照预设的检索式或期刊名称，定期将检索到的最新文章或新出版的期刊目录发送到用户指定的电子邮箱，用户即可阅读相关文章的索引、摘要或全文。

4.5.5 检索实例

【例 4-8】 检索课题：查找 2012—2018 有关"大气污染控制"方面的学术期刊论文。

分析课题，选择检索词。确定的检索词为：大气污染——air pollution，控制——control*。

构建检索表达式如下：

TI "air pollution" and TI control*，限制结果选项下的"学术（同行评审）期刊"选中。限制结果选项下的出版日期限定为 2012—2018。

根据要查找的内容，选择 EBSCOhost 的 ASU、GreenFILE 等数据库进行检索，检索方式选高级检索。

【例 4-9】 检索课题：查找有关"大学生思想政治教育"方面的文献。

分析课题，选择检索词。确定的检索词为：大学生——university students，思想政治教育——ideological and political education。

构建检索表达式如下：

TI "university students" AND TI "ideological and political education"。

检索方式选高级检索。

本章思考题

1. Web of Science 核心合集包含哪些数据库？
2. 在 EI 数据库可以检索到的文献类型有哪些？
3. 如果你的专业是金融工程，那么你会选择哪些外文电子图书数据库的资源进行学习？
4. 利用 Web of Science 的分析功能，你能找出土壤分析与改良领域的著名学者有哪些？
5. 利用 EBSCOhost 检索课题：① 检索课题名称：自拟一个与自己专业有关的课题或关心的其他课题；② 从课题题目中分析出主题概念，并给出几个中文检索词；③ 与中文检索词对应的英文检索词；④ 简述检索过程：说明使用的检索途径、检索词及逻辑算符；⑤ 列举检索结果；⑥ 摘录几条符合检索课题要求的文献记录。

第 5 章　网络信息资源检索

扫码可见第 5 章微课

Internet 拥有极为丰富的信息资源,号称是世界上最大的信息超级市场。网络信息资源的快速发展极大地丰富和拓宽了人们交流与获取信息的方式与途径,然而,由于网络信息资源浩如烟海,又具有动态性、分布性、多元性和无序性等特点,网络上存在大量重复的表层信息,给人们查询和检索网络信息带来了困难,也对网络信息资源的有效利用提出了新的要求和挑战。

5.1　网络信息资源概述

5.1.1　网络信息资源的含义和类型

1. 网络信息资源的含义

随着互联网的快速发展,信息资源网络化成为时代潮流。与传统的信息资源相比,网络信息资源在数量、结构、分布和传播范围、传递手段、载体形态等方面都显示出新的特点。这些新的特点赋予了网络信息资源新的内涵。

网络信息资源也称虚拟信息资源,它是以数字化形式记录,以多媒体形式表达,存储在网络计算机磁介质、光介质以及各类通信介质上的,并通过计算机网络通信方式进行传递的信息内容的集合。简而言之,网络信息资源就是通过计算机网络可以利用的各种信息资源的总和。目前网络信息资源以互联网信息资源为主,同时也包括其他没有接入互联网的专用网络信息资源和内部网络信息资源。

2. 网络信息资源的类型

网络信息资源多种多样,可按不同的标准划分不同的类型。下面主要介绍按信息来源、信息内容、网络传输协议来划分的类型。

(1) 按信息来源划分

网络信息资源可分为政府信息资源、公共信息资源、商用信息资源等类型。

① 政府信息资源。即各国政府在 Internet 上发布有关该国政府的各种公开信息,主要包括各种新闻、政策法规文件、政府档案、政府部门介绍、政府成就、统计信息等,目的是进行国家与政府的形象展示。政府信息资源的获取主要通过政府门户网站和部分公益部门的研究报告。如,美国法律相关信息主要集中在美国司法部(DOJ)的网站,信息政策与

法规资料主要集中在白宫预算与管理办公室(OMB)。

② 公共信息资源。即为社会公共服务的机构所拥有的信息资源,它主要包括公共图书、新闻出版、科技信息、文化共享、地理、海洋、环境保护、气象、食品卫生、科学数据以及广播电视信息资源等。公共信息资源大部分由政府资助的研究机构发布,具有公益特征,可以免费获取。如瑞典 Lund 大学图书馆开放存取期刊列表(DOAJ, www.doaj.org)、中国的文化共享网络等。此外,一些私营企业也会参与公共信息的收集和制作,一些公共机构则会参与数据资源的经营,形成电子出版物市场。用户通过付费购买的方式能够获得质量较好、资源集中的信息资源,目前高校图书馆使用的学术信息资源大部分都是这类信息资源。

③ 商用信息资源。即商情咨询机构或商业性公司为生产经营者或消费者提供的有偿或无偿的商用信息,包括产品、商情、咨询等类型的信息。这类信息资源大部分对特定的目标用户开放,时效性比较强,分析性资源居多,需要付费购买。商业类门户网站信息也比较丰富,但是时效性不如付费网站,评论性资源居多,但可以免费获取。如易观网络和海脉科技对网络经济的分析报告,我国大型的专业门户网站还有赛迪网(www.ccidnet.com)、硅谷动力网(www.enet.com.cn)等。

(2) 按信息内容划分

网络信息资源可分为:网络资源指南和搜索引擎、联机馆藏目录、网络数据库、电子出版物、网上参考工具书、其他网络信息(新闻、政策、会议等信息,娱乐、培训、软件、电子邮件等)等类型。

① 网络资源指南和搜索引擎。网络资源指南类似于传统的文献检索工具——书目,是按主题的等级排列主题类目索引,用户通过逐层浏览类别目录、逐步细化的方式来寻找合适的类别直至具体的资源。网络搜索引擎强调检索功能,允许用户在索引中查找词语或词语组合。顶级搜索引擎的索引列表涵盖数亿个网页,每天响应数千万次查询,是专用的 WWW 服务器。

② 联机馆藏目录。许多机构将自己的馆藏书目信息、期刊联合目录信息、馆藏数字资源信息放在网上,供用户了解馆藏资源,包括各类图书馆和信息机构提供的公共联机检索(OPAC)馆藏书目、地区或行业的图书馆的联合目录等。全国高等教育文献保障系统(CALIS)提供多所高校的馆藏书目、期刊和学位论文联合查询。用户只要通过图书馆的 URL 就可以查询该馆的图书馆馆藏,不受时间和地点的限制。

③ 网络数据库。网络数据库是在网络上创建、运行的数据库,是数据与资源共享技术结合的产物。网络数据库所存储的信息都是经过人工严格筛选、整理和组织的具有较高学术价值、科研价值的信息资源。许多著名的国际联机数据库检索系统(如 Dialog、OCLC)都开设了与互联网的接口,用户可以通过远程登录或以 WWW 方式进行付费检索。有许多从事传统信息服务的机构开发了网络数据库,如 EBSCO 公司的 ASP、BSP 等数据库、ISI 公司的 Web of Science、万方数据资源系统、CNKI 等,这些网络数据库都是由专门的信息机构或公司来制作维护。

④ 电子出版物。电子出版物是以数字代码形式将文字、图像、声音、视频等信息存储在磁、光、电介质上,通过互联网传播,并通过计算机或相关设备阅读的出版物,包括电子

图书、电子期刊和电子报纸等。现有的电子出版物有的是传统纸本文献的电子版本,有的是完全以数字化形式编辑、制作、出版和发布,并以网络化形式发行。

⑤ 网上参考工具书。Internet 上有数目众多的指南、名录、手册、索引等传统的和现代的参考工具书。这些网络版参考工具书使用起来非常方便,用户只需要输入待查的词或词组就可以找到相关的定义和使用方法。

⑥ 其他网络信息。网络的开放性和交互性使得网上有很多动态性很强的信息,如网上新闻、政府机构发布的信息、政策法规、BBS、会议消息、研究成果等。网上还有大量的电子邮件以及娱乐游戏、教育培训、应用软件等信息,这些信息非常丰富,而且大多免费提供使用。

(3) 按网络传输协议划分

网络信息资源可分为 WWW 信息资源、Telnet 信息资源、FTP 信息资源、Gopher 信息资源等类型。

① WWW 信息资源。WWW(World Wide Web,3 W 或 Web)信息资源基于超文本传输协议 HTTP(Hyper Text Transfer Protocol),建立在超文本、超媒体等技术基础之上,集文本、图形、图像、声音于一体,以直观的用户界面展现和提供信息的网络资源形式。

② Telnet 信息资源。Telnet 信息资源是在远程登录协议 Telnet(Telecommunication Network Protocol)的支持下可以访问共享的远程计算机中的资源。使用 Telnet,用户可以与全世界许多信息中心、图书馆及其他信息资源机构互联。

③ FTP 信息资源。FTP 信息资源是指利用文件传输协议 FTP(File Transfer Protocol)可以获取的信息资源。FTP 可以实现不同操作系统的本地计算机和远程计算机之间的文件传送,不仅允许从远程计算机上获取、下载文件,也可以将文件从本地计算机上传至远程服务器上。

④ Gopher 信息资源。Gopher 是一种基于菜单的网络服务,它为用户提供了丰富的信息。其全部操作是在一级菜单的指引下,用户在菜单中选择项目和浏览相关内容,即可完成对 Internet 上远程联机信息系统的访问。

5.1.2 网络信息检索的发展

计算机网络技术的不断进步和信息的爆炸式增长,形成了浩如烟海的数字化、多媒体、跨时空、跨行业、跨语种、非规范的信息资源。海量的数字信息与人们获取信息之间产生的矛盾越来越突出,网络信息资源检索技术的软、硬件环境也相应有了很大程度的改善,促使网络信息资源检索方法不断改进和完善,并进一步促进了网络信息资源检索技术和检索方式的发展。

互联网上涌现了许多检索工具,为查询信息提供了诸多途径。较为典型的传统信息查询工具有 Gopher、Archie、WAIS 等,它们分别可以查询 Gopher 资源、FTP 资源和 WAIS 资源。而目前发展最为迅速、最受人们欢迎的信息检索工具是 WWW 检索工具。WWW 信息检索工具主要分为两类:主题指南和搜索引擎,其检索技术和检索功能呈现出智能化、可视化、多样化的发展趋势。具体表现为:

(1) 智能化

智能化是网络信息资源检索主要的发展方向。智能检索是基于自然语言的检索形式,计算机根据用户所提供的以自然语言表述的检索要求进行分析,形成检索策略进行检索。用户需要做的仅仅是告诉计算机想要做什么,至于怎样实现则无需人工干预,这意味着用户将彻底从繁琐的检索操作和规则中解脱出来。近年来,智能信息检索作为人工智能的一个独立研究分支得到了迅速发展,智能搜索引擎、智能浏览器、智能代理、知识共享智能体等人工智能信息检索产品不断涌现,为网络信息资源检索智能化程度的提高创造了有利的条件。

(2) 可视化

用图像取代文字的优点在于图像的表达方式生动、形象、准确,能从多角度揭示信息资源。可视化检索技术就是让用户在检索某一物品(如设备、零件、图纸)时,可以预览检索到的物品。当用户打开预览功能时,就可以把有关该物品的图像数据输送到预览窗口中。可视化检索不仅带来了极大的便利,也为浏览海量的数据带来了方便。

(3) 简单化

网络信息资源检索的简单化是指网上检索操作系统的用户友好性将不断增强,网上数据的自动标引、自动文摘、自动跟踪、自动漫游、自动链接和机器翻译、数据挖掘、信息推送等技术逐步发展与完善。用户的信息检索更加"傻瓜化",用户只需专注于感兴趣的信息内容而不必关心网络检索的操作,用户获取信息的过程将简单到只需打开自己的电子邮箱查看和选择。

(4) 多样化

多样化首先表现在网上可以检索的信息形态呈现多样化,即除了文本信息外,以多媒体形态出现的信息资源将变得非常普遍。

多样化的第二个表现是网络检索工具向多国化、多语种化方向发展。随着互联网技术的迅速发展,世界各地上网人数不断增多,英语已无法满足所有用户的需要,语言障碍越来越明显。许多搜索引擎正在增加多语种检索系统以减少语言不同所带来的检索障碍。例如雅虎搜索引擎提供了英、中、日、韩、法、德、意、西班牙、丹麦等 12 种语言版本,可以实现目录、网址及全文检索功能。

多样化的第三个表现是网上检索工具的服务多元化。网上检索工具已不仅仅是单纯地用于信息检索,其正在向其他服务范围扩展,面向大众提供诸如:新闻报道、网站评论、股票点评、各种黄页(如电话号码、航班和列车时刻表、地图等)、免费电子信箱等信息,能够全方位、多层次地为用户服务。

(5) 个性化

个性化是指各网站注重信息内容的特色化和服务的个性化。随着互联网的快速发展和不断普及,每个人的不同信息需求将日益凸显。因此,网络检索的个性化服务功能将得到强化,不断发展的个性化信息代理技术将具有分辨和满足不同用户不同检索需求的功能,可以智能化地理解用户的兴趣和检索风格,主动为用户提供满足自身独特需要的信息资源,使用户在进行信息检索时有一种自我存在的惬意感觉。

信息推送技术(Push)和用户建模是指网络公司用一定的技术标准或协议搜集网络信息,分析用户的个性化需求,通过固定的频道,针对不同类型用户的个性化需求,向用户主动发送信息的新型信息传播系统。与传统的信息服务相比,其最大特点是变被动地等待用户提出请求为有目的、主动地推荐信息,提供信息的主动性增强,用户只需打开计算机网络,就会收到其感兴趣的信息资源。

(6) 本地化

随着上网用户数量的不断增加,网络信道越来越拥挤,远程终端上网速度越来越慢。为解决这一问题,许多网络信息检索系统公司使检索服务本地化,增加服务器分流用户,提高上网查询速度。Yahoo!、HotBot、Lycos、Excite 和 WebCrawler 等搜索引擎都在世界各地设立了分支机构。

(7) 商业化

网络检索系统拥有全世界数量众多的用户,吸引了大量的广告,为电子信息的增值服务提供了广阔的空间。在这里汇集了最新的思想、最先进的技术和最大的潜在市场。网络检索系统已成为新的投资热点。网络检索系统不再仅仅是一种检索工具,而且成为一项产业,它的商业利益成为推动系统完善和扩展的主要动力。

总之,随着计算机通信、网络、多媒体技术、人工智能、认知科学等技术的快速发展,网络检索工具将更加完善,网络信息资源检索将逐渐适应人脑的思维方式,实现高效、智能、快速、灵活地检索信息,最后达到随心所欲地查找和获取所需信息资源的水平。

5.1.3 网络信息检索的特点

网络信息检索是指人们通过网络检索软件,借助相关终端设备,在网络上获取信息资源的过程。通常情况下,进行网络信息检索时会根据用户所提供的查询要求,利用相应检索工具从网络信息数据库中搜索与用户需求相匹配的信息资料。网络信息资源检索是最能够体现互联网特色的新型信息检索方式,也是目前网络环境下最重要的信息服务方式。与传统的信息检索相比网络信息检索有如下特点:

(1) 交互式作业方式

网络信息资源检索工具具有交互式作业的特点,能够从用户请求中获取指令,即时响应用户的要求,执行相应的操作,并具有良好的信息反馈功能。用户能够在检索过程中及时调整检索策略以获得更好的检索效果,并能就所遇到的问题获得联机帮助与指导,因此具有良好的信息反馈功能和瞬间反应功能。

(2) 用户透明度

网络信息检索对用户屏蔽了各种网络系统之间的物理差异,使用户在使用这些服务时感受到明显的系统透明度。这里所指的物理差异包括主机的硬件平台、操作系统等软硬件上的差异、客户程序和服务程序版本上的差异、主机的地理位置、信息的存储方式甚至通信协议的差别(如 WWW 客户程序可以通过多种协议使用各种不同的信息资源)等。这一特点对网络环境下的信息检索来说是十分关键的。

(3) 信息检索空间的拓宽

信息检索空间是衡量信息检索工具的重要指标之一。网络信息检索在这方面具有传统信息检索和 Internet 基本信息服务所不具备的优势,它可以检索 Internet 上的各类资源而不必预先知道某种资源的地址。以 FTP 为例,尽管使用 FTP 可以检索所有的 FTP 服务器,但是用户必须预先知道这些服务器所在的主机地址,而且在某一时刻只能使用一个 FTP 服务器。网络信息检索工具的工作方式则与此不同,它们可以同时使用多个主机甚至是所有主机的某种资源而且用户不必知道它们的具体地址。其检索范围覆盖了整个互联网,为访问和获取分布在世界各地的成千上万台服务器和主机上的大量信息提供了可能。这一特点为用户带来的好处是显而易见的。

(4) 友好的用户界面

与 Internet 的三大基本信息服务相比,网络信息检索系统的用户界面要友好得多,特别是一些商业化软件(如 Internet Explorer 和 Netscape Navigator)。即使是 Internet 上的一些免费软件(如 MS Windows 和 Unix 下的各种服务程序和客户程序)也设计得相当不错。对于有一定微机使用经验的人来说,学会使用这些软件是轻而易举的事情。Internet 的普及在很大程度上是得益于这些设计精良的软件。

5.1.4 网络信息检索的方法

网络信息检索与传统信息检索的共同点是按图索骥。用户需要知道这些信息的存储位置,然后设法获取,在网络环境下就是要知道信息地址,然后通过该地址去访问服务器,获取信息。那么怎样获取这些地址呢? 首先是浏览和积累,其次是专题专业信息集合,如学科信息门户和一些搜索引擎。在公共网络上,信息资源一般有三种检索方法,即基于超文本的信息浏览、基于网络资源目录的信息查询、基于搜索引擎的信息检索。

1. 基于超文本的信息浏览

通过超文本链接,从 Internet 的一个 WWW 服务器到另一个 WWW 服务器,从一个目录到另一个目录,从一篇文章到另一篇文章,浏览查找所需信息的方法称为浏览,也称基于超文本的信息查询方法。

基于超文本的浏览模式已成为 Internet 上最基本的查询模式。在利用浏览模式进行检索时,用户只需以一个节点作为入口,根据节点中文本的内容了解嵌入其中的链接指向的主题,然后选择自己感兴趣的节点进一步搜索即可。在浏览过程中用户会不断发现新的信息资源。这类信息检索方法随机性大,无法控制检索路径和结果,适用于基于兴趣的"泛读",而不适合精确查找。对于特定的检索领域和检索范围而言,通过一步一步浏览来查找所需信息是非常困难的。同时,在专业信息检索中,尤其是国外全文资料中,通过一篇文献的参考文献的超链接逐个点开的检索方式能够很好地发现一类或一组专业文献。这种方法的难点是首篇文献(即检索起点)和引文加工深度直接影响检索效果。

2. 基于网络资源目录的信息查询

这种方法一般是通过引导网络用户的查询概念来帮助用户找到所需的网络信息。网络资源目录一般采用人工方式采集和存储网络信息,它把采集到的网页按主题性质进行分类,以某种分类体系为依据将信息分成若干领域的主题范畴,然后再细分为学科专题目录,最后列出具体的相关网站,形成一个由信息链组成的树状结构,即总目录→专题目录→链接→文本。网上资源目录也分主题目录、字顺目录和分类目录等,其中主题目录是主体。主题目录往往在大主题下又包括若干小主题,一层一层地查下去,直到比较具体的信息标题,这类目录也称为主题树、网络资源指南或分类导航。

3. 基于搜索引擎的信息检索

搜索引擎又称 WWW 检索工具。基于搜索引擎的检索方法接近于人们通常所熟悉的检索方式,即输入检索词以及各检索词之间的逻辑关系,然后检索软件根据输入信息在索引库中搜索,获得检索结果(在 Internet 上是一系列节点地址)并输出。搜索引擎实际上是 Internet 的服务站点,有免费为公众提供服务的,也有进行收费服务的。不同的检索服务可能会有不同的界面和侧重内容,但有一点是共同的,就是都有一个庞大的索引数据库。这个索引数据库是向用户提供检索结果的依据,其中收集了 Internet 很多个主页信息,包括该主页的主题、地址、包含于其中的被链接的文档主题以及每个文档中出现的单词的频率、位置等。

5.2 网络资源检索工具——搜索引擎

搜索引擎(Search Engine)是网络信息检索工具的一类,一般由采集器、索引器、检索器和用户接口几个部分组成。搜索引擎是通过网上机器人(Spider 或 Robot)自动在网页上按一定的方式进行远程数据采集,将采集到的信息按组织机制进行分析标引,建立相应的索引数据库。当用户通过用户接口在搜索引擎的 Web 页上输入查询信息请求时,搜索引擎的检索器即在其建立的索引数据库中利用检索软件进行检索,找到相关信息并按一定的规则整理后输送出来反馈给用户浏览。

5.2.1 搜索引擎的类型

1. 按检索语言划分

① 关键词型搜索引擎。通过用户输入关键词来查找所需的信息资源,这种方式方便直接,而且可以使用逻辑关系组合关键词,可以限制查找对象的地区、数据类型、网络范围、时间等,可按搜索引擎选定的条件资源准确定位。这类搜索引擎有 Google、Infoseek、百度、天网等。

② 分类型搜索引擎。把搜集到的信息资源按照一定的主题进行分门别类,建立分类目录,根目录下面包含子目录,子目录下面又包含子目录,如此下去,建立一层层具有包含关系的分类目录。当用户查找信息时采取逐层浏览打开分类目录,逐步细化,就可以查到要找的信息。这类搜索引擎有 Yahoo!、LookSmart、搜狗等。

③ 混合型搜索引擎。兼有关键词型和分类型两种检索方式,既可直接输入检索词查找特定资源,又可浏览分类目录了解某个领域范围的资源。这类搜索引擎有新浪、网易、搜狐等。

2. 按检索功能划分

① 目录型搜索引擎。提供了一份按类编排的互联网网站目录,各类下面排列着属于

这一类别的网站和网址链接,有的搜索引擎还提供各个网站的内容简介。其优点是能将信息系统地分门归类,便于用户清晰而方便地查找到某一大类的信息,符合传统的信息查找方式。这类搜索引擎有 Yahoo!、Open Directory Project、LookSmart 等。

② 全文型搜索引擎。提供的是互联网上各网站的每一个网页的全部内容,搜索的范围要大得多,而且具有全新的、强大的检索功能,可以直接根据文献资料的内容进行检索,真正为用户提供了对互联网上所有信息资源进行检索的手段,但没有目录型搜索引擎那样有清晰的层次结构,有时会给人一种杂乱无章的感觉。这类搜索引擎有 Google、百度等。

从搜索结果来源的角度来分,全文型搜索引擎又可细分为两种,一种是拥有自己的检索程序(Indexer),俗称"蜘蛛"(Spider)程序或"机器人"(Robot)程序,并自建网页数据库,搜索结果直接从自身的数据库中调用。另一种则是租用其他引擎的数据库,并按自定的格式排列搜索结果,如 Lycos 引擎等。

3. 按检索范围划分

① 综合类搜索引擎。即综合性的信息检索系统,利用它几乎可以检索任何方面的信息资源,但有时会出现因字形相同而实际上互不相关的内容,或因检出的内容太泛而无法逐一浏览。这类搜索引擎有 Google、Yahoo!、百度、新浪等。

② 专业类搜索引擎。专业信息机构根据专业需求将互联网上的资源进行筛选整理、重新组织而形成的专业性信息检索系统。专业类搜索引擎能针对用户的特定需求来提供信息,特定用户只要登录到相应的搜索引擎即可迅速、准确地找到符合要求的精准信息。这类搜索引擎有 Medscape、Intute、PhysLink 等。

③ 特殊型搜索引擎。专门搜集特定的某一方面的信息,如:地图搜索引擎 Mapbar、图像搜索引擎 Eefind 等。

4. 按搜索方式划分

① 独立搜索引擎。也称单一搜索引擎,它局限于单个搜索引擎建立的数据库进行检索,而且必须适应各个搜索引擎的查询法与规则,查准率和查全率往往受到一定的限制,如 Yahoo!、百度、新浪、网易等。

② 元搜索引擎。也称集成化搜索引擎,它集成了若干个独立的搜索引擎,能够综合利用多个索引数据库系统中的信息资源,从而提高搜索引擎的查询性能。因此,元搜索引擎的开发和应用成为目前研究的方向,如 Mamma、MetaCrawler、Dogpile 等。

5. 按运营方式划分

① 综合搜索引擎。以搜索为专业服务和主要业务来源,提供综合性信息的搜索,适用于社会性搜索和有明确目的的搜索,搜索对象的相关性揭示较差,如百度、Google 等。

② 门户搜索引擎。适用于门户网站应用的新闻、消息、购物、地图和饮食等生活检索,如新浪爱问、搜狐搜狗、网易有道、腾讯搜搜等。

③ 垂直搜索引擎。针对某一领域、某一专业的资源检索,在学术应用中,垂直搜索引擎的应用较广泛,如 CALIS 学科导航、数字图书馆、学科门户等。

5.2.2 中文搜索引擎

随着 Internet 在中国的普及和发展,许多以中文为母语的国家和地区相继开发出了各种各样的中文搜索引擎,世界著名的搜索引擎公司(如 Yahoo!、Google、Lycos、Excite 等)先后推出了中文版的搜索引擎。下面介绍一种较有影响的中文搜索引擎,即中国百度。

百度(www.baidu.com)是全球最大的中文搜索引擎,拥有全球最大的中文网页库。

(1) 搜索语法

① 多词组合搜索。同时输入多个词语,词间以一个空格隔开,可以获得更精确的搜索结果。实际上,百度自动在以空格隔开的词语之间加上了"+",并提供全部符合查询条件的结果,把最相关的网页排在最前面。

② 并行搜索。以"A|B"的格式来搜索包含"A"或者包含"B"的网页。如"图片|写真",会把有关图片或者写真的网页都搜索出来。

③ 排除无关资料。如果要避免搜索某个词语,可以在这个词前面加上一个"-"号,但在"-"之前必须留一个空格。例如"旅游 -香港"就是要搜索香港以外的旅游资料。

④ 限定搜索范围在网页标题中——intitle。例如查找刘德华演的电影,可以输入"电影 intitle:刘德华"。

⑤ 限定搜索范围在特定站点中——site。例如在天空网下载软件,可以输入"msn site:skycn.com"。

⑥ 专门文档搜索——filetype。其语法格式是"filetype:文件类型关键词",或"关键词 filetype:文件类型",在关键词和文件类型限定之间必须空一格。例如查找信息检索的 Word 文档,可以输入"信息检索 filetype:doc"。

⑦ 精确匹配——双引号和书名号。输入的查询词不加引号,搜索结果中的查询词往往被拆分了,搜索结果可能不满意。如果给查询词加上双引号,双引号中的内容会作为整体搜索出来。例如搜索清华大学,如果不加双引号,搜索结果中"清华"和"大学"会分开,但加上双引号后获得的结果就符合要求了。

⑧ 高级搜索。如果用户对百度的各种查询语法不熟悉,可以使用百度集成的高级搜索界面方便地进行各种搜索查询。进入"高级搜索"界面,可以选择要搜索的关键词情况,限定要搜索的网页的时间,选择搜索网页的文档格式,限定关键词的位置,限定要搜索指定的网站。

(2) 特色搜索

① 百度快照。如果无法打开某个搜索结果或者打开速度特别慢,"百度快照"可以帮忙。每个被收录的网页在百度上都存有一个纯文本的备份,称为"百度快照"。百度快照速度较快,可以快速浏览页面内容。

② 百度贴吧。贴吧是百度旗下的独立品牌,全球最大的中文社区。贴吧是一种基于关键词的主题交流社区,它与搜索紧密结合,准确把握用户需求,通过用户输入的关键词自动生成讨论区,使用户能立即参与交流,发布自己感兴趣话题的信息和想法。

③ 百度知道。百度知道是一个基于搜索的互动式知识问答分享平台,是用户有针对性地提出问题,通过积分奖励机制发动其他用户来解决该问题的搜索模式。同时,这些问

题的答案又会进一步作为搜索结果提供给其他有类似疑问的用户,达到分享知识的效果。

④ 百度百科。百度百科旨在创造一个涵盖各领域知识的中文信息收集平台。强调用户的参与和奉献精神,充分调动互联网用户的力量,汇聚上亿用户的头脑智慧,积极进行交流和分享。同时,百度百科实现与百度搜索、百度知道的结合,从不同的层次上满足用户对信息的需求。此外,百度百科也引入了权威认证词条的机制,以保证词条内容的权威性,给用户提供高质量的专业化解释服务。

⑤ 百度文库。百度文库是百度发布的供网友在线分享文档的平台。网友可以在线阅读和下载这些文档,包括考试题库、专业资料、公文写作、法律文件等。

⑥ 学术搜索。百度学术搜索是百度旗下的提供海量中、英文文献检索的学术资源搜索平台,可检索到收费和免费的学术期刊、会议论文,搜索结果可以按照"相关性""被引频次""发表时间"分别排序。

⑦ 百度图片。世界上最大的中文图片搜索引擎。百度从数十亿中文网页中提取各类图片,建立了世界第一的中文图片库,已搜索图片上亿张。

⑧ 百度音乐。百度音乐是音乐门户,为用户提供海量的正版高品质音乐、极致的音乐音效和音乐体验、权威的音乐榜单、极快的独家首发歌曲、极优质的歌曲整合歌单推荐、极契合用户的主题电台、极全的 MV 视频库、人性化的歌曲搜索,让用户更快地找到喜爱的音乐,为用户还原音乐本色,带给用户全新的音乐体验。

5.2.3 英文搜索引擎

英文搜索引擎种类繁多,各有优缺点,这里介绍几种较有影响的英文搜索引擎,例如 Google、Yahoo!、Excite、Lycos、Dogpile。

1. Google

Google(www.google.com)由两位斯坦福大学博士生 Larry Page 与 Sergey Brin 于 1998 年开发,目前已成为全球最大的搜索引擎。

(1) 基本搜索

Google 查询简洁、方便,仅需输入查询内容单击"Google 搜索"按钮即可得到相关资料。Google 的基本检索功能如下。

① 自动 and 查询。Google 只显示符合全部查询条件的网页,不需要在关键词之间加上 and 或+。如果想缩小范围,只需输入更多的关键词,在关键词之间留空格。

② 忽略词。Google 会忽略最常用的字词,如"http"".com"和"的"等字符以及数字和单字。使用英文双引号可将这些忽略词强加于搜索项,如输入"科学家的故事"时加上双引号会使"的"强加于搜索项中。

③ 根据上下文查看网页。每个 Google 搜索结果都包含从该网页中抽出的一段摘要,这些摘要提供了搜索关键词在网页中的上下文。

④ 词干法。Google 会同时搜索关键词和与关键词相近的字词。词干法对英文搜索尤其有效,例如搜索"dietary needs",Google 会同时搜索"diet needs"和其他该词的变种。

⑤ 忽略英文大小写。Google 搜索不区分英文字母大小写，所有的字母均做小写处理。例如搜索"google""GOOGLE"或"Google"，得到的结果都一样。

(2) 高级搜索

由于 Google 只搜索包含全部查询内容的网页，所以缩小搜索范围的简单方法就是添加搜索词。添加词语后，查询结果的范围就会小得多。具体而言，Google 提供的高级检索功能如下。

① 排除无关资料。如果要避免搜索某个词语，可以在这个词前面加上一个"-"号，但在"-"之前必须留一个空格。

② 英文短语搜索。在 Google 中可以通过添加英文双引号来搜索短语整体。这一方法在查找名言警句或专有名词时很有用处。一些字符（如"－""""＝"和"…"等标点符号）被识别为短语连接符。

③ 指定网域。要在某个特定的域或站点中进行搜索，可以在 Google 搜索框中输入"site：xxx.com"。

④ 限制搜索。利用 Google 目录可以根据主题来缩小搜索范围。例如在 Google 目录的 Science＞ Astronomy 类别中搜索"Saturn"，可以找到只与 Saturn（土星）有关的信息，而不会找到"Saturn"的其他含义。

⑤ 链接搜索。在"link"后面加上冒号意为显示所有指向该网址的网页。例如"Link：www.google.com"将找出所有指向 Google 主页的网页。"link："搜索不能与普通关键词搜索结合使用。

(3) 特殊搜索

Google 提供了强大的搜索功能，目前它的特殊功能如下。

① 查找 Flash 文件。Google 支持 13 种非 HTML 文件的搜索，有 PDF、Microsoft Office(doc、ppt、xls、rtf)、Shockwave Flash(swf)、PostScript (ps)和其他类型文档。新的文档类型只要与用户的搜索相关就会自动显示在搜索结果中。例如，如果只想查找 PDF 或 Flash 文件，而不要一般网页，只需搜索"关键词 filetype：pdf"或"关键词 filetype：swf"即可。

② 网页快照。Google 在访问网站时会将看过的网页复制一份作为网页快照，以备在找不到原来的网页时使用。单击"网页快照"时会看到 Google 依据这些快照来分析网页是否符合需求。在显示网页快照时，其顶部有一个标题，用来提醒这不是实际的网页。符合搜索条件的词语在网页快照上突出显示，便于用户快速查找所需的相关资料。

③ 货币转换。如果要使用内置货币转换器，只需在 Google 搜索框中输入需要完成的货币转换，并按回车键或单击 Google Search 按钮。

④ 计算器。Google 为用户提供了内置计算器，只需在搜索字段中输入算式，按下回车键或者单击搜索按钮即可。这个计算器可以用来做所有简单的计算、一些复杂的科学计算、单位换算以及提供各种物理常数。

⑤ 相关搜索和类似网页。Google 能够提供与原搜索相关的搜索词。这些相关的搜索词一般比原搜索词更常用，并且更可能产生相关的结果。只需用户单击提供的相关搜索词就会自动被带到这个词的结果页。类似网页主要用于对某一网站的内容很感兴趣，

但资料又不够时,Google 可以找到其他有类似资料的网站。

⑥ 字词定义。要查看字词或词组的定义,只需输入"define 定义词"。如果 Google 在网络上找到了该字词或词组的定义,则会检索该信息并在搜索结果的顶部显示。通过包含特殊操作符"define:"并使该操作符与需要其定义的字词之间不留空格还可获得定义的列表。例如搜索"define:HTML"将显示从各种在线来源收集到的"HTML"定义的列表。

(4) 其他应用

Google 目前还提供大学搜索、搜索定制、图片搜索、图书搜索、网页目录、学术搜索、美国专利信息全文查询、API 程序和开放源代码存取、地图搜索和 3D 绘图软件搜索等。

2. Yahoo!

Yahoo! (www.yahoo.com)由美国斯坦福大学的华裔博士杨致远和他的同学 David Filo 于 1994 年开发,目前已成为全球第二大搜索引擎。

(1) 分类目录检索

Yahoo! 的分类目录检索已经独立运营,其目录有近 100 万个分类页面,14 个国家和地区当地语言的专门目录,包括英语、汉语、法语、德语、日语、西班牙语等。它按内容分为 Arts & Humanities(艺术与人文科学)、Business & Economy(商业与经济)、Computers & Internet(计算机与因特网)、Entertainment(娱乐)、Social Science(社会科学)等 14 个大类,每个大类又分若干小类,每个小类有数以千计的相关网站与网页信息。用户可以根据要查找的内容所属的类目来选择分类目录中的某一类或者某一个小类。例如要查找"计算机硬件"方面的信息,首先在 Yahoo! 主页的分类目录中选择"Computer & Internet"大类,进入有关计算机领域的页面,在该页面中列出计算机领域的多个小类,单击"Hardware"将会进入有关多媒体技术的页面。

目前,Yahoo! 的分类目录检索能够添加很多新的主题,并在首页反映变化,对集中研究某一领域的知识比较有帮助,而且具有推荐功能和目录检索功能。

(2) YST 平台(http://search.yahoo.com)

YST 是 Yahoo! Search Technology 的缩写,是雅虎推出的整合原有的目录索引、主题索引、网页、图片、音乐、知识等的综合检索平台。

如果用户知道自己要查找的主题概念,就可以使用 Yahoo! 的关键词检索方式,直接在检索框中输入关键词,然后单击 Search 按钮或按回车键,Yahoo! 会找出满足检索条件的记录,并出现搜索结果返回页。在搜索结果返回页底部给出了其他搜索引擎的链接点,当用户对 Yahoo! 的搜索结果不满意时可以启动其他搜索引擎搜索同一个关键词。

(3) 高级检索

在 Yahoo! 主页上单击 Search 按钮右侧的 Advanced Search 链接,进入 Search Options 页面。在该页面中用户可以对搜索方式和范围加以限制。在 Search Options 页面中用户可以选择 4 种搜索方式,即智能搜索(Intelligent default)、准确短语匹配(Exact phrase match)、完全匹配(Match on all words)和任意匹配(Match on any word)。

此外,Yahoo! 高级检索的特色如下。

① 指明了文献的可获取性。告知 Consumer Reports、Forrester Research、IEEE publications、New England Journal of Medicine、Thestreet.com 等网站或杂志的文本不需要收费。

② 提供网络安全过滤。可以对网页质量进行认证，对不安全网页进行过滤。

③ 语言选择。可以提供 38 种语言的检索文本。

④ 文档形式界定。可以选择 pdf、html、txt、doc、xls、ppt、xml 等格式的文档。

⑤ 提供 CC 检索。对于音乐、多媒体、软件可以选用"创作共用"（Creative Commons）组织的资料，即具有 CC 标记的资源，为全球首家采用 CC 检索的搜索平台。

⑥ 国家限定。可以对资源所在国的国家做出界定。

3. Excite

Excite(www.excite.com)是 Internet 上的一个经典的搜索引擎，也是最受欢迎的搜索引擎之一。它收集了 5000 万个网页信息，其网页索引是一个全文数据库。Excite 最大的特点是提供概念检索，即搜索引擎不仅查找包含关键词的主页，还查找包含与关键词有关的概念的主页。

Excite 支持分类目录检索方式，在该主页中部列出了分类目录。用户可以根据查找内容的类别在分类目录中选择相应的类目，系统会显示该类目中包含的所有子类。经过多次选择后就可以访问到包含查找内容的站点。

选择关键词检索方式，可以在检索文本框中输入关键词，然后单击 Search 按钮，Excite 在数据库中查找与关键词相匹配的记录，然后进入搜索结果显示页。在搜索结果显示页中，列出了所有符合检索条件的记录。Excite 与其他搜索引擎类似，可以使用"＋""－"指定或排除某个单词，也可以使用布尔逻辑运算符以及括号构成复杂的检索表达式。为了从众多的搜索结果中找到自己所需要的信息，用户还可以对搜索结果进行细化和设定搜索范围等。

4. Lycos

Lycos(www.lycos.com)创立于 1995 年，是 Internet 上搜索引擎的元老。它的特点是功能强大、搜索范围广。Lycos 可以进行包括 WWW、FTP 与 Gopher 等多种服务的搜索。Lycos 整合了搜索数据库、在线服务和其他互联网工具，提供网站评论、图像及包括 MP3 在内的压缩音频文件下载链接等。Lycos 是目前最大的西班牙语门户网站，提供常规及高级搜索。高级搜索提供多种选择定制搜索条件，并允许用户针对网页标题、地址进行检索，具有多语言搜索功能，共有 26 种语言供用户选择。

5.3 免费学术信息资源的分布与获取

5.3.1 免费学术信息资源

网络免费学术信息资源是指在互联网上可以免费获得的、具有学术研究价值的社会科学或自然科学领域的电子资源。免费学术信息资源作为网络数字信息资源的重要组成部分，正以其独特的性能优势日益成为高校教学与科研工作中不可忽视的重要信息源。

5.3.2 免费学术信息资源的分布

1. 教育机构网站

教育机构网站提供学校的历史沿革、教学资源、招生就业、学术交流、科研情况、专家教授信息（如个人简历、研究方向、学术成果）等。一般而言，教育机构的期刊书目信息与文献书目信息可免费获取，也有一些大学学报可提供部分全文信息。如，美国加州大学的电子学术典藏 eScholarship，俄亥俄州立大学图书馆的 Knowledge Bank，瑞典隆德大学图书馆制作的开放存取期刊目录（Directory of Open Access Journals，DOAJ）等。

2. 科研院所网站

科研院所等研究机构的信息主要是一些动态性的学术性活动。大多数研究机构都有自己的出版物，而且部分或全文免费提供。科研工作者可以在研究中心的网站上获得很多有用的学术资源，如国务院发展研究中心信息网（简称"国研网"http://www.drcnet.com.cn）、中国高校人文社会科学信息网（简称"社科网"http://sinoss.net）、中国社会科学院世界经济与政治研究所的经济学"经典学术著作"全文在线阅读、美国研究图书馆协会（Association of Research Libraries，ARL）建立的学术门户（Scholars Portal Project）提供本馆购买的全文与摘要数据库。类似的科研机构还有美国计算机协会、欧洲社会科学资料档案协会和我国台湾省动物研究所等。

3. 图书馆网站

各级各类图书馆的网站基本上都会提供网络信息服务，如期刊文献的检索、网络资源导航和虚拟参考咨询服务等。比较著名的如中国数字图书馆（http://www.cdlc.cn/），信息科学与技术数字图书馆（Digital Library of Science and Technology，DLIST），美国全国科学、数学、工程和技术教育数字图书馆，澳大利亚电子人文科学门户等。

4. 出版发行机构网站

出版发行机构免费提供的主要是书目信息，也有部分免费的全文信息。其目的主要是配合本机构出版发行文献的销售。如斯坦福大学出版社目前可提供 900 多种期刊和 110 余万篇全文文献的开放存取，EBSCO 出版公司的免费数据库《图书馆、信息科学与技术文摘》(Library Information & Technology Abstracts，LISTA)等。

5. 专业或行业信息网

互联网上分布着许多各行各业的专业网站，其中不乏知名大学和研究机构主办的优秀站点。例如北京大学法律信息网的特色栏目——法学文献，收录了包括大多数北京大学法学教师在内的上千位作者不同时期的法学作品，是一个优秀的法学文献交流平台，目前向社会免费提供检索、浏览和下载;中国电子材料网站(http://www.cemia.org.cn/index.html);知名企业(如 IBM、微软、Oracle、贝尔、贝恩、麦肯锡等)网站中也有很多培训教材、案例分析、市场分析和新技术探讨等学术资源。

6. 数据库商网站

有些数据库开发商会在其官方网站上提供部分数据的免费检索,其中绝大部分是文摘和题录信息。例如,中国期刊网的中国专利数据库允许用户免费下载其所开发的各个数据库中以往各年的题录和摘要;维普资讯网可免费检索中文期刊数据库,但不提供全文;荷兰能源研究基金会制作的互联网能源信息数据库(the Energy Information on Internet)搜集了网上可访问并带有详细描述的与能源有关的信息源,并可免费查询。

7. 个人网站、学术论坛与博客

互联网时代,有很多专家学者通过建专业学术网站、组建学术论坛或者开个人博客的方式,对自己感兴趣的内容参与讨论、征询建议、发表意见、激发灵感。许多专业人员或同行的意见很有学术思想和独到见解,具有重要的参考价值。例如 ABBS 建筑论坛、科学网博客(http://blog.sciencenet.cn/blog.php)、吴建中馆长的个人博客等。

5.3.3 免费学术信息资源的获取

1. 免费参考工具书信息

参考工具书是指根据人们的需要,把某一范围内的资料或知识加以分析、综合和浓缩,并按一定的排检方法编排,以备查阅、参考,用以解决有关事实和数据方面的图书。主要包括字典、词典、年鉴、名录、手册、表谱、图录、百科全书等,如表 5-1 所示,按出版方式可分为印刷型与电子型。传统的文献信息检索离不开工具书,网络搜索或查询信息也需要"网上工具书",或称网络参考咨询工具(Reference Tools on the Web)。随着网络的发展和普及,大量的印刷型工具书被制作成网络版,同时也出现了直接的检索网站和搜索指南。

表 5-1　不同检索需求应选用的参考工具书类型

检索需求	所用参考工具书类型
查询字词	字典、词典
查询各类知识	百科全书、类书
了解人物生平	传记、年谱
查询地理资讯	地图、方志、旅游集
发现古今事实	年鉴、年表、大事记
查询人物与组织	名录、机构
查询数据	统计、年鉴

(续表)

检索需求	所用参考工具书类型
查询机构资料、人名、地名	辞海、名录、黄页、白页、百科全书
查询历代典章制度	政书
查询法律规章	法规

参考工具书相比传统检索工具,既有相同点,也有不同之处。二者的相同点在于:两者都是高度浓缩前人知识;正文和辅助部分的组织都遵循选定的编排规则;编排的目的都是为人们遇到的疑难问题提供参考和检索而非系统阅读。二者的不同之处见表 5-2 所示。

表 5-2 参考工具书与传统检索工具的不同点

	传统检索工具	参考工具书
文献类型	二次文献	三次文献
出版形式	期刊	图书
正文编排方式	以分类为主	以字顺为主
结果	文献的线索	具体答案
检索途径	比较多	相对较少
反映新信息	快	慢

这里介绍几个免费的参考工具书网站。
① 中华在线词典(http://www.ourdict.cn)
② EncyclopediaBritinnicaOnline(《不列颠百科全书》网络版,https://www.britannica.com/)
③ Encyclopedia.com(http://www.encyclopedia.com)
④ 全国电子企业名录大全(http://www.toper.com.cn/toper-dir/)
⑤ 中国年鉴网(http://www.yearbook.cn/)
⑥ 江苏统计年鉴网(http://tj.jiangsu.gov.cn/col/col4009/index.html)
⑦ 美国指南(http://www.dongyu.us/)
⑧ 中国资讯行高校财经数据库(http://www.bjinfobank.com)

2. 常用参考工具书

(1) 字典、词典
字典(Dictionary)是汇集单字,主要解释字的形体、读音、含义及用法,并遵循一定方法编排以便于查阅的工具书。
词典(Lexicon)是汇集词语,主要解释词的概念、词义和用法,并按照一定方式编排供查检的参考工具书。
字典、词典的分类见表 5-3 所示。

表 5-3 字、词典的分类

字(词)典		概念	举例
按所收内容分	语文性字(词)典 — 综合性字(词)典	对字的音、形、义和词汇的意义、用法加以全面解释	《新华字典》《汉语大字典》、《Oxford of English Language》等
	语文性字(词)典 — 专门性字(词)典	只收集某一类的字、词,或只解释字或词形、音、义的某个方面	《成语词典》《汉语虚词词典》《简明同义词典》《中国民间方言词典》
	知识性词典 — 百科词典	汇集各学科重要的术语和概念并加以解释,反映专业知识的概要	《辞海》《中国百科大辞典》等
	知识性词典 — 专科词典	收录某学科或专门领域的术语、概念并加以解释,反映专业知识的概要	《哲学大辞典》《中国艺术家辞典》《中国古今地名大辞典》等
按语种分	单语词典	只有一种语种的词典	《汉语成语大词典》《中华大字典》
	多语词典	两种及以上语种间的对译词典	《英汉大词典》《汉英科技大词典》

① 在线汉语字典(http://xh.5156edu.com)。该字典是最大、最全的在线汉语字典,包括汉语字典、汉语词典、成语词典等,收录超过 2 万个汉字、52 万个词语,可以找到相应汉字的拼音、部首、笔画、注解、出处及其详细解释。

② OneLook Dictionaries(在线语义词典)(http://www.onelook.com)。搜集了世界各地各种语言,包括英语、法语、德语、意大利语等语言的 900 多本词典的在线词典,提供免费检索与使用,可查词语的英文解释,如图 5-1 所示。

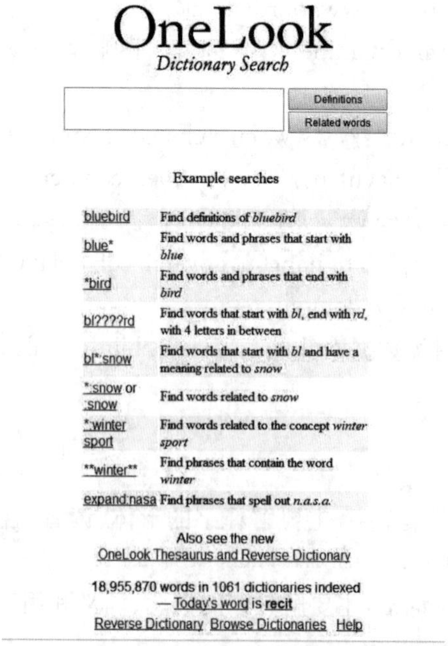

图 5-1 OneLook 的检索首页

从检索页面可以看出,该检索系统支持通配符"*"和"?",并给出了范例,如图 5-2 所示。

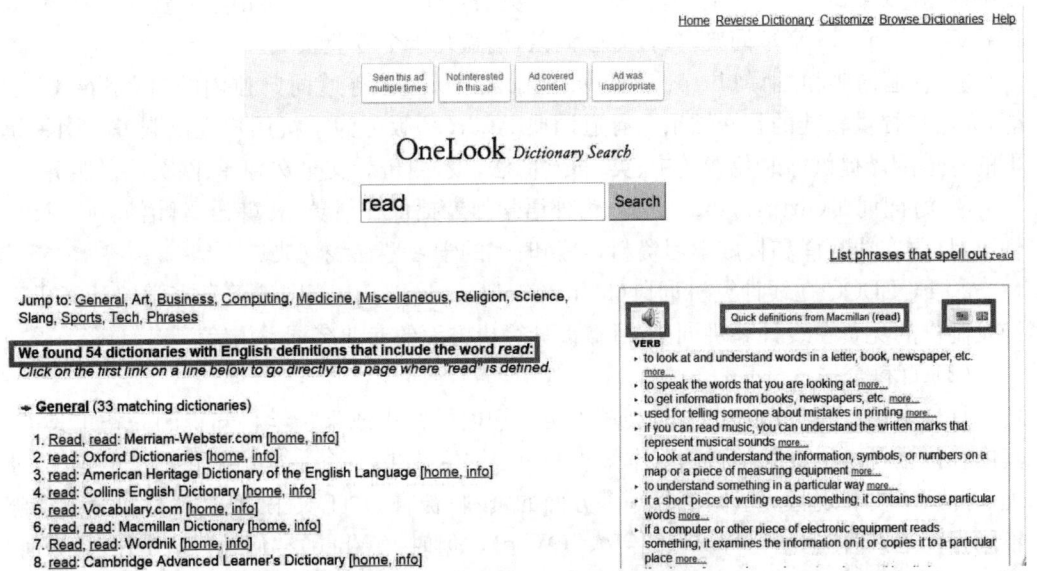

图 5-2　以 read 为检索词的检索结果页面

③ Dictionary.com(https://www.dictionary.com/)。被誉为最佳在线综合性语义词典。每条款目中提供的内容包括:读音、释义、词形、例证、词源、变化形式、用法、同义词、反义词等。如图 5-3 所示。

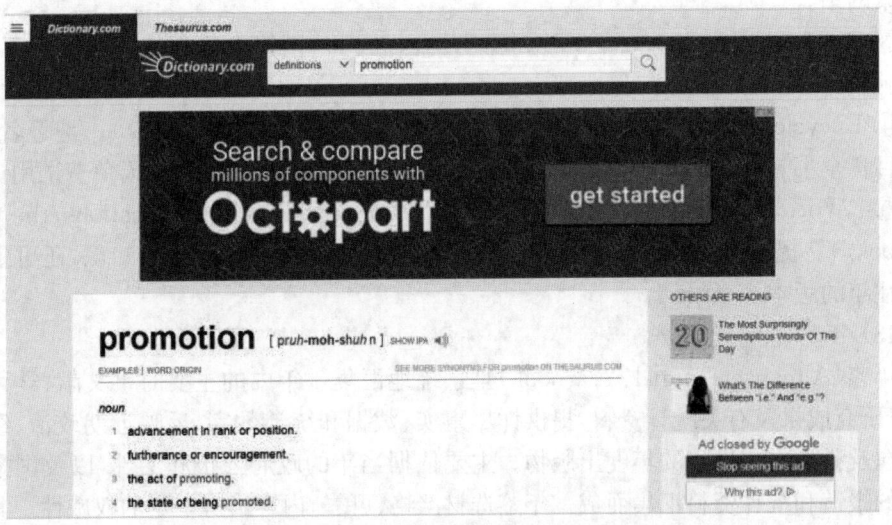

图 5-3　以 promotion 为检索词的检索结果页面

④ Webster(韦氏大学词典)(http://www.merriam-webster.com)。该词典是美国最具权威的英语词典,韦氏在线词典网络版提供了 47 万余个词条的详细解释及单词的在

线发音。

⑤ 爱词霸英语(http://www.iciba.com)。金山公司开发的网站,提供在线词典、在线翻译、在线测试、金山词霸下载等服务,有英语句库、情景会话、英语学习资料等资源,爱词霸英语含有150余本词典,数百万个词条,覆盖几十个专业领域。

⑥ 有道词典和翻译(http://www.youdao.com)。有道词典独创的"网络释义"功能,为用户提供较佳的翻译结果。有道词典Android版可为手机用户提供服务。网易旗下的有道翻译提供即时免费的中、英、日、韩、法、俄、西班牙文全文翻译、网页翻译服务。

⑦ 海词词典(http://dict.cn)。为外语学习者提供在线英语、韩语、日语词典,英语、韩语、日语在线翻译和权威学习资料,是新时代的学习型在线词典。

⑧ FOLDOC在线计算机词典(http://foldoc.org)。由英国伦敦皇家学院计算机系开发制作的免费在线计算机词典,可查询计算机方面的专业名词术语等。

(2) 百科全书

百科全书(Encyclopedia):是荟萃人类一切门类知识或某一学科知识的完备工具书。其内容包括各学科或某学科的基本知识和重要研究成果,对每一学科提供权威的定义、原理、方法、历史和现状、统计、书目等多方面的资料,被誉为"工具书之王"。百科全书能够不同程度地回答"何物"(What)、"何人"(Who)、"何时"(When)、"何地"(Where)、"为何"(Why)和"如何"(How)等问题,因此可以作为事实检索的起点。

① 中国大百科全书网络版(http://ecph.cnki.net/)。注册后可进行概念、术语、人物的网上查询。

② Encyclopedia.com(https://encyclopedia2.thefreedictionary.com/)。网络上最优秀的百科全书网站之一,是以美国《简明哥伦比亚百科全书》为基础的免费电子百科全书检索网站。

③ Bartleby.com(https://www.bartleby.com/)。网络上优秀的免费参考工具,包括《简明哥伦比亚百科全书》第六版。

④ Encyclopedia Britannica Online(https://www.britannica.com/)。是著名的《不列颠百科全书》的电子版,需付费使用,但任何注册读者都可以申请30天免费试用。

⑤ World Factbook (https://www.cia.gov/library/publications/the-world-factbook/)。提供世界上267个国家或地区的政治、经济、地理等背景知识,还可下载当年及往年的版本。

(3) 年鉴

年鉴(Almanac、Annual、Yearbook)是系统地汇集一年内的主要时事文献、学科进展情况、研究成果及有关统计资料,提供详尽事实、数据和统计数字,反映近期政治、经济发展动向及科学文化进步的年度出版物。主要依据当年的政府公报和文件,以及国家重要报刊的报道和统计资料汇集而成。年鉴选材严格、可靠,内容具有一定的权威性。其分类和特点如表5-4所示。

表 5-4　年鉴的类型

类型	概念	举例
综合性年鉴	汇集世界、某地区、各国的概况、人物、事件、活动、统计资料,反映其政治、经济、文化、科技发展动态和成果的一种年鉴	《中国百科年鉴》《中国年鉴》《中国知识年鉴》《世界年鉴》《惠特克年鉴》《欧罗巴年鉴》
专科性年鉴	反映某一专业范围年度性的基本信息和文献的一种年鉴	《中国经济年鉴》《中国工业年鉴》《中国农业年鉴》《中国乡镇企业年鉴》
统计性年鉴	专门汇集统计资料的年鉴	《中国统计年鉴》《联合国统计年鉴》
地方性年鉴	反映特定区域范围内的全面或某一方面年度信息的年鉴	《广东年鉴》《中国经济特区年鉴》《广东经济年鉴》

① 国家统计局(http://www.stats.gov.cn)。由中华人民共和国国家统计局和中国统计信息网共同建立。该网站提供免费查找、下载《中国统计年鉴》的功能。如果需要最新的宏观经济数据,可以参考月度数据系统。它还提供了《国际统计年鉴》和《中国统计年鉴》的年度数据、普查数据、地方统计数据、经济快讯、统计法规、统计制度、统计标准、统计指标等信息,该站点也提供链接和检索功能。如图 5-4 所示。

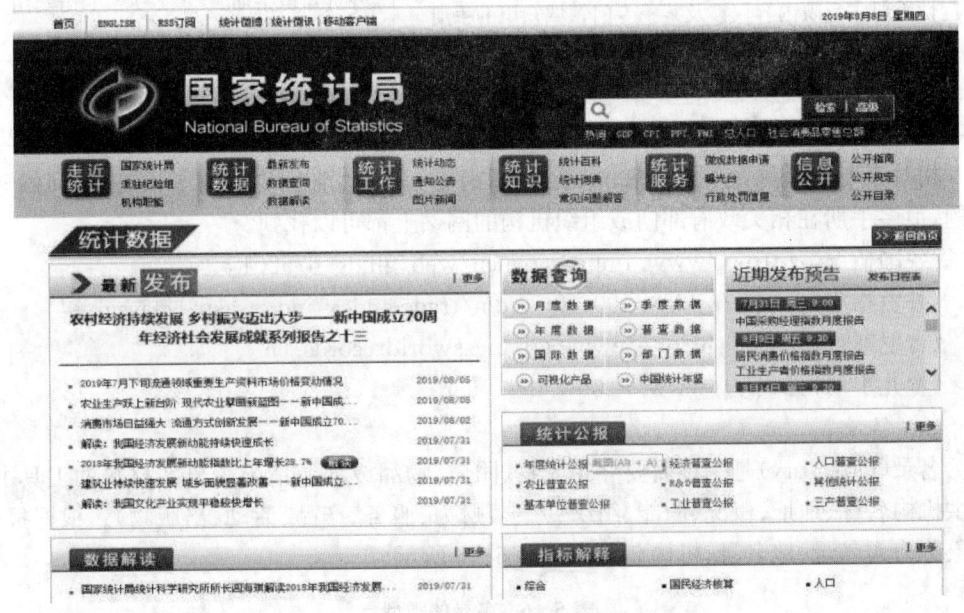

图 5-4　国家统计局统计数据栏目页面

② 中国年鉴网(http://www.yearbook.cn)。由中国出版工作者协会年鉴研究会主办的年鉴门户网站,主要用于国内年鉴行业的信息发布,罗列了全国各地各种年鉴的网址链接,可作为查找国内年鉴信息的起点。

③ InfoPlease (http://www.infoplease.com)。该网站主要提供年鉴、传记数据库、百科知识、韦氏大学词典、地图集等。

④ 地方统计信息网与地方各部门统计信息网。地方统计信息网包括两类，一是各省、市统计局建立的统计信息网，如河北统计信息网、安徽统计信息网、南京市统计网等；二是各省市的行政部门提供的统计信息，如江苏省交通厅提供的江苏交通统计信息，淮安市卫计委提供的淮安医疗卫生统计信息。因此，要查地方统计信息，需要知道该信息所属的地区与部门。

⑤ 联合国统计司(https://unstats.un.org)。

⑥ 经济合作与发展组织(OECD)(http://www.oecd.org/statsportal)。

（4）手册

手册(Handbook、Manual)是汇集某一方面经常需要参考的文献、数据资料或专业知识的工具书。手册的名称很多，如指南、大全、一览、便览等。收录内容多为分式、规格、数据、条例、图表。手册的分类和特点如表5-5所示。

表5-5 手册的类型

类型	概念	举例
综合性手册	汇集所有学科或多个学科的专业知识、常用文献、基本数据、定义公式等利用频率较高的资料，供人们随时查检	《各国概况》《吉尼斯世界纪录大全》《中华人民共和国资料手册》
专门性手册	反映内容仅涉及某一专门领域知识的手册	《外贸知识手册》《学校教务工作实用手册》《经济工作手册》《工程手册》
常识性手册	以介绍人类日常生活实用知识为主要内容的手册	《家庭日用大全》《育儿手册》

相对于专业性的百科全书来说，手册、指南更为实用，它们更偏向于回答"如何做"的问题，很多手册在相关政府部门或组织机构的网站上都可以找到。

《各国概况》:http://www.fmprc.gov.cn/web/gjhdg_676201

《外贸指南》:http://www.100trade.com/trade_index/index.asp?classid=4

《吉尼斯世界纪录》:http://www.guinnessworldrecords.cn

《育儿手册》:http://www.91bbw.net/yuer

（5）名录

名录(Directory)是一种简要介绍人物、团体、物品或地域情况等事实材料的工具书，提供机构名称、地址、概况(职能、组织、人士、财力、服务、产品、活动、出版物)。根据报道对象分为人名录、地名录、机构名录。如表5-6所示。

表5-6 名录的类型

类型	概念	举例
人名录	汇集一定范围人物的姓名及简况的名录。主要收录某一地域、时代或专业有关人物的姓名、简历、专业方向、学术成就、社会职务、通信地址、电话号码等信息。在编排上多以人名为目、简介为文、字顺为序来组织内容	《世界名人录》《美国名人录》《中国当代名人录》《中国农业专家大辞典》

(续表)

类型	概念	举例
地名录	汇集一定范围地名及简况的名录。其特点是收录地名数量大、但只提供地理位置、所属国别、经纬度等简单资料	《世界地名录》《中国地名录》
机构名录	汇集一定范围的组织、机构、企业、单位的名称及简介类资料的名录,又称"组织机构指南"。内容一般包括机构全称(简称)、简况、业务类型及范围、人员情况、负责人、单位地址、电话号码、邮政编码等	《世界大学名录》《中国企事业名录大全》《中国工商名录》

① 黄页(Yellow Page)、白页(White Page)和蓝页(Blue Page)。黄页实际上就是电话簿,因其通常采用黄色纸张印刷而得名。中国的第一册黄页是1987年在上海诞生的。黄页在世界上被称为与报纸、电视、广告和互联网并驾齐驱的"第五广告媒体",在美国、日本、澳大利亚等一些国家已形成产业。

黄页电话簿按业务分类列有许多公司的电话,主要是商业用途;白页电话簿是私人电话和按公司名称排序的电话;蓝页电话簿是有关政府各部门的电话,分门别类列在其中。例:

全球黄页:http://www.21Page.net

中国电信黄页网:http://www.yellowpage.conm.cn

② ZabaSearch(http://ww.zabasearch.com)。包括免费和收费两种服务,免费服务主要用来查询美国的人名、E-mail、地名、人口统计数据等。

③ 全球高校名录(http://univ.cc)。这是根据联合国教科文组织1997年的全球高校名单开发出来的一个在线数据库,由国际高校协会提供,查询结果是世界各高校的官方网站。

④ Peterson's Guide(彼得森研究生指南)(http://www.petersons.com)。这是由彼得森公司出版的美国、加拿大的大学和研究生院名录。

⑤ 各国企业名录(https://www.mingluji.com)。包含数千万条企业名录、供求信息,由众多子网站构成,内容涉及几十个大行业的分类、数千个小领域的分类,覆盖到全球200多个国家和地区。

(6) 表谱

表谱是以表格、谱系、编年等形式反映历史人物、事件、年代的工具书。它主要用于查考时间对照、人物、史实基本情况、地理等资料,将表列事件化繁为简,便于说明与事件的纵横相关的问题,使人能够一目了然。它是按事物类别或系统编制的,反映时间和历史概念的表册工具书,是年表、历表和其他历史表谱的总称。例:

中国历史朝代:http://www.52lyy.com/lisi

中国历史上发生的大事:http://ww.52lyy.com/tools/lsds.html

古今地名对照表:http://www.52lyy.com/lisi/dimingduizhao

(7) 类书

类书是摘录、汇集多种文献中的原文,按类目或按韵部编排而成的工具书,是采辑若干古籍中有关事物的记载,将其按类或韵编排组织,以备检索文章典故事实,是我国特有的百科性工具书。例如:《北堂书钞》《艺文类聚》《册府元龟》《永乐大典》《古今图书集成》

等。类书的功用有：查考事物起源、查检史实典故渊源、查找诗词文句的出处、检索参考资料、辑录散佚残缺古书佚文、校勘考证古籍等。例：

古今图书集成：http://gjtsjc.gxu.edu.cn
太平御览：http://www.uus8.org/c/94/011/index.html

(8) 政书

政书是记述历代或某一朝代的典章制度的沿革及政治、经济、军事、文化制度等方面史料的工具书。其中最具代表性的是十通。它系统完整地记录了中国历代典章制度的沿革发展，是《通典》《通志》《文献通考》《续通典》《续通志》《续文献通考》《清朝通典》《清朝通志》《清朝文献通考》《清朝续文献通考》这十部政书的总称。例：

通典：http://www.guoxue123.com/shibu/0101/01tdf/index.htm
文献通考：http://www.wenxue100.com/book_LiShi/47.html

(9) 图谱

图谱又称图录，是用绘画、摄影等方式反映事物或人物形象的工具书。类型主要有历史图录、人物图录、艺术图录、文物图录、科技图录、地图等。其功能主要是提供文字以外的形象和直观资料。例：

坐车网：http://www.zuoche.com
历史地图：http://lishi.zhuixue.net/ditu

(10) 物化数据

物化数据可用于查找物质的物理化学特性及参数，如密度、黏度、热容、熔点、沸点、汽化热、生成热、导热系数等。例：

① 化学元素特性（http://www.webelements.com）。提供化学元素周期表及各元素的物化特性数据。

② 物理学参考数据（http://physics.nist.gov/physrefdata）。由美国国家科技信息中心提供，包括物质基本物理属性、原子和分子光谱数据、核物理属性、射线及其放射属性、凝聚态物质属性等。

③ 医药药品信息（https://medlineplus.gov）。由美国国家医学图书馆提供，包括药品信息、医学百科、医学专业字典和医疗人员、机构名录等栏目。

(11) 法规

法律法规，指中华人民共和国现行有效的法律、行政法规、司法解释、地方法规、地方规章、部门规章及其他规范性文件，以及对于该法律法规的不时修改和补充。其中，法律有广义、狭义两种理解。广义上讲，法律泛指一切规范性文件；狭义上讲，仅指全国人大及其常委会制定的规范性文件。法规则主要指行政法规、地方性法规、民族自治法规及经济特区法规等。

法律法规查询——中国法院网：http://www.chinacourt.org/law.shtml；中国法院网是世界最大的法律网站、法律新闻网站，为社会提供最丰富的法律资讯、最权威的法院信息、最快捷的案件报道。

法律法规全文检索系统：http://search.chinalaw.gov.cn
法律之星官网——法规检索：http://law1.law-star.com

法律图书馆：http://www.law-lib.com；提供法律法规数据库、法学论文、裁判文书、律师黄页、法治动态、司法考试资料、法律图书、法律书刊、法律书摘等。

法律法规政策查询库——中国法律教育网：http://www.chinalawedu.com/falvfagui；提供新法律法规速递，政策法规、行政法规、财经法规、交通法规、各省市地方性法规、司法解释的在线法律法规查询服务。

北大法宝——法律法规检索系统：http://www.pkulaw.cn/law；1985年诞生于北京大学法律系，经过20多年的不断改进与完善，是目前国内成熟、专业、先进的法律法规检索系统。北大法宝收录自1949年起至今的全部法律法规，包括中央法规司法解释、地方法规规章合同与文书范本、港澳台法律法规、中外条约、法律动态等。

提示：① 大多数工具书可以通过搜索引擎获得，尤其是提供公用数据和常识性知识的工具书基本上是全免费的，有些是直接提供网站搜索，有些是印刷本的电子版本（PDF格式）；② 使用时注意提供在线工具书的网站的权威性（如看版权项或自我介绍以及在网络上的影响程度），若所得数据用于重要用途，最好能和其他来源的数据进行比对或选取印本参考书比对；③ 许多参考工具书正向数据库方向发展，如一些门户网站也提供一些数据的检索，还有一些学科信息门户网站也提供该学科的部分事实数据。

3. 免费图书信息

网上免费的图书信息主要是书目信息，也有部分有全文信息。提供书目信息的网站主要包括图书馆联机公共目录查询、图书出版发行机构的网站、网上书店等。通过出版商和发行商以及网上书店可以了解最新的出版动态。

（1）可以获取图书全文信息的网站

① 世界数字图书馆（The World Digital Library，http://www.wdl.org/zh/）

② E书久久（http://www.eshu99.com）

③ Alex电子文库（http://www.infomotions.com/alex）

（2）可以获取图书书目信息的网站

① CALIS联合书目目录（http://www.calis.edu.cn/Calis/llml/）

② World Cat（http://www.oclc.org/zhcn-asiapacific/worldcat.html）

③ 中华读书网（http://www.booktide.com/）

④ 中国图书网（http://www.bookschin.com/）

⑤ 当当网上书店（http://www.dangdang.com）

4. 免费期刊信息

网上的期刊有纸质版期刊的电子版本或者论文题录或文摘版，也有纯电子版本的，但纯电子版本的相对较少。前者由期刊出版社提供，读者可以通过相关网页免费浏览该期刊在一定时间段内的目录、篇名、摘要等，极少部分有全文信息。网络上绝大部分的期刊全文都需要付费使用，少部分的电子期刊纯粹是为了学术交流，无商业行为，因此允许用户免费阅读和下载。也有部分电子期刊为用户提供了试用期，在试用期内可免费使用，但这类免费的期刊是少数，所以在科研中如何获得这样的学术期刊信息显得尤为重要。

① 龙源期刊网(http://www.qikan.com)
② 全国期刊联合目录(http://union.csdlac.cn/union/index.jsp)
③ Science Online 的中国站点(http://www.sciencemagchina.cn/)
④ Find Article(http://findarticles.com/p/articles/an_l)
⑤ 美国学术出版社(Academic Press, http://www.academicpress.com)
⑥ ADS(http://adsabs.harvard.edu/index.html)
⑦ ALL Academic(http://www.allacademic.com/)
⑧ Mag Portal.com(http://www.magportal.com)

5. 免费报纸信息

① 人民网(http://www.people.com.cn)
② 新华网(http://www.xinhuanet.com)
③ 中新网(http://www.chinanews.com.cn)
④ 泰晤士报(TheTimes, http://www.timesonline.co.uk)
⑤ 今日美国报(TheUSAToday, http://www.usatoday.com)

6. 免费政府出版物

政府出版物是各国政府及其所属机构发表和出版的文献,反映了政府机构的活动、官方的意识和观点,且大部分是政府在决策和工作过程中产生的文献,具有信息量大、可靠性强、参考性高等特点。获取政府出版物的网站举例如下:

① 中国网(http://www.China.org.cn)
② 中国普法网(智慧普法平台)(http://www.legalinfo.gov.cn)
③ 美国政府官方网站(https://www.usa.gov/)

7. 免费会议文献

会议文献是产生于会议过程中的各种资料和基于会议资料的各类出版物的总称。会议文献往往代表某一领域最新的研究成果,而且传递信息及时,具有学术性强、内容专深的特点。可获取会议文献信息的网站如下:

① 中国科学技术协会(http://www.cast.org.cn/)
② 国家科技图书文献中心会议信息(http://www.nstl.gov.cn/index.html)
③ 国际学术会议(http://www.conferences.com/)
④ Internet Conference Calendar(http://www.conferencecalendar.com/)

8. 免费学位论文

学位论文具有选题新颖、引用材料广泛、阐述系统、论证详细、学术价值高等特点,以往学位论文的获取很不容易,所以影响到其利用率。也因此,学位论文的检索越来越被重视,可获取学位论文信息的网站如下:

① 万方数据公司中国学位论文数据库(http://c.g.wanfangdata.com.cn/Thesis.aspx)

② CNKI 中国优秀博硕士学位论文全文数据库(http://acad.cnki.net/kns55/brief/result.aspx?dbprefix=CMFD)

③ 国家科技图书文献中心的中文学位论文(http://www.nstl.gov.cn/)

④ PQDD(ProQuest Digital Dissertations),(http://proquest.calis.edu.cn/)

9. 免费专利信息

专利信息是指以专利文献为主要内容,其他与专利有关的各种信息的总称,可从中获取技术信息、法律信息、经济信息和战略信息。可获取专利信息的网站如下:

① 中国知识产权网(http://www.cnipr.com)

② 中国专利信息网(http://www.patent.com.cn)

③ 德温特专利信息数据库(http://www.derwent.com)

④ 欧洲专利局网(http://ep.espacenet.com)

10. 免费标准信息

标准文献是在特定活动领域必须执行的规格、定额、规划、要求的技术文件。标准涉及工农业、工程建设、交通运输、对外贸易和文化教育等领域,包括质量、安全、卫生、环境保护、包装储运等多种类型,并有技术标准、工作标准和管理标准之分。可获取标准信息的网站如下:

① 中国标准服务网(http://www.cssn.net.cn/)

② 中国标准化协会(http://www.China-cas.org/)

③ 万方数据公司中外标准(http://www.wanfangdata.com.cn/)

④ 国际标准化组织(ISO)(http://www.iso.org/iso/home.htm)

⑤ 国际电工委员会 IEC(http://www.iec.ch/)

⑥ ANSI 美国国家标准学会(http://webstore.ansi.org/)

5.4 开放存取信息资源

学术期刊一直是学术传播体系中最为重要的传播媒介。自 20 世纪 70 年代以来,学术期刊的出版发行日益集中于少数商业出版者,价格持续上升。出版市场随之出现了学术期刊危机,学术期刊的商业出版模式给商业出版者带来了最大的商业利润,但却不能有效地服务于学术交流。一方面,科研机构及科研人员无偿地将自己的学术研究成果版权转让给了商业出版者;另一方面,他们却不得不支付越来越高的期刊订购费用。由于商业出版机构的垄断,科研机构及科研人员在获取自己领域的学术文章时会遭遇各种障碍。为了重新确立自己的学术地位,科研机构及科研人员也在积极探索新的学术交流途径。互联网作为一种开放的信息交流平台,让传统的学术交流方式发生了巨大变革。20 世纪 90 年代末,开放存取以"削弱出版社的权势,恢复研究成果的公共品性质"应运而生。

开放存取(Open Access,OA)是学术信息通过网络传播的一种重要方式。人们可以通过开放存取模式获取大量的免费学术信息资源,从而也使网络上的学术信息资源成了

"世界上最大的图书馆"。学术资源的开放存取运动在中国起步较晚。2003年12月29日,中国科学院文献中心张晓林博士参加了在匈牙利举办的"开放存取与促进学术出版"国际研讨会。2004年5月,中科院院长路甬祥等代表各自的机构签署了《柏林宣言》,表明了中国科学家和研究机构支持开放存取的立场。2005年6月"科学信息开放获取战略与政策国际研讨会"的召开,表明我国对开放存取采取了实际行动。

5.4.1 开放存取的含义

目前,被广泛引用的是2002年在《布达佩斯开放存取计划》(Budapest Open Access Initiative,BOAI)中对开放存取给出的定义,即用户通过公共Internet网免费阅读、下载、复制、传播、打印和检索作品,或者实现对作品全文的链接、为作品建立索引和将作品作为数据传递给相应软件,进行任何其他出于合法目的的使用,除了保持作品的完整性之外,没有经济、法律或技术的限制。开放存取唯一的限制是,应使作者有权控制其作品的完整性及作品被正确接受和引用。因此,开放存取具有两个方面的含义:一是学术信息免费向公众开放,不受价格的约束;二是学术信息实现真正意义上的随意、自由索取,打破了使用权障碍。

广义的开放存取资源指任何用户均可免费在线获取的、不受许可限制的所有数字化学术信息资源,包括正式发表的论文的后印本(postprint)、正式出版的著作、教材、会议论文集与研究报告等学术成果,非正式出版的论文的预印本(preprint)、学位论文、工作论文、各种原始数据和元数据、教学参考资料、照片、图表、地图以及数据库、政府出版物、网站等。狭义的开放存取资源主要指通过开放存取的实现途径而出现的信息资源,即开放存取期刊、学科库、机构库和个人网站、博客中收录的资源。

开放存取与传统的学术信息取得的运行机制的区别在于信息资源共享的自由理念和服务机制。传统模式通常采用读者付费的模式,出版物以商品的形式有偿提供给订购户,信息的载体可能是印刷版,也可能是电子版;开放存取模式则采用作者付费的模式,信息的载体以电子版形式为主,无偿提供给用户使用。

5.4.2 开放存取资源的发布形式

1. 开放存取期刊

开放存取期刊(Open Access Journals)是指可以在公共网络上免费获取,并允许用户进行阅读、下载、检索、传播、复制、打印、链接到全文,用于编制索引、作为软件数据库使用或用于任何其他法律允许的,没有经费、法律或技术方面障碍的,经过同行专家评阅的高质量的全文电子期刊。

开放存取期刊与传统期刊的区别,不在于期刊的载体是纸本还是磁、光等介质,而在于对期刊的访问方式和访问权限。传统的期刊一般先由图书馆或其他机构团体购买,然后为其成员提供全文检索和下载服务;而OA期刊用户利用因特网就可以不受限制地访问期刊论文全文。虽然网络环境下期刊的出版和传播成本大大降低,但这并不意味着不需要成本(尤其是开展同行评审工作)。为提供基本运行费用,OA倡导者提出了多种成本弥补途径,包括争取相关机构的赞助、广告收入和为用户提供增值服务等,但最主要的是作者付费模式,即作者从项目或课题经费中抽取部分经费用于出版研究成果。作者付费模式可以保证开放存取出版的可持续发展。

2. 开放存取知识库

开放存取知识库(Open Access Repositories)是开放存取的新方式,为科学研究人员提供电子版学术文献的存储和检索。通过开放存取知识库,科学家们可以利用自存档技术提交、存放自己的论文,从而使其文献可以迅速、便捷地在科学领域传播、检索、利用以及评论,推动学术交流的无障碍传播。

开放存取知识库分为学科知识库(Subject Repositories)和机构知识库(Institutional Repositories)。学科知识库是科研工作者的研究成果还未正式发表,出于和同行交流的目的而进行的自我典藏论文并通过互联网发布,围绕特定的学科主题而创建,内容以 e 印本为主。早期的开放存取知识库多为学科知识库,现在主要集中于物理、数学、化学、生物和计算机等学科。最具代表性的学科知识库是 arXiv 文档库,它是科研文章在正式发表前预存的一个官方网站。国内外建立的学科知识库有很多,但是主要集中于物理学、数学与计算机等少数几个自然学科领域。目前虽然有突破学科界限的发展趋势,但总体看来,除了少数的几个学科库,大部分学科库 e 印本数量较少,发展不是很好。机构知识库是存放由某一个或多个学术机构的专家、教授、学生创造的,可供机构内外用户共享的数字化学术文献的数据库。机构知识库起步比较晚,但发展速度很快,尤其是欧美等国家,由于不少机构制定了明确的开放存取政策,很多机构和大学都把机构知识库作为基础设施建设的一部分。

3. 开放存取门户网站

开放存取门户网站旨在通过跟踪、报道以及揭示关于开放存取的发展动态、研究资料、实施实践、支撑信息和相关的分析,为开放存取的研究和实践提供一个可靠的信息保障平台,帮助开放存取的研究者、政策制定者和组织实施者推动和实施开放存取。

4. 开放存取个人主页或博客

个人主页是从英文 personal homepage 翻译而来的,更适合的意思是"属于个人的网站"。所以个人主页与个人网站其实是同一个意思,个人主页是习惯上的称法。博客也称为网络日志,就是以网络作为载体,简易、迅速、便捷地发布自己的心得,及时、有效、轻松地与他人进行交流,再集丰富多彩的个性化展示于一体的综合性平台。博客其实也是个人主页。

各行各业的专家、名人,有很多都会写博客或创建个人网页,并将其研究方向的相关动态、研究心得、体会或者研究成果等放到博客或网页上,或是将自己遇到的问题和疑难提出来供大家讨论、交流。这种交流方式能大大开阔研究者的视野,从而得到灵感和启发。虽然在个人网页和博客上的学术资源相对比较少,比较分散,但是具有比较高的学术价值,也有很多值得我们借鉴的资源,而且能免费获取,这也是网络资源开放存取的一种重要发布方式。

5.4.3 开放存取资源的获取

目前,互联网上已有相当数量的开放存取资源。很多机构或研究人员对互联网上的开放存取资源进行了收集整理,提供专门的站点,较有影响的如下。

1. 开放存取期刊

① 瑞典隆德大学开放存取期刊目录(https://doaj.org)。开放存取期刊目录(Directory of Open Access Journals,DOAJ)是由瑞典 Lund 大学图书馆整理的一份互联网上的开放存取期刊目录,其目的是集成分散在互联网上的所有学科和语言的开放期刊,并利用技术对互联网上可免费获取的全文资源实施质量控制,并提供检索平台。DOAJ 收录的期刊和论文都可以自由存取、免费使用,都有严格的质量控制体系来对内容加以审查,对学术研究有很高的参考价值。据统计,DOAJ 现有 13 939 种开放存取期刊,4 427 603 多篇文章。

② 斯坦福大学 Highwire 出版社免费全文网站(http://home.highwire.org/)。斯坦福大学 Highwire 出版社是美国斯坦福大学图书馆所属的电子期刊出版机构,1995 年由斯坦福大学图书馆创建,是世界上最大的自然科学免费全文网站之一,内容涉及生命科学、医学、物理及少部分社会科学等方面出版物。Highwire 出版社收录了许多全球知名的高影响因子期刊,现收录 2 000 多种期刊,7 659 000 多篇全文,2 434 000 多篇免费全文。

③ 生物医学期刊出版中心开放存取期刊(http://www.biomedcentral.com)。生物医学期刊出版中心(Biomed Central)是一个独立的出版商,提供网上免费存取、经过同行评议的生物医学研究资料。对于所有发表在 Biomed Central 刊物上的研究文章,读者均可在网上免费浏览,不受任何限制。现收录有 300 多种经过同行评审的开放存取期刊。

④ 美国科学公共图书馆开放存取期刊(http://www.plos.org)。美国科学公共图书馆(The Public Library of Science,PLoS)是美国最具影响力的开放存取出版机构,是为科技人员和医学人员服务的非营利性机构,致力于使全球范围内的科技和医学领域文献成为可以免费获取的公共资源。PLoS 的宗旨是创建高质量的学术期刊,并放在网上供全世界免费使用。

2. 开放存取学术论文

① 美国电子预印本(http://arxiv.org)。美国电子预印本(arxiv.org)文档库是美国国家科学基金会和美国能源部资助的项目,涉及物理学、数学、计算机科学、定量生物学、计量金融学和统计学 6 个学科领域。arXiv 预印本文档库中的论文没有评审程序,科研人员按照相应格式将论文排版后按学科类别上传即可。论文作者在将论文提交给预印本文档库的同时也可将论文提交给学术期刊,如果论文在期刊上正式发表,则在相应的论文记录中加入正式发表期刊的卷期信息。

② 中国预印本服务系统(http://prep.istic.ac.cn)。由中国科学技术信息研究所与国家科技图书文献中心联合建设,于 2004 年 3 月开通使用,是一个以提供预印本文献资源服务为主要目的的实时学术交流系统。它由国内预印本服务子系统和国外预印本门户(SINDAP)子系统两大部分构成。国内预印本服务子系统收藏的主要是国内科技工作者

自由提交的预印本文章,一般只限于学术性文章。科技新闻和政策性文章等非学术性内容不在收录范围之内。其收录范围按学科分为自然科学、农业科学、医药科学、工程与技术科学以及图书馆、情报与文献学 5 大学科门类,除图书馆、情报与文献学以外,其他每一个大类再细分为二级子类,如自然科学又分为数学、物理学、化学等。国外预印本门户(SINDAP)子系统是由中国科学技术信息研究所与丹麦技术知识中心合作开发完成的,它实现了全球预印本文献资源的一站式检索。通过 SINDAP 子系统,用户只需输入检索式一次,即可对全球知名的 16 个预印子系统进行检索,并可获得相应系统提供的预印本全文。目前,因丹麦科技大学图书馆技术信息中心关闭其平台,原"国外预印本门户"停止服务。

③ 中国科技论文在线(http://www.paper.edu.cn)。中国科技论文在线是经教育部批准,由教育部科技发展中心主办,针对科研人员普遍反映的论文发表困难、学术交流渠道窄,不利于科研成果快速、高效地转化为现实生产力而创建的科技论文网站。中国科技论文在线免去传统的评审、修改、编辑、印刷等程序,给科研人员提供一个方便、快捷的交流平台,提供及时发表成果和新观点的有效渠道,从而使新成果得到及时推广,科研创新思想得到及时交流。该网站收录论文的专业领域以科学技术类论文为主,兼收部分社会科学类论文,有科技期刊论文、博士论坛论文和专题论文(会议论文和专题比赛论文)。如图 5-5 所示。

图 5-5　中国科技论文在线首页

3. 开放存取学位论文

澳大利亚数字博硕士论文系统(http://adt.caul.edu.au)由澳大利亚大学图书馆理事会管理维护,它整合了澳大利亚 41 所大学的博硕士论文,提供一站式检索界面,用户可以浏览全部文摘,根据作者的授权不同,用户可以免费阅读论文的前两章或全文。

4. 开放存取图书

① NetLibrary 电子图书(http://www.netlibrary.com)。NetLibrary 是 OCLC(Online Computer Library Center,Inc.,联机计算机图书馆中心)的一个部门,是当前世

界上电子图书的主要提供商,它提供来自 400 多家出版商的 5 万多种高质量电子图书,这些电子图书的 90% 是 1990 年以后出版的,每月均增加几千种。NetLibrary 电子图书覆盖了科学、技术、医学、计算机科学、生命科学、工商、经济、哲学、历史、文学、艺术、社会与行为科学、教育学等学科,其中 80% 的电子图书面向大学读者层。其电子图书采用通用的 HTML 格式,用户无须下载特定的阅读器即可阅读。用户除了可以访问正式订购的电子图书外,还可以免费访问 3 400 多种无版权图书。2009 年 12 月,EBSCO 正式收购了 NetLibrary,现已转为 EBSCO host 平台上的 ebook Collection 数据库。

② 在线图书网页(http://onlinebooks.library.upenn.edu)。在线图书网页是由 John Mark Ockerbloom 创建于美国宾州大学的数字图书馆,是目前全球最大的免费在线图书资源。其收录图书两万种,覆盖上百个学科。

③ 古登堡开放存取图书(http://www.gutenberg.org/)。1971 年 MichaelHart 发起古登堡计划。古登堡计划的核心思想就是让人类文明中的重要文字内容能被全世界分享。古登堡项目是网络上的第一家,也是最大的公益数字图书馆,它以自由和电子化的形式致力于尽可能提供大量的无著作权争议的作品,大多数西方古籍经典作品都可以在其中找到。古登堡计划把属于公共版权的文学作品输入计算机,借助计算机和网络强大的存储传输能力让所有人自由、方便地获取和研究。目前,该项目的藏书量已经超过了 6 万本,以西方传统文学作品为主,也收录书目、期刊、音频文件、乐谱文件、食谱文件等,有英语、法语、德语、荷兰语、芬兰语、意大利语、西班牙语以及中文等不同语言的著作。

5. 开放存取教学资源

随着网络教育教学的发展,秉承知识共享精神和网络资源开放的观念,开放课程在全世界范围内得到了长足的发展。比较著名的开放存取教学资源如下。

① 美国麻省理工学院开放式课程(http://ocw.mit.edu/index.html)。1999 年美国麻省理工学院提出了"开放式课程网页"(Open Course Ware,OCW)的概念,向世界范围的学习者无偿提供优秀课程资源。

② 中国开放式教育资源共享协会开放式教育资源(http://www.core.org.cn)。中国开放式教育资源共享协会(China Open Resources for Education,CORE)是 2003 年由美国 IET 基金会发起并联合北京交通大学创建的非官方机构。CORE 以推进中、美两国高校之间的紧密合作与资源共享为使命,向中国高校免费提供以美国麻省理工学院为代表的国内外大学的优秀开放式课件和先进教学技术、教学手段等教学资源,以提高中国教育质量,同时将中国高校的优秀课件与文化精品推向世界,促成教育资源的交流与共享。

6. 开放存取门户网站

① Socolar OA 平台(http://www.socolar.com/)。一个旨在为用户提供开放存取资源检索和全文链接服务的一站式公共服务平台,为非营利性项目。旨在全面收录来自世界各地、各种语种的重要 OA 资源,并优先收录经过学术质量控制的期刊,可提供 OA 资源的检索和全文链接服务、用户个性化的增值服务、OA 知识的宣传和交流服务、OA 期刊的发表和知识库服务等功能。

② Google Scholar(http://scholar.google.com/)。Google 的学术搜索是最受欢迎的搜索引擎之一,它联合了包括哈佛大学在内的五所知名大学,把它们的所有资源都放在网上供用户检索。Google 学术搜索提供可广泛搜索学术文献的简便方法,可以从一个位置搜索众多学科的资料来源。例如来自学术著作出版商、专业性社团、预印本、各大学及其他学术组织的,经同行评议的文章、论文、图书、摘要等。Google 学术搜索可帮助用户在整个学术领域中确定相关性最强的研究成果。

5.5 学习考试类网络信息检索

信息时代也是一个数字化、网络化的学习时代,图书馆和网络上的学习资料种类多、数量大;有的费用昂贵,有的却完全免费。如何进行高效而有针对性的学习,选取学习资源尤其重要。

5.5.1 学习考试类信息选择的关键因素

学习考试类信息选择的关键因素是权威性。公共考试、公开竞赛的权威信息,一般来自官方网站。通过官方网站,可以了解相关考试的政策、时间、命题原则、考试大纲、历年真题等。许多考试信息网站栏目设置雷同,对一些热点考试信息争相发布,存在明显的重复现象。因此,考生应以公布考试信息的官方网站为准。

学习考试方面的网络资源权威信息,一般是参考该领域排名领先者提供的资源。例如,专业学习,可以参考自身所在专业国内排名前十位的大学,进入排名靠前专业所在院系的网站,查看对方学习内容、培养方式、学生活动、毕业分配等;又如课程信息,则可以通过国家精品课程网,查找该门课程的国家级精品课程。

思考与检索:根据自己学习的专业,搜索专业排名(以交通工程为例:交通工程专业排名),找出排名靠前的几所大学,先进入大学官网,再进入所学专业所在院系的网站,对比他们的学习环境与教学内容和自己所在学校的不同。

5.5.2 学习考试类信息选择的主要类型与途径

1. 学习考试类信息主办方网站或官方网站

四、六级考试委员会网站(http://cet.neea.edu.cn/)是全国大学英语四、六级考试委员会官方网站。

2. 四大门户网站的相关专题栏目

由于几大门户网站财力雄厚,技术实力强,所以对各种学习、考试资料的收集比较齐全,整理比较规范,可信度也比较高。四大门户网站学习考试栏目列表:

① 新浪教育 http://edu.sina.com.cn(高考、考研、自考、公务员、成考、司考、会计、托福、雅思、四六级、GRE、出国、留学、移民、外语、公开课、考研调剂试题库等)。

② 搜狐教育 http://learning.sohu.com(高考、考研、公务员、在职硕士、会计考试、司

法考试、英语考试、出国留学、商学院、远程教育、外语培训、IT 培训等)。

③ 腾讯教育 http://edu.qq.com(高考、考研、公务员、中小学、自考、司考、成考、财考、留学、外语、商学院、IT、远程、职业培训等)。

④ 网易教育 http://edu.163.com(留学、公开课、高考、考研、公务员、外语、就业、论坛、博客、排行、手机版等)。

3. 相关中介辅导与培训机构

为了吸引用户,更为了在市场竞争中能站稳脚跟,大量考试中介与辅导机构投入人力与物力对考试信息、命题、模拟题进行收集、加工与发布,并且把其中的部分内容放在其网站上,尤其是在考试前几天,可以搜索最新发布的模拟题,也因此,几乎每年都有一些考试网站公开炫耀其押题成功率。

4. 相关论坛

许多考试网站为考生提供了论坛、博客等网上互动交流空间,考生在论坛里围绕考试主题自由发帖,共同探讨复习考试方法,互相解答疑难问题。

大家论坛(http://club.topsage.com)设置了几十种考试论坛,在普通考研专栏里设置了考研信息、政治、数学、英语、考研医学、经验交流等十多个子论坛。

5. 导航网站相关栏目

265 上网导航(http://www.265.com/)、360 导航(https://hao.360.com/?wd=1000)、9495 上网导航(http://www.9495.com)、114 啦网址导航(http://www.114la.com)等网站上都有专门的学习、考试、留学分类网站,单击该类别可查看主要网站,一般点击量大和知名度高的网站会排在前面。

6. 排名搜索

想要找到最佳的学习、考试类网站,除了采用导航网站,还可以搜索各类网站的排名,一般在排名列表上都会给出简要理由供使用者参考选择。以考研为例,检索词可用以下几组:十大考研网站;考研网站排名;常用考研网站。

5.5.3 学习考试资源的使用特点

使用人数越多的信息资源,免费获取的可能性就越大;而使用人数越少的信息资源,获取时付出的成本相对越高。以考研为例,考研的公共课,无论是历年真题还是最新辅导材料、考试大纲,均可在网络上免费获取;而专业课获取就比较困难,一般需到报考院校的研究生招生办询求复印或购买。

搜集网上学习考试信息要注意阶段性。网上学习考试信息的时效性比较强,因此要在不同时期重点搜集不同的信息。以搜集考研信息为例,考生在报考前主要是搜集各招生单位的招生简章、专业目录、参考教材;确定报考后,则需搜集获取专门考试的复习资料;公布考试成绩之后,上线的考生则要关注复试信息和录取调剂信息。

网上搜索与查找仅是获取学习考试信息的渠道之一,人们获取考试信息的渠道应该多样化,除了上网查找信息,还可以通过与老师交流、打电话、上门咨询、信件咨询或找熟人打听等多种途径进行搜集。

思考与检索:利用某一学习考试平台或四六级考试网站,检索比较最近三年大学英语四六级等级考试在考核内容、考试形式等方面的不同,并下载一套真题进行模拟测试。

5.6 课程信息检索与利用

课程学习除了本校的课程内容,还可以关注同类课程的国家精品课程以及国外名牌大学的公开课程,学习借鉴别人的讲稿、课程要求与阅读材料、授课视频、作业与考试,使学习目标向国内外一流水平看齐。

5.6.1 如何利用图书馆查找同类课程资源

要学好一门课程,除了上课认真听讲、掌握教科书和老师课堂讲授的内容,还需要阅读一些相关参考资料,方能融会贯通。这类参考资料除了到书店购买,还可以通过图书馆和网络获得。

每个大学都有自己的图书馆,作为学校教学科研的服务单位,图书馆拥有丰富的文献信息资源,这些资源能够为学生提供相应课程的学习参考。除了传统的教学辅导书、习题集和同类教材,图书馆还订购了相应电子资源,包括期刊、论文、图书、讲座视频等。纸本类型参考资料的获得比较简单,利用图书馆的书目查询系统,找到该资料的馆藏地址和索书号后,到馆借阅即可。电子参考资料则要通过图书馆购买的期刊论文数据库或电子图书检索获得。

如汽车运用工程专业的学生,想要查找"汽车诊断与检测"这门课的参考资料,一方面可以在 CNKI、SDOS、ARL 等数据库中检索一些汽车诊断与检测方面的期刊论文和学位论文;另一方面则可以在超星数字图书馆的检索框里输入检索词"汽车诊断与检测",检索一些同类课程的电子图书作为参考。

5.6.2 如何查找网络上的免费课程资源

网络上众多的免费课程资源称为开放课程资源。开放课程内容包括:课程大纲、课程情况、教师情况、考试情况、讲义、作业、课件(PPT)、教学视频、教学资料(教材、阅读材料、相关网站等)、教学进度、成绩评定标准等。这些资源能够为学生的自主学习和拓展学习提供课程资料。以下是一些开放课程资源的网址。

1. 国内精品课程——爱课程

目前,教育部大力倡导全国高校精品课程共建共享服务,从而使网络上出现大量的精品课程。爱课程(www.icourses.cn)网站集中展示"中国大学 MOOC""中国大学资源共享课""在线开放课程"。在查找这些课程的课件时,可以按课程名称、主讲人、学校进行查找,也可以分类浏览。

图 5-6 爱课程首页

2. 国外开放课程——MeTeL

MeTeL（www.metel.cn）现已收录美、英、加、澳等国 300 余所著名高校，1 万余教师或教学小组讲授的 2.3 万余门课程、20 万余课节、95 万余个教学资源，涵盖 13 个学科门类，100 个一级学科，300 个二级学科，涉及计算机科学技术、数学、经济学、化学、法学、管理学、物理学、医学、农学、文学、哲学等，与教育部的学位授予和人才培养学科目录（2011年）一致。每门课程包括课程介绍、课程须知、课程表、教学大纲、任课教师等；每个课节可能有如讲义、课件、音频、视频、教学图片、教学案例、阅读材料、作业、习题答案、试卷等几类课节资源；部分课节为独立的专题研讨会（Seminar）、实验实习、外出考察、演讲讲座、培训讲座等。个别课节会有相关的程序代码、工具软件、数据等资源。

图 5-7 MeTeL 首页

目前欧美大学修完本科学业的平均课程门数在 32～36 门，国内在 70～85 门。中国国内大学的课程门数比国外多,但学习质量却普遍低于国外,是何原因?这点或许可以从学生正在学习的一门课程与同类的欧美名牌大学开放课程(尤其是参考读物、作业、小组讨论)的对比中找出差距。未来竞争是全球化的竞争,只有目标盯住世界最好的大学、最好的老师和最好的课程,我们才能得到最大的进步。这些固然需要老师引导,但更重要的是学生本人要有境界与气度,并能够不断坚持向一流看齐。

思考与训练:从麻省理工学院开放课程中找出一门自己正在学习或者感兴趣的课程,看有哪些内容和方法可以借鉴,并与现有的学习内容与方法进行比较。

3. 网络视频学习资源

最近几年,网络上国内外知名大学名师的教学视频不断增多,如哈佛大学公开课 Sandel 教授的"Justice",甚至有热心网友为其提供中文字幕。在搜索引擎的视频搜索类别下,或者在优酷、腾讯、爱奇艺等专门的视频网站,输入大学名称或者课程名称,能搜索出众多课程教学视频。其中几大门户网站也提供了丰富的视频课程资源,配中文字幕。网易公开课:open.163.com;新浪公开课:open.sina.com.cn。

4. 其他开放课程列表

开放课程资源列表如表 5-7 所示。

表 5-7 开发课程资源列表

序号	机构	网址
1	国际开放课程联盟	www.oeconsortium.org
2	英国开放大学	openlearn.open.ac.uk
3	日本开放课程联盟	www.jocw.jp
4	麻省理工学院	ocw.mit.edu
5	台湾交通大学	ocw.nctuedu.tw

思考与检索:找一门自己正在学习的感兴趣的课程,搜索一下国内有没有这门课程的国家或省级精品课程,国外有没有同类的开放课程?能找到课程章节内容的讲稿吗?有没有网络教材?有没有讲课视频?将找到的内容进行参考与比较,并融入课程学习中。

本章思考题

1. 什么是网络信息资源?有哪些类型?
2. 检索网络信息资源有哪些技巧?
3. 搜索引擎有哪些类型?
4. 如何获取网上免费的学术信息资源?
5. 开放存取资源有哪些发布方式?
6. 如何获取学习考试类信息?
7. 网络免费课程信息如何获取?

第 6 章 特种文献检索

扫码可见第6章微课

特种文献是介于图书与期刊之间的一种出版形式比较特殊的文献资源,一般包括会议文献、学位论文、专利文献、科技报告、标准文献、技术档案、政府出版物、产品样本等类型。本章主要介绍专利文献、标准文献、学位论文和会议论文这四类特种文献数据库的检索。

6.1 专利文献检索

专利是科学研究转化为生产力的重要途径。一个国家或企业对有效专利的绝对拥有量,在一定程度上代表该国家或企业的核心竞争力。1623 年,英国颁布的《垄断法规》是世界上第一部专利法。1984 年,我国通过了《中华人民共和国专利法》并正式于 1985 年 4 月实施并开始受理专利申请。1985 年 9 月 10 日,我国出版了第一份专利说明书和第一期专利公报。1993 年,我国申请加入国际专利合作条约组织(Patent Cooperation Treaty,PCT)。

6.1.1 专利的概述

1. 专利的概念

专利包含三层含义:一是从法律层面上是指专利权(patent right),指建立了专利制度的国家通过其政府机构(专利局)以法律形式保护发明人在一定时期内享有的技术专有权利,专利权具有独占性、时间性和地域性;二是从技术层面上是指受法律保护的技术即专利技术(patent technology),指处于有效期内的专利所保护的技术;三是从文献层面上是指发明创造内容的专利文献(patent document/literature),指专利申请、审查、批准过程中所产生的各种文件资料。专利的其他一些相关概念如表 6-1 所示。

表 6-1 专利的一些相关概念

名称	释义
申请人	即对发明创造的专利权提出申请的单位或个人。
发明人(设计人)	即实际从事发明创造工作、对发明创造的实质性特点做出创造性贡献的人。职务发明是指发明人在从事单位工作或主要利用单位的物质、技术条件完成的发明创造。此时,专利的申请人和专利权人均属于其单位,但发明人还是发明者本人。

(续表)

名称	释义
专利权人	当专利申请被批准授权以后,一般情况下原申请人就变成了专利权人,对其专利具有独占、使用、处置的权利。专利权人既可以是单位也可以是个人,负有缴纳年费义务。
申请号	申请号是申请人在专利申报时,由国家知识产权局给申请人的受理号,由12位数字组成,包括申请年号、申请种类号和申请流水号三个部分。按照由左向右的次序,专利申请号中的前4位数字表示受理专利申请的年号;第5位数字表示专利申请的种类(1表示发明专利申请,2表示实用新型专利申请,3表示外观设计专利申请,8表示进入中国国家阶段的PCT发明专利申请,9表示进入中国国家阶段的PCT实用新型专利申请);第6~12位数字(共7位)为当年申请流水号,表示受理专利申请的相对顺序;第13位即小数点后1位数字为计算机校验码。如申请号201210007430.7,前四位数表示2012年申请的发明专利,后七位数0007430为2012年申请的流水号,小数点后7为计算机校验码。
专利号	三种专利授权以后的代号,由原申请号之前添加ZL构成,如ZL200910059227.2。
基本专利	指某项发明首次在某国申请并获得批准的专利。
等同专利	指同一专利申请案用不同文字向多国申请并获得批准的专利。
同族专利	指基本专利与等同专利之和。
非法定相同专利	指第一个专利获得批准后,若就同一专利向别国提出相同专利申请,须在12个月之内完成,否则就成为非法定专利。

从狭义上讲,"专利"即指专利权。专利权是指一个国家授予发明创造人在一定时间内对以生产经营为目的的专利产品的制造、使用和销售的独占实施权。专利权即是一种工业产权,又是一种知识产权。专利从法律上来说是一种知识产权。知识产权可分为两部分,即"著作权"和"工业产权"。专利权和商标权属于工业产权。专利权受法律保护,但这种保护是以专利技术的公开为前提,同时受地域性和时效性的制约。例如,中国只保护获得中国专利权的专利,一项外国专利权在中国境内是不受法律保护的,当然也就不可能出现在中国境内侵犯外国专利权的问题。

我国专利法规定的专利权期限是自申请日起计算,发明专利为20年,实用新型和外观设计专利为10年。除上述期限届满终止外,专利还存在未缴费终止的情况,专利权自上一年度期满之日起终止。如发明专利"声密封装置的密封方法(CN201210007430.7)",其法律状态显示"未缴年费专利权终止"(申请日:20120111;授权公告日:20140820;终止日期:20170301)。

2. 专利的类型

各国专利法对专利的规定各有不同,我国专利法规定,中华人民共和国专利类型包括发明专利、实用新型专利和外观设计专利三种,如表6-2所示。

表 6-2 我国专利法规的专利类型

专利类型	释义
发明专利	发明作为专利法保护的主要对象,产品发明是指工业上能够制造的各种新制品,包括有一定形状和结构的固体、液体、气体之类的物品。方法发明是指对原料进行加工,制成各种产品的方法。发明专利的创造性水平要求较高,发明专利保护期为 20 年。
实用新型专利	实用新型专利也被称为"小发明"。它是对产品的形状、构造或者其结合所提出的适于实用的新的技术方案。其审查手续简单,保护期限为 10 年。
外观设计专利	外观设计是指对产品的形状、图案、色彩或者其结合做出的富有美感并适于工业应用的新设计,保护期为 10 年。

与发明和实用新型专利以技术方案本身为保护对象不同,外观设计专利实质上是保护美术思想,而发明和实用新型专利保护的是技术思想。一件外观设计专利只用于一类产品,若有人将其用于另一类产品上,不视为侵权外观设计专利权。

6.1.2 专利文献概述

1. 专利文献的概念

专利文献是各国专利局以及国际性专利组织在审批专利过程中产生的官方文件及其出版物的总称。专利文献不仅包括专利说明书,也包括有关专利权的申请文件、与专利有关的法律文件和诉讼资料,以及专利局公开出版的专利公报、专利年度索引等。

专利说明书是专利文献的主体。专利技术主要通过专利说明书予以公开,所以狭义的专利文献一般指专利说明书。专利说明书是申请人为获得某项发明的专利权,在申请专利时,必须向专利局呈交的一份有关该项发明详细内容的技术说明和对要求保护范围的详细描述。广义的专利文献是指记载和说明专利内容的文件资料及相关出版物的总称,包括专利说明书、专利分类表及专门用于检索专利文献的各种检索工具书。

2. 专利文献的特点

① 出版报道速度快。世界上大部分国家实行先申请制、早期公开和延迟审查制度。对于内容相同的发明,专利权授予最先提出申请的人。另外,因为实行了早期公开和延迟审查制度,自专利申请日起的 18 个月内,专利局就公开出版专利申请书,使得专利文献成为报道新技术最快的一种信息来源,检索专利文献将可能发现某些最新产品和技术。

② 内容详尽,实用性强。为了使发明创造满足专利申请的要求,并获得最大限度的法律保护,申请人必须在说明书上详细阐述发明的技术内容,还经常附有公式和图表帮助阐明技术内容,以便于通过专利审查。专利文献的内容都是在工农业生产中能够应用实施的技术方案,实用性较强,因此查阅专利文献可以帮助科研人员掌握一项产品或者技术的具体细节,在此基础上开展研究工作,以期收到事半功倍的效果。

③ 数量庞大、内容广泛。全世界每年公布的专利说明书以百万计,占每年科技出版物数量的 1/4,专利说明书内容极为广泛。

④ 著录规范,格式相同,反复报道量大。各国专利说明书著录格式的要求大体相同,

著录项目统一使用国际标准识别代码,并采用统一的专利分类体系,即国际专利分类法等。各国的专利申请书、说明书和权利要求书的撰写要求也基本相同,格式统一极大方便了人们对各国专利说明书的阅读和利用。

专利文献的反复报道量大主要是指一个专利可以在多个国家申请,就会在多个国家反复进行出版、公布;在实行早期公开、延迟审查专利审批制度的国家,在一件专利的申请、审批过程中要公开内容相同的专利说明书数次。

3. 专利文献的分类

国际专利分类法(IPC,International Patent Classification)是美、英、德、法、日等国以及国际专利组织创建的一套统一的专利分类系统,目前已普及到数十个国家,各主要工业国家出版的专利说明书上都印有国际专利分类号。

IPC 的基本目的是为各国专利局以及其他使用者确定专利申请的新颖性、创造性或对有关专利作出评价工作而进行的专利文献检索时的一种有效检索工具。1968 年开始在世界范围推行,每 5 年修订一次。

IPC 采用功能(发明的基本作用)和应用(发明的用途)相结合,分类原则以功能为主,利用等级形式将所有技术内容按部、大类、小类、主组、分组逐级分类。

国际专利分类法共有 9 个分册,分成部(Section)、大类(Class)、小类(Subclass)、主组(Main Group)、分组(SubGroup)五级。前面的 A、B、C、D、E、F、G、H 8 个分册代表 8 个部,第 9 分册是《使用指南》。《使用指南》是《国际专利分类表》的大类、小类和大组的索引,对《国际专利分类表》的编排、分类法和分类原则都做了解释和说明,可以帮助使用者正确使用国际专利分类表。

(1) 部

IPC 将全部科学技术领域分为 8 个部,其名称及其分类含义如表 6-3 所示。

表 6-3 国际专利分类表(2019 版)

类目	部类名	类目	部类名
A	人类生活必需	E	固定建筑物
B	作业、运输	F	机械工程、照明、加热、武器、爆破
C	化学、冶金	G	物理
D	纺织、造纸	H	电学

(2) 大类

部又设有若干个大类,共有 100 多个大类。大类类号由部的类号加两位数字组成,如 A01,代表"农业、林业、畜牧业、狩猎、诱捕、捕鱼"。

(3) 小类

小类是大类下的细分类目,每一大类中包括若干个小类,小类类号由大类类号后加上大写的英文字母组成,如 A01D,代表"收获、割草"。

(4) 主组

每个小类下又细分为若干个主组,其类号由小类类号后加 1~3 位数字和"/00"组成,如 A01D34/00,代表"割草机"。

(5) 分组

分组是主组下的细分类目,类号是用主组类号最末尾的两位零数字改为不同时为零的数字来表示,如 A01D34/04,代表"有前置切割器的割草机"。

也就是说,一个完整的 IPC 号是由部、大类、小类、主组、分组等几个等级的类号组成的。如下例所示:A41D3/08。它的"部"、"大类"、"小类"、"主组"、"分组"分别是:

A—部:人类生活必需。

A41—大类:服装。

A41D—小类:外衣;防护服;衣饰配件。

A41D3/00—主组:外套(裘皮服装入 A41D5/00;儿童用的入 A41D11/00;职业或运动防护衣入 A41D13/00)。

A41D3/08—分组:斗篷或披肩。

确定发明创造的国际专利分类号的方法一般有三种:

① 直接法。直接使用《国际专利分类表》查找专利分类号的方法,也可称为"由上而下"的方法,即先确定发明创造大致所属的部,使用这个部所在的分册,按照目录中给出的大类、小类、主组、分组逐级向下查找。

② 间接法。通过阅读已有的专利说明书或者查找《化学文摘》、《陶瓷文摘》、《金属文摘》等报道专利的检索工具间接地得到。

③ 关键词索引法。为了方便查找 IPC 分类号,每一版的国际专利分类表都配有一本单独出版的《IPC 关键词索引》(Offical Catchword Indexto the International Patent Classification)。索引按关键词顺序排列,每个关键词后均标有 IPC 分类号。当检索者不熟悉所查技术领域的分类情况时,可以借助《IPC 关键词索引》并结合 IPC 分类表,确定分类范围和准确的国际专利分类号。"优化的纤维素酶"完整的 IPC 为 C12N9/42(2006.01),其中(2006.01)表示从 2006 年 1 月起使用的第 8 版 IPC。在使用 IPC 时,要用与所查专利年代相对应的分类表版本,如检索 1993 年的专利文献要使用第 5 版分类表,IPC 被简写成"Int. CI^5",并且将它加在所有根据 IPC 分类的专利文献的分类号前面(第 8 版之前都用此法)。

4. 中国专利说明书

中国专利说明书的编号体系见表 6-4,中国专利说明书的类型如表 6-5 所示。

表 6-4　中国专利说明书的编号体系

编号	释义
申请号	是在提交专利申请时给出的编号
专利号	是在授予专利权时给出的编号
公开号	是指申请发明专利的说明书公开时的编号

(续表)

编号	释义
审定号	是指发明专利申请审定说明书的编号
公告号	是指对申请实用新型专利、外观设计专利的说明书公告时的编号
授权公告号	是指授权发明专利、实用新型专利、外观设计专利说明书的编号

表 6-5　中国专利说明书的类型

专利说明书的类型	释义
发明专利申请公开说明书	此说明书一般在申请日起18个月后,由国家知识产权局指定的知识产权出版社出版发行单行本,内容包括摘要、权利要求书、说明书和附图
发明专利说明书	该说明书是在专利局对该发明进行实质性(新颖性、创造性和实用性)审查后,在授予专利权的同时出版的说明书,内容包括经审定后的摘要、权利要求书、说明书和附图。由于发明专利申请自申请日起3年内,申请人可随时提出实质性审查的请求,另外,专利局认为必要的时候也可对发明专利进行实质性审查,再加上审查周期一般要一到数年,所以,该说明书一般在申请日起36个月后才能出版发行单行本
实用新型专利说明书	该说明书是专利局对该发明进行初步审查后,在授予实用新型专利权的同时出版的说明书,内容包括摘要、权利要求书、说明书和附图,该说明书一般在申请日起12个月左右出版发行单行本
外观设计专利说明书	该说明书是在专利局对该外观设计进行初步审查后,在授予外观设计专利权的同时出版的说明书,该说明书没有详细的文字说明,其内容包括外观设计专利的所有图或照片以及著录项目。该说明书一般在申请日起12个月左右出版发行单行本

6.1.3　专利文献检索

1. 专利文献检索的意义和目的

专利文献检索的主要目的就是要避免重复开发,使自己研发出来的技术、产品、方法、工艺等为自己所用,为自己所有。进行专利文献检索就是要掌握现在在相关行业和技术领域他人已经具有了什么样的生产制造能力和技术水平,同时了解自己准备或将要开发的项目是否落入他人专利的保护范围。也就是说,在某种范围内是否有必要开发某类产品或者某项技术。

专利文献的用途很广泛,但就检索的目的而言,可以概括为以下几个方面:

① 专利检索或查新。任何发明在申请专利之前,必须了解该发明是否具有新颖性和创造性,从而做出是否申请的决策。对专利申请提出异议,或者对有效专利请求无效宣告,也需要进行这种检索。

② 侵权检索。一项新技术和新产品投放之前,或者处理专利纠纷时,往往要调查专利的权利状况,如专有权的保护范围和有效期限等,以判断是否侵权。

2. 国内专利文献检索

(1) 国家知识产权局专利检索系统(http://www.sipo.gov.cn/)

该网站由中华人民共和国国家知识产权局创办,2001年11月正式对国内外公众提供中国专利数据库免费检索任务,网站设有中英文两种检索系统,中文检索系统收录了自1985年以来在中国公开的全部专利。

【例6-1】 检索格力公司2015年以来申请的名称中包含"空调"和"节能"的专利。

因需根据特定条件进行检索,可使用高级检索功能。根据题目要求,在检索字段"发明名称"中输入检索词"空调 AND 节能",在检索字段"申请日"中输入检索词">=20150101",在检索字段"申请(专利权)人"中输入检索词"格力",如图6-1所示。部分检索结果,如图6-2所示。

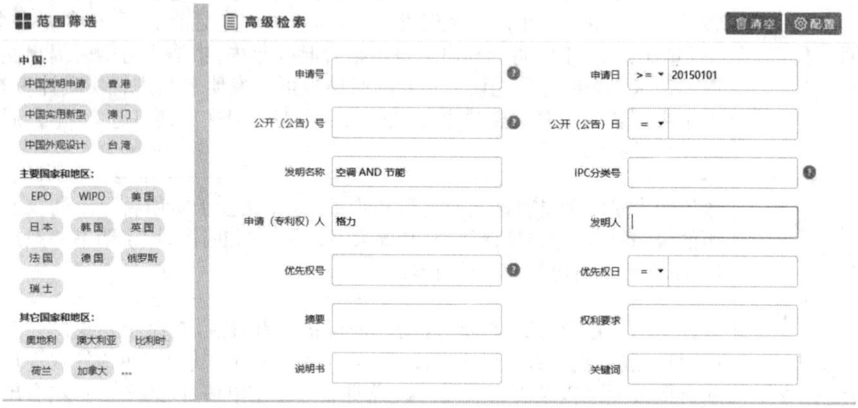

图6-1 国家知识产权局专利检索及分析系统高级检索界面

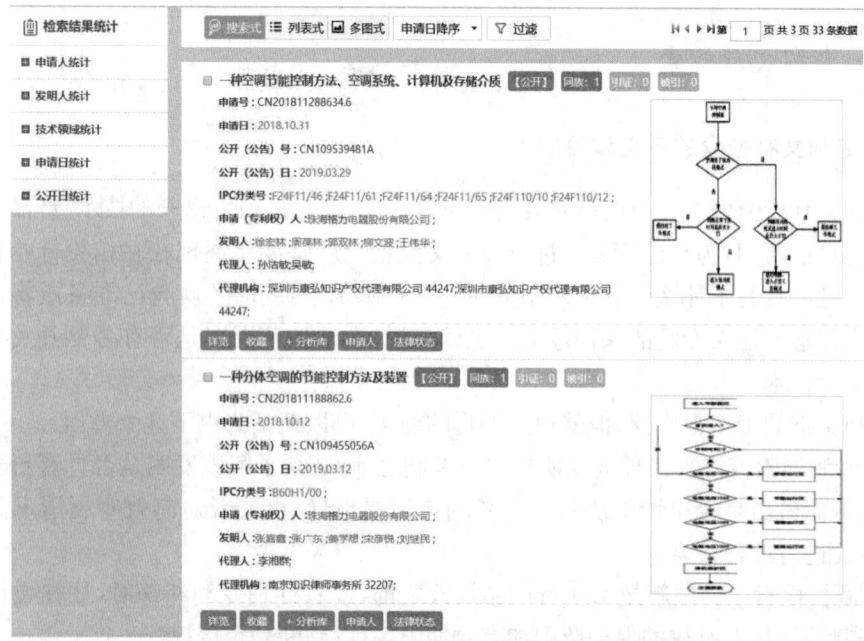

图6-2 国家知识产权局专利检索及分析系统检索结果

国家知识产权局还提供中国及多国专利审查信息查询,其入口为:http://cpquery.cnipa.gov.cn/。中国专利审查信息查询是为满足申请人、专利权人、代理机构、社会公众对专利申请的查询需求而建设的网络查询系统。多国发明专利审查信息查询服务可以查询中国国家知识产权局、欧洲专利局、日本特许厅、韩国特许厅、美国专利商标局受理的发明专利审查信息。

(2) 中国专利信息网(http://www.patent.com.cn)

中国专利信息网由国家知识产权局专利检索咨询中心于1997年10月创建,国家知识产权局专利检索咨询中心成立于1993年,提供专利和非专利等科技情报信息分析、专利侵权预警、知识产权法律和战略咨询、翻译、数据加工等服务,是国内较早提供专利信息服务的网站。

(3) CNIPR 中外专利数据库服务平台(http://search.cnipr.com/)

CNIPR 中外专利数据库服务平台是由中国知识产权出版社创建维护的知识产权信息与服务网站,提供对中国专利和国外(美国、日本、英国、德国、法国、加拿大、EPO、WIPO、瑞士等98个国家和组织)及港澳台专利的检索,该系统分基本检索和高级检索两种方式。

(4) 万方专利数据库(http://www.wanfangdata.com.cn/)

中外专利数据库(Wanfang Patent Database,WFPD),收录始于1985年,目前共收录中国专利2 200余万条,国外专利8 000余万条,收录范围涉及11国(中国、美国、澳大利亚、加拿大、瑞士、德国、法国、英国、日本、韩国、俄罗斯)两组织(世界专利组织、欧洲专利局),最早可追溯到18世纪80年代。

(5) 中国知网专利数据库(http://www.cnki.net/)

中国知网专利数据库包含《中国专利全文数据库(知网版)》和《海外专利摘要数据库(知网版)》。中国知网专利检索分为中国专利检索和海外专利检索。专利数据包括专利全文和专利题录。专利的检索方式包括一框式检索、高级检索、专业检索。与中国知网其他检索项目相比,除检索项不同,专利增加了申请日、公开日检索,海外专利增加了国别分类。

(6) SOOPAT 专利检索系统(http://www1.soopat.com/Home/IIndex)

SOOPAT 专利检索系统是面向公众开放的专利搜索引擎,可提供中国专利和世界专利检索服务,在检索方式上提供了表格检索、IPC 分类检索等方式,提供在线阅读、专利下载和交易登记等服务。

(7) 中国专利信息中心(http://www.cnpat.com.cn/)

中国专利信息中心成立于1989年,为国家知识产权局、地方政府、地方知识产权管理部门、专利审查协作中心、高校科研院所等企事业单位提供服务,业务范围覆盖全国。同时,中心结合市场需求,整合有效资源,为地方提供有特色的知识产权运营平台,加强与全国各机构的纵深合作,全方位拓展海外市场,不断输出一系列高附加值产品及服务。如专利之星检索平台(CPRS),基于国内首个自主知识产权检索系统 CPRS 的检索引擎开发,囊括了全球105个主要国家、地区和组织的超1亿件专利数据,是集专利文献检索、统计分析、机器翻译、专利专题库、定制预警等功能为一体的多功能综合性专利检索服务平台。

3. 国外专利文献检索

（1）美国专利检索

美国专利包括发明专利（Utility Patent，保护期限为自申请日起 20 年）、外观设计专利（Design Patent，保护期限为自申请日起 14 年）、植物专利（Plants Patent、保护期限自申请日起 20 年）以及依法登记的发明（Statutory Invention Refistration）等。

图 6-3　美国专利商标局 uspto 主页

美国专利可通过美国专利商标局专利数据库等方式查询，其网址：https://www.uspto.gov/，如图 6-3 所示。该系统是美国专利商标局建立的官方检索系统，可免费获取 1790 年以来的美国各种专利的数据。点击"PatFT"进入快速检索界面，如图 6-4 所示，再点击"Advanced"，进入高级检索界面，如图 6-5 所示，点击"Pat Num"，进入专利号检索界面（见图 6-6）。

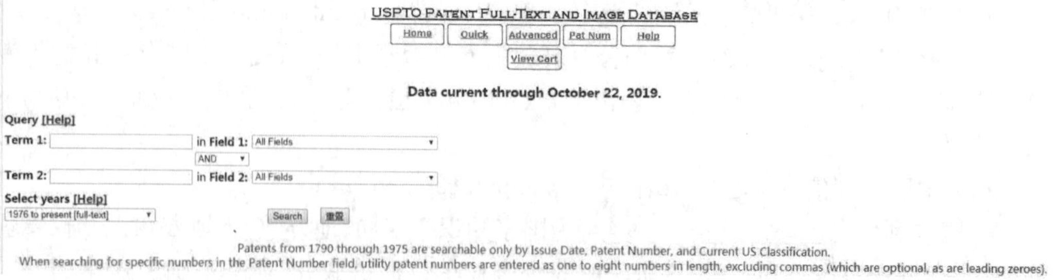

图 6-4　快速检索界面

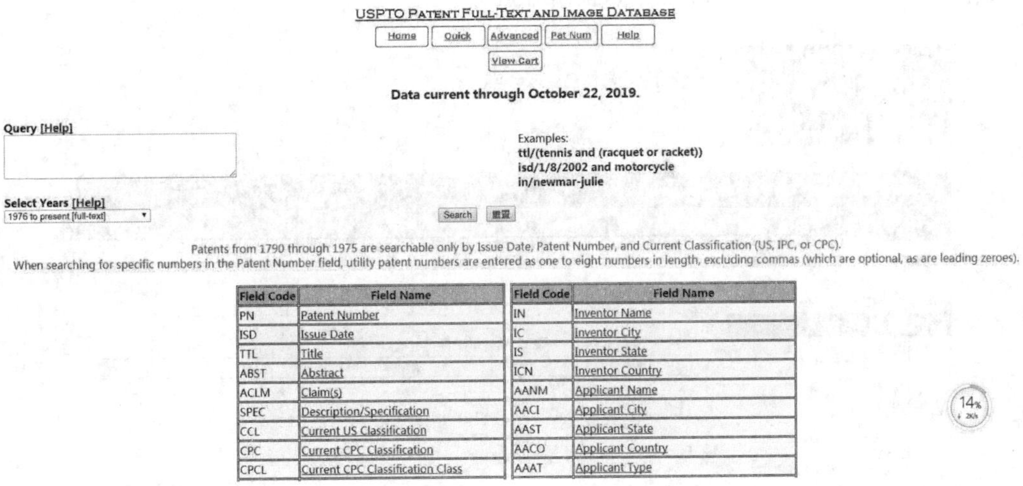

图 6-5 高级检索界面

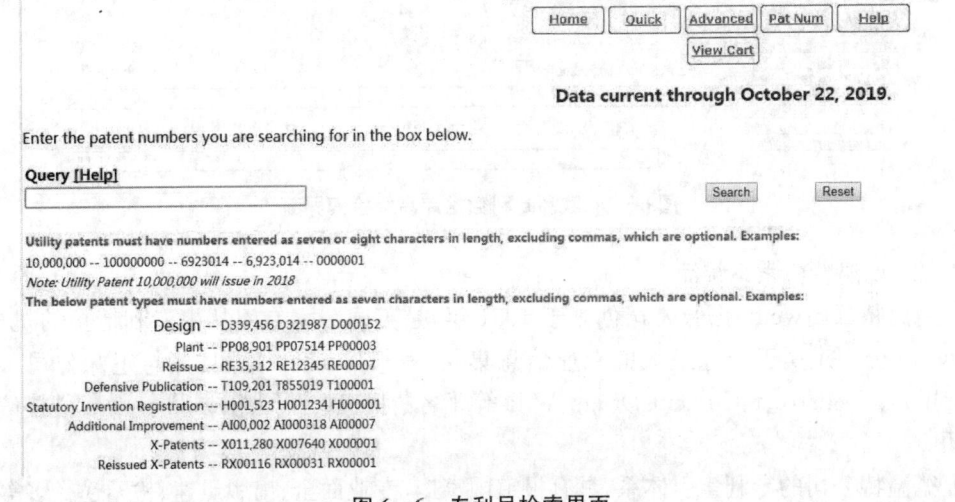

图 6-6 专利号检索界面

(2) 欧洲专利检索

欧洲专利同盟(European Patent Convention,EPC)是欧洲专利局(European Patent Office,EPO)制定一套各成员国可共同采用的专利申请的提交、检索及审查的一个欧洲地区专利条约。EPC 是一个地区性的国家间的专利组织,只对欧洲国家开放。根据欧洲专利公约颁授的专利称为欧洲专利,其特点主要是:一项申请,多国保护,采用英、法、德三种语言。欧洲专利包括欧洲发明专利和欧盟外观设计专利两种类型。

Espacenet 专利检索系统(https://worldwide.espacenet.com/)由欧洲专利局提供,可检索 90 多个国家的 7 000 多万件专利申请,提供著录项目、摘要、全文、引文和专利族信息,提供说明书的英语、法语、德语、西班牙语、波兰语、瑞典语等多文种互译。检索界面提供三种检索方式:智能检索(Smart search)、高级检索(Advanced search)(如图 6-7 所示)和分类检索(Classification and description)。

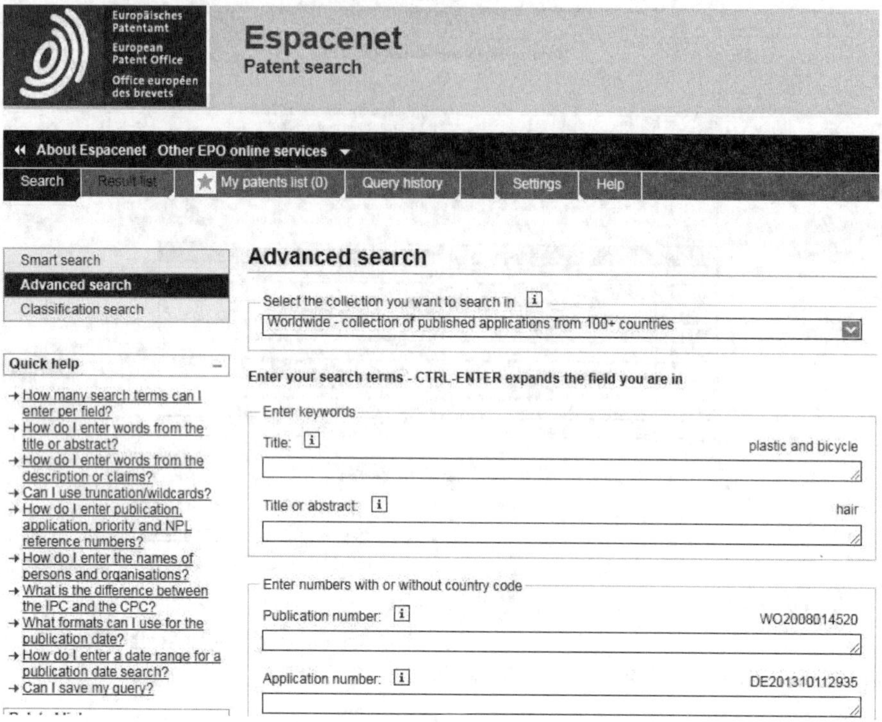

图6-7 欧洲专利数据库高级检索界面

(3) 德温特检索系统简介

德温特(Derwent)出版公司创立于1951年,是英国一家专门从事专利情报的机构。Derwent公司隶属于全球最大的专业信息集团——Thomson集团,并与姐妹公司ISI、Delphion、Techstreet、Current Drugs、Wila等著名情报机构共同组成Thomson科技信息集团。

德温特公司的专利索引体系,具有报道国家广、专业面全、出版迅速、检索途径多等优点,是世界上享有盛誉的专利检索工具,专利信息每周更新。

6.2 标准文献检索

6.2.1 标准文献概述

1. 标准的概念

标准是对重复性事物和概念所做的统一规定,它以科学、技术和实践经验的综合成果为基础,经有关方面协商一致,由主管机构批准,以特定形式发布,作为共同遵守的准则和依据。标准不仅是从事生产、建设工作的共同依据,而且是国际贸易合作、商品质量检验的依据,同时标准能够反映一个国家、一个行业、一个部门的生产和管理工作的水平,通过对一个标准的分析,可以预测一个国家或某行业的发展水平及动向,是一个很重要的情报源。我国加入WTO后,产品能否打入国际市场,标准的采用起到决定性的影响。

因此,标准文献是一种重要的科技出版物。标准文献是指按规定程序制定,经过公认的权威机构批准,以文件形式表达,在特定范围(领域)内必须执行的规格、规则、技术要求等。标准文献包括技术标准、技术规格和技术规则等规范性文献。无论是科研单位、企业还是每个人都要有强烈的标准意识,依据标准组织各项管理、组织各项生产,使各项事物的管理科学化、规范化、国际化。

2. 标准的类型

标准的类型按适用范围划分,分为国际标准、区域标准、国家标准、地方标准、行业标准、企业标准等;按标准文献的内容划分,则分为基础标准、产品标准、方法标准、安全标准、卫生标准、环境标准、管理标准、服务标准八大类。在我国,国家标准和行业标准按约束力又分为强制性标准、推荐性标准和指导性技术文件三种。

标准有明确的适用范围和用途,一项标准只适合于某一具体领域或用途。标准有统一的产生过程、统一的编制格式和叙述方法,强制性标准具有法律约束性。标准具有时效性,只在一定时间内有效,随着技术的改进和发展,旧的标准被现行标准(新标准)所替代,成为作废标准。

3. 标准文献的编号

标准编号是标准文献的重要外部特征,其编号方式上的固定化使得标准编号成为检索标准文献的重要途径。

无论是国际标准还是各国标准,在编号方式上均遵循一种固定格式,通常为"标准代号+顺序号+年代号",如中国的工业用乙醇国家标准编号为GB/T 6820-2016。

(1) 国家标准

我国国家标准的代号一律用两个大写汉语拼音字母表示,编号由标准代号、顺序号和批准年份组合而成,如烧碱、聚氯乙烯工业污染物排放的国家标准编号为GB15581-2016。其中GB为强制性国家标准代号,15581为标准发布顺序号,2016为标准发布年份。

推荐性国家标准用GB/T表示,如浸渍纸层压秸秆复合地板的国家标准编号为GB/T 23471-2018。其中GB/T为推荐性国家标准代号,23471为标准发布顺序号,2018为标准发布年份。

(2) 行业标准

强制性行业标准用两个大写汉语拼音字母的行业标准代号表示,如石油化工仪表供气设计规范的行业标准编号为SH3020-2001,SH为石油化工行业标准代号,3020为标准发布顺序号,2001为标准发布年份。

推荐性行业标准用两个大写汉语拼音字母/T的行业标准代号表示,如修造船厂门座起重机技术规范的行业标准编号为CB/T 8504-1995,CB/T为推荐性船舶行业标准代号,8504 为标准发布顺序号,1995 为标准发布年份。

我国行业标准用该行业主管部门名称的汉语拼音字母表示,部分行业标准情况如表6-6所示。

(3) 地方标准

除国家标准和行业标准外,我国还存在地方标准和企业标准。地方标准代号用"DB"加上省、自治区、直辖市行政区划代码的前两位数字表示,如2017年5月广东省质量技术监督局批准发布了推荐性地方标准:山地果园牵引式双轨运输机,标准编号为 DB44/T 1993-2017。

企业标准的代号用"Q/+企业代号"组成,如中石化的企业标准气体钻井安全技术规范,其标准编号为 Q/SH 0034-2007。

表6-6 我国行业标准代号

标准代号	行业标准	标准代号	行业标准	标准代号	标准类别
CB	船舶	JG	建筑工业	SJ	电子
CH	测绘	JR	金融	SL	水利
CJ	城镇建设	JT	公路水路运输	SY	石油天然气
CY	新闻出版	JY	教育行业	SN	进出口检验
DA	档案工作	LD	劳动和劳动安全	TB	铁路运输
DL	电力	LY	林业	TD	土地管理
DZ	地质矿产	MH	民用航空	WB	物资管理
EJ	核工业	MT	煤炭	WH	文化
FZ	纺织	MZ	民政工作	WJ	兵工民品
GA	公共安全			WS	卫生
GY	广播电影电视	NY	农业	XB	稀土
HB	航空	QB	轻工	YC	烟草
HG	化工	QC	汽车	YB	黑色冶金
HJ	环境保护	QJ	航天工业	YD	通信
HY	海洋	SB	商业	YS	有色金属
JB	机械	SC	水产	YY	医药
JC	建材	SH	石油化工	ZY	中医药

(4) 国际标准

① 国际标准化组织(ISO,International Organization for Standardization)是一个全球性的非政府组织,负责目前绝大部分领域(包括军工、石油、船舶等垄断行业)的标准化活动。ISO标准号的构成为:"ISO+顺序号+年代号(制定或修订年份)",如1999年12月发布的标准编号为ISO4957-1999的工具钢标准。

② 国际电工委员会(IEC, The Inclusive Engineering Consortium)是世界上成立最早(成立于1906年)的国际性电工标准化机构,负责有关电气工程和电子工程领域中的国际标准化工作,宗旨是促进电工、电子和相关技术领域有关电工标准化等所有问题(如标准的合格评定)的国际合作。

6.2.2 中国标准文献检索

一般来说,标准文献检索主要使用标准号、标准名称(关键词)和标准分类号三种检索方法,其中使用标准号检索是最常用的方法,但需要预先知道标准号,而通常检索者并不知道明确的标准号,只知道一个名称,这样就需要用其他方法,如使用标准名称(关键词)检索。这种方式有一个明显的优势,即只要输入标准名称中的任意有关词就可能找到所需要的标准,但前提是检索词要规范,否则就要使用标准分类号进行检索。

1. 国家标准文献共享服务平台(http://www.cssn.net.cn/)

国家标准文献共享服务平台由国家质量监督检验检疫总局牵头,中国标准化研究院承担,向社会开放服务,提供标准动态跟踪、标准文献检索、标准文献全文传递和在线咨询等功能。登录平台主页,点击"资源检索",进入标准高级检索界面,如图6-8所示。此外,网站正式开通"标准正版销售系统",是我国质检出版社、ISO、IEC、ASTM、AS、KS、ASME标准的官方销售网站,是标准正版销售体系的业务支撑系统。

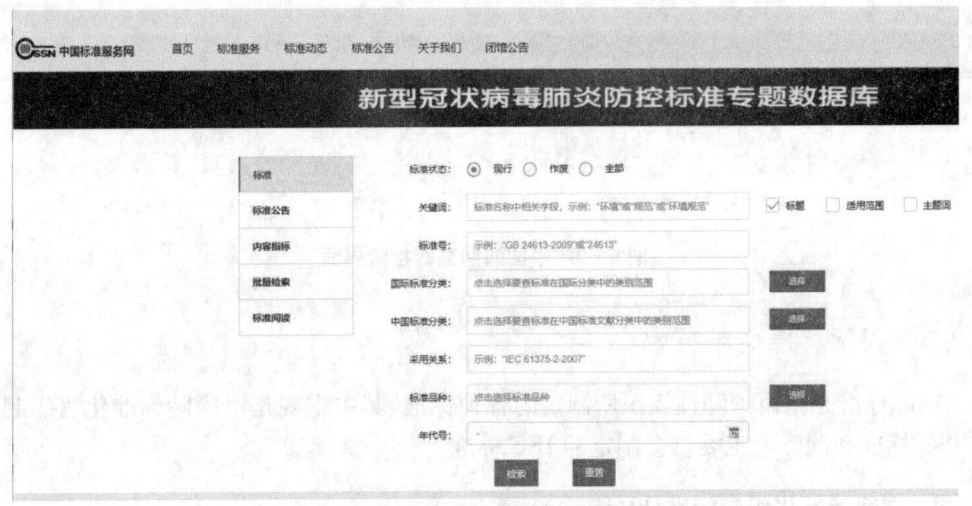

图6-8 国家标准文献共享服务平台高级检索界面

2. 中国知网标准检索

中国知网《标准数据总库》是国内数据量最大、收录最完整的标准数据库,分为《中国标准题录数据库》(SCSD)、《国外标准题录数据库》(SOSD)、《国家标准全文数据库》和《中国行业标准全文数据库》。

《中国标准题录数据库》(SCSD)收录了所有的中国国家标准(GB)、国家建设标准(GBJ)、中国行业标准的题录摘要数据,共计标准约13万条;《国外标准题录数据库》收录了世界范围内重要标准,如国际标准(ISO)、国际电工标准(IEC)、欧洲标准(EN)、德国标准(DIN)、英国标准(BS)、法国标准(NF)、日本工业标准(JIS)、美国标准(ANSI)、美国部分学协会标准(如 ASTM、IEEE、UL、ASME)等标准的题录摘要数据,共计标准约31万条,全部标准均获得权利人的合法授权。

【例 6-2】 利用知网网站查找"地采暖用实木地板"的国家标准。

选择中国知网,进入检索页面,点击"标准"分类,选择"标准名称"输入"地采暖用实木地板",检索结果如图 6-9 所示。

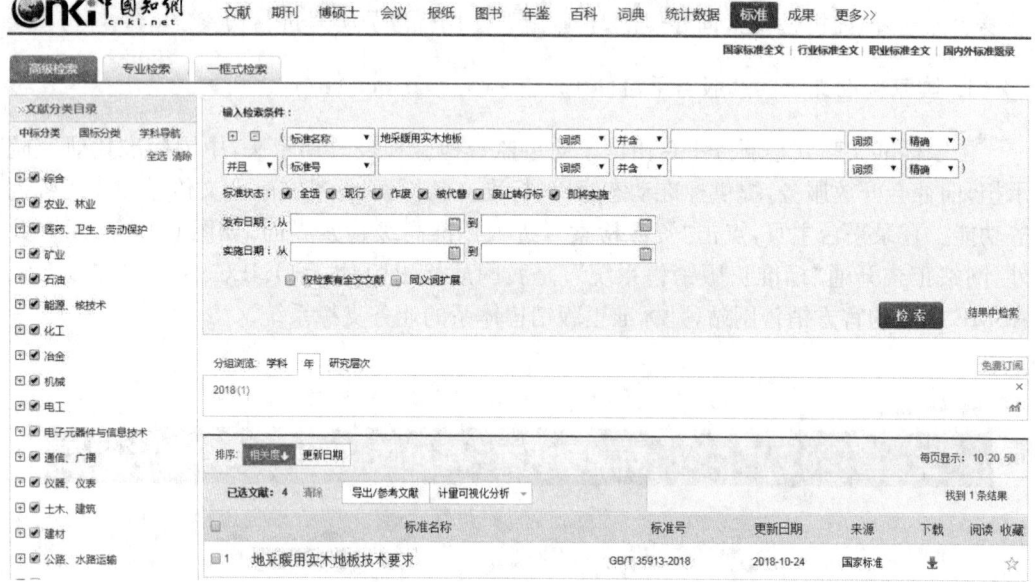

图 6-9 中国知网高级检索界面

6.2.3 国际标准文献检索

国际标准是指由国际性组织所制定的各种标准,其中主要是由国际标准化组织制定的 ISO 标准和国际电工委员会制定的 IEC 标准。

1. 国际标准化组织标准(https://www.iso.org/)

国际标准化组织(ISO, International Organization for Standardization),成立于 1946 年 10 月 14 日,我国于 1978 年 9 月加入该组织。ISO 主要任务是制定国际标准,促进各国标准化工作的开展,协调世界范围内的标准化工作。国际标准化组织官方检索入口为:https://www.iso.org/search/x/(如图 6-10 所示)。

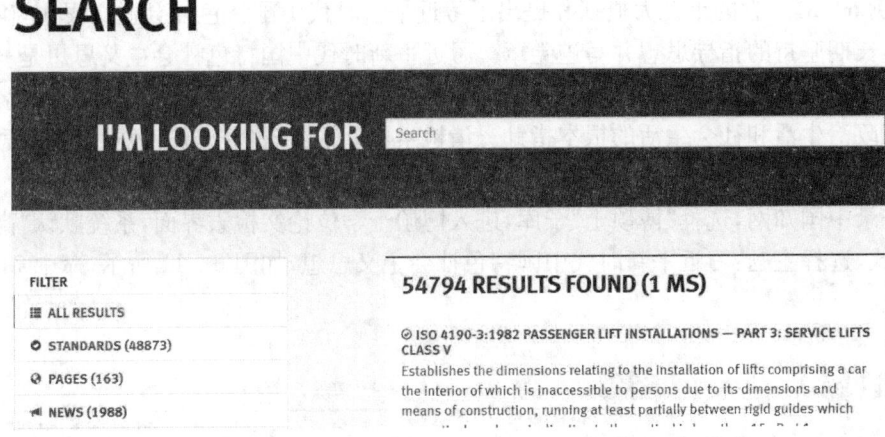

图 6-10 国际标准化组织(ISO)标准目录界面

2. 国际电工委员会标准(https://www.iec.ch/)

国际电工委员会(IEC,The Inclusive Engineering Consortium,简称 IEC)成立于 1906 年,是世界上成立最早的国际性电工标准化结构,我国于 1957 年加入该组织。IEC 负责有关电气工程和电子工程领域中的国际标准化工作。

6.3 学位论文检索

世界上大多数国家实行的是三级学位制度,即学士学位、硕士学位和博士学位,相应的学位论文即学士学位论文、硕士学位论文和博士学位论文。大多数学位论文,尤其是硕士学位论文和博士学位论文因为触及学科的前沿问题,研究成果具有创新性,具有较大的学术价值、情报价值和使用价值。

6.3.1 学位论文概述

学位论文就是学生为了获取学位向学校或其他学术单位提交的学术研究论文。目前,可获取国内学位论文全文的数据库有中国知网《中国优秀博硕士学位论文全文数据库》和万方数据知识服务平台《中国学位论文全文数据库》;获取国外学位论文全文的数据库主要是 PQDT(ProQuest Dissertation and Theses)。

6.3.2 国内学位论文检索

1. 中国博硕士学位论文全文数据库

中国知网的《博硕士学位论文全文数据库》是目前国内相关资源最完备、高质量、连续动态更新的中国优秀博硕士学位论文全文数据库,已累积博硕士学位论文全文文献400万篇,文献数据来自全国485家培养单位的博士学位论文和766家硕士培养单位的优秀硕士学位论文。

【例 6-3】 党的十九大概括和提出了习近平新时代中国特色社会主义思想,确立为党必须长期坚持的指导思想并写进党章。习近平新时代中国特色社会主义思想是马克思主义中国化最新成果,是党和人民实践经验和集体智慧的结晶,是中国精神的时代精华,是国家政治生活和社会生活的根本指针。请检索习近平新时代中国特色社会主义思想的相关学位论文。

登录中国知网,选择"博硕士"子库,进入博硕士学位论文检索界面,系统默认"高级检索"方式,选择主题:习近平新时代中国特色社会主义思想,如图 6-11 所示,命中 71 篇学位论文。

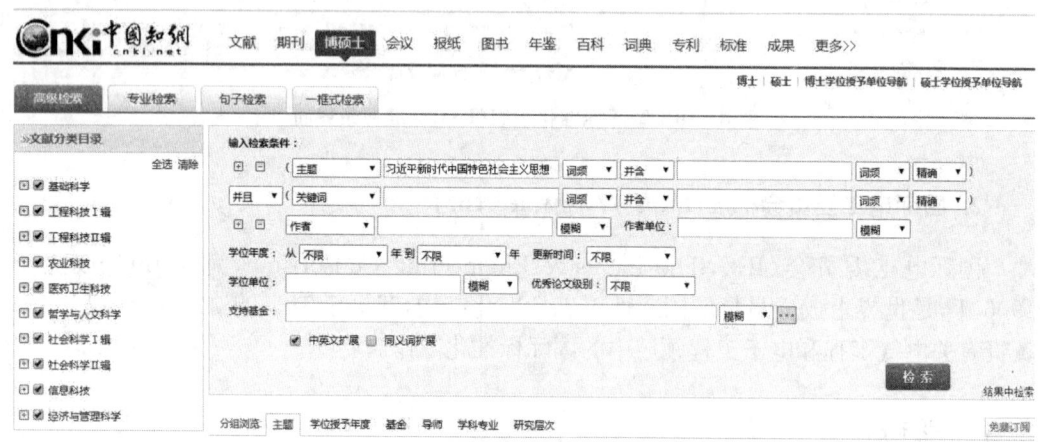

图 6-11 CNKI 博硕士学位论文检索界面

2. 万方数据知识服务平台《中国学位论文全文数据库》

中国学位论文全文数据库(China Dissertations Database)始于 1980 年,年增 30 万篇,涵盖理学、工业技术、人文科学、社会科学、医药卫生、农业科学、交通运输、航空航天和环境科学等各学科领域。

登录中国学位论文数据库,主页除简单检索输入对话框外,还可以点击高级检索,如图 6-12 所示。可检索字段包括主题、作者、中图分类号、学位授予单位、学位导师、学位专业、关键词和题名等,不同字段之间用"与"、"或"、"非"实现逻辑组配,系统默认逻辑"与"组配方式,根据检索需求,可通过检索对话框左边的"+"增加检索字段,或通过"-"减少检索字段,全文输出格式为 PDF,可下载整本,也可在线查看全文。

图 6-12　万方学位论文的高级检索

6.3.3　国外学位论文检索

1. PQDT 学位论文全文概述

ProQuest 公司是世界上最早及最大的博硕士论文收藏和供应商，该公司的 (ProQuest Dissertations & Theses，PQDT)数据库可提供 200 多万篇国外高校博硕士论文的全文。特别是北美高等院校博硕论文的核心资源，也是目前国内唯一提供国外高质量学位论文全文的数据库，收录 1743 年至今全球超过 3 000 余所高校、科研机构 400 余万篇博硕论文的题录信息，内容覆盖科学、工程学、经济与管理科学、健康与医学、历史学、人文及社会科学等各个领域，是学术研究中十分重要的信息资源。PQDT 包括 2 个专题专辑：人文和社会科学专辑 PQDT A(The Humanities and Social Sciences Collection)，科学和工程学专辑 PQDT B(The Sciences and Engineering Collection)，每周更新，年增论文逾 13 万篇。

目前 PQDT 学位论文全文检索系统在国内开通了 CALIS、上海交通大学和中国科学技术信息研究所三个镜像站，订购用户可登录任一网站检索并下载全文(http://www.pqdtcn.com,如图 6-13 所示)，PQDT 的检索技术有很多种，如表 6-7 所示。

图 6-13　ProQuest 学位论文全文检索平台

表 6-7　PQDT 检索技术

算符名称		算符标识	示例	注释
逻辑检索	逻辑与	AND	A and B	A、B 两词必须在文献中同时出现
	逻辑或	OR	A or B	A、B 两词中的任意一个或两个同时出现在文献中均可
	逻辑非	NOT	A not B	NOT 算符前面的 A 词出现在文献中,后面所跟的 B 词不出现文献中
优先级检索		( )	(A or B) not C	括号内的运算符优先执行
位置检索		NEAR/n 或 N/n	A N/3 B	A、B 两词相隔不超过 3 个词,A、B 两词前后词序不受限定
		PRE/n 或 P/n 或—	A PRE/2 B	A、B 两词相隔不超过 2 个词,A、B 两词前后词序一定;连字符(—)可连接检索中的两个词语,等同于 PRE/0 或 P/0
准确检索		EXACT 或 X	SU. EXACT("AB") SU. X("AB")	在全部内容中查找准确检索词语,主要用于检索特定字段,如"主题"字段
短语检索		"AB"	" "	精确短语检索
限定符(副标题)		LNK (或——)	MESH (aspirin—— "adverse effects"); IND("dry eye")LNK RG(Canada)	通过在词库窗口选择适当的限定符,或通过在基本检索、高级检索或命令行检索中使用 LNK(或——),将描述词链接到副标题(限定符);此外,一起链接两个相关的数据元素,以确保用户检索的适当特异性,如将检索限定在加拿大地区治疗干眼症的药物的文献
截词算符		?	nurse?可找到 nusrses、nursed,但不是 nurse	精确地代替一个字符

(续表)

算符名称	算符标识	示例	注释
	*	nurse *，可找到 nurse、nurses、mursed	截词字符(*)；支持前截词(左侧截词)、后截词(右侧截词)或中截词，每一个截词字符可以返回最多500个词的变体
	$n 和[*n]	nutr$5,nutr[*5],可找到 nutrition、nutrient、nutrient	$n 和[*n]是用来表示用户想截断多少个字符的等效运算符
数字算符	<、>、<=、>=、-	YR(>=2005)表示大于等于2005年	在表示出版年份的数字中使用

PQDT学位论文库的检索方式分为基本检索和高级检索，如图6-14所示，同时提供学科分类检索功能和学校分类浏览功能，如图6-15所示。

图6-14 PQDT学位论文全文检索平台

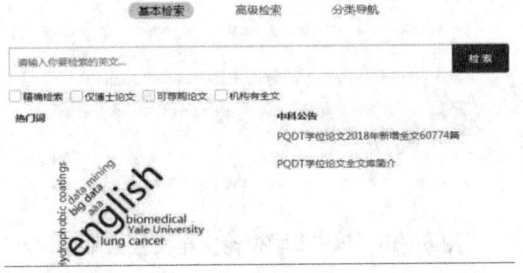

图6-15 PQDT分类导航检索界面

(1) 基本检索

基本检索是一种便捷的检索方法,进入数据库即进入基本检索页面,可以选择检索字段、输入检索词、选择布尔逻辑组配、选择检索年份,然后进行检索。

(2) 高级检索

高级检索提供强大的检索功能,可以在文本框里直接输入布尔检索表达式,可以利用组合输入框构建布尔检索式,也可以两种方式同时使用。高级检索中,在命令行中输入检索策略,需要合理地使用检索字段和检索运算符。

(3) 分类导航

PQDT 学位论文全文数据库提供按学科和按学校分类检索的功能。

ProQuest 学位论文全文数据库对检索结果的处理提供结果浏览和结果输出功能,如图 6-16 所示。

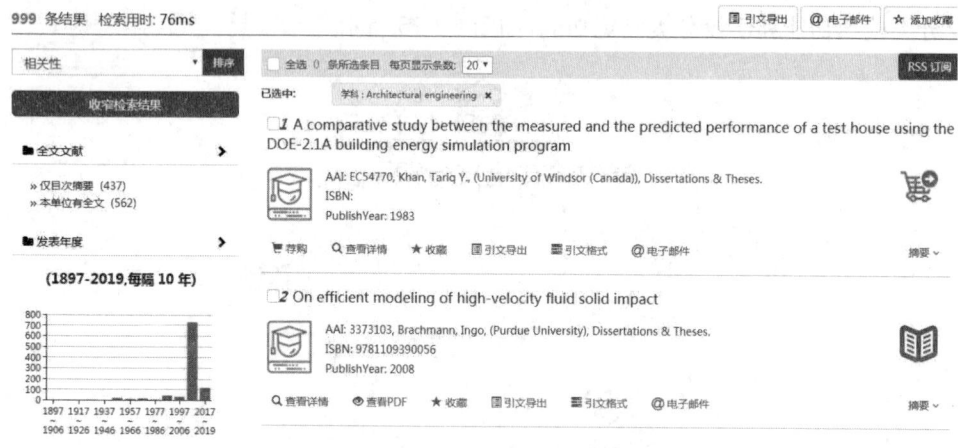

图 6-16 PQDT 学位论文全文检索平台

2. OCLC First Search—WorldCatDissertations

FirstSearch 是 OCLC 的一个联机参考服务系统,包括 70 多个数据库,从 1999 年开始,CALIS 全国工程中心订购了其中的基本组数据库。FirstSearch 基本组包括 10 多个数据库,其中大多是综合性的库,内容涉及艺术和人文科学、商务和经济、会议和会议录、教育、工程和技术、普通科学、生命科学、医学、新闻和时事、公共事务和法律、社会科学等领域。

WorldCatDissertations 收集了 WorldCat 数据库中所有硕博士论文和以 OCLC 成员馆编目的论文为基础的出版物。该库最突出的特点是其资源均来自世界一流高校的图书馆,如美国的哈佛大学、耶鲁大学、斯坦福大学、麻省理工学院等以及欧洲的剑桥大学、牛津大学、巴黎大学、柏林大学等,共计 1 900 多万条记录,其中 100 多万篇有全文链接,可免费下载。该库每天更新。

6.4 会议论文检索

会议是国际学术交流的重要形式,由于其出版具有不规则性.因而检索与获取会议文献比较困难。

6.4.1 会议文献的概述

会议文献是指各类科技会议的资料和出版物,包括会议前预先提交的论文,在会议上讨论的问题、交流的经验和情况等经整理编辑而成的正式出版物(会议录或会议论文集)。

1. 会议文献的类型

按照出版时间的前后,会议文献可分为会前文献、会中文献和会后文献,如表 6-8 所示。

表 6-8 会议文献类型一览表

类型	释义
会前文献	会前文献指在会议召开之前预先印发给与会代表的论文、论文摘要或论文目录,主要有四种类型:会议论文预印本、会议论文摘要、议程和发言提要、会议近期通讯或预告。大约 50% 的会议只出版预印本,会后不再出版会议录,在此情况下,预印本就是唯一的会议资料。
会中文献	会中文献大多数是行政事务性和情况报道性文献,如会议期间的开幕词、贺词、报告、演讲词、闭幕词、讨论记录、会议决议等,一般学术参考价值不大,但是会议期间请专家做的学术报告,还是较有价值的。
会后文献	会后文献指会议结束后正式发表的会议论文集等,是会议文献中的核心部分。常见的有:会议录、会议论文集、学术讲座论文集、会议论文汇编、会议记录、会议报告、会议文集、会议出版物、会议摘要等。

2. 会议文献的出版形式

会议文献的出版形式如表 6-9 所示。

表 6-9 会议文献类型一览表

类型	释义
图书	以图书形式出版的会议文献,大多称会议录,会后文献一般采用该种形式出版。连续性会议文献定期或不定期地出版丛书、丛刊等。
期刊	以专刊、特辑的形式发表在期刊上,多数刊载于有关学会、协会主办的学术刊物中。
科技报告	有些会议文献还会以科技报告的形式出版。
电子产品	包括在开会期间进行录音、录像等视听资料及 PDF 格式文字资料,所有资料以光盘或网络下载形式提供给用户。

目前,会议文献的主要检索手段是网络检索,通过数据库或相关会议网站获取会议信息,印刷版会议文献一般通过 OPAC(图书馆馆藏目录)获取,检索方法与图书类似。此外,CALIS 联合目录系统、中科院联合目录系统、WorldCat 等也是获取印刷版会议文献的主要工具。

6.4.2 国内会议论文检索

1. 中国学术会议文献数据库

中国学术会议文献数据库(China Conference Paper Database,CCPD)是万方数据知识服务平台的系列产品之一,也称万方会议文献数据库。其中会议资源包括中文会议和外文会议,中文会议收录始于1982年,年增20万篇论文;外文会议主要来源于NSTL外文文献数据库,共计766万篇全文。

【例6-4】 核心价值体系在社会发展和国家安全中具有"生命线"的意义。随着改革开放的进一步深入,文化软实力战略地位的重要性进一步彰显。大学生是建设中国特色社会主义事业的接班人,高校图书馆作为高校三大支柱之一,是大学生的第二课堂,如何积极发挥其思想政治教育职能,使之成为培育和践行社会主义核心价值观的重要阵地,引领大学生社会主义核心价值观的创建成为新课题。请查找高校图书馆培育与践行大学生社会主义核心价值观的相关会议论文。

根据题目要求:检索选择会议主题,检索式为社会主义核心价值观 and(图书馆 or 高校图书馆),如图6-17所示。

图6-17 万方会议论文高级检索界面

2. 中国知网国内外重要会议论文数据库

国内外重要会议论文全文数据库的文献重点收录1999年以来,中国科协系统及国家二级以上的学会、协会,高校、科研院所,政府机关举办的重要会议以及在国内召开的国际会议上发表的文献。其中,国际会议文献占全部文献的20%以上,全国性会议文献超过总量的70%,部分重点会议文献回溯至1953年。目前,已收录出版国内外学术会议论文集3万本,累积文献总量300万篇。

6.4.3 国外会议论文检索

1. 会议录引文索引

会议录索引(CPCI,Conference Proceedings Citation Index,原名也叫 ISTP 检索),是美国科技信息所(ISI)出版的会议录索引数据库,CPCI 检索被列入"三大文献索引"之一。美国科学情报研究所(ISI)基于 Web of Science 的检索平台,将 Conference Proceedings Citation Index – Science(科技会议录索引,简称 CPCI – S)和 Conference Proceedings Citation Index – Social Science & Humanities(社会科学与人文会议录索引,简称 CPCI – SSH)两大会议录索引集成为 ISI Proceedings。两大会议录共用一个检索平台 Web of Science Proceedings,访问地址是:https://www.webofknowledge.com/。该库收录了全球 12 000 余种主要的科学技术、社会科学和人文科学会议录的论文文摘。

科学与技术版本(CPCI – S)涵盖了所有科学与技术领域,包括:化学与物理、生物化学与分子生物学、农业与环境科学、医学、工程、生物技术、计算机科学等。社会科学与人文科学版本(CPCI-SSH)包含了来自于社会科学、艺术与人文领域的所有学科,包括:管理学、公共健康、历史、心理学、经济学、文学与哲学、社会学、艺术。

【例 6 – 5】 检索碳纳米管力学性能的会议文献。

根据题目要求,找到检索词,使用检索式 Carbon nanotubes AND (mechanical propert* OR mechanical performance)。该案例可以用基本检索,也可以用高级检索。检索时首先从图 6 – 18 所示开始,选择数据库下拉菜单中的 Web of Science 核心合集,然后在更多设置下选择 CPCI – S 和 CPCI – SSH 两个数据库,如图 6 – 19 所示。

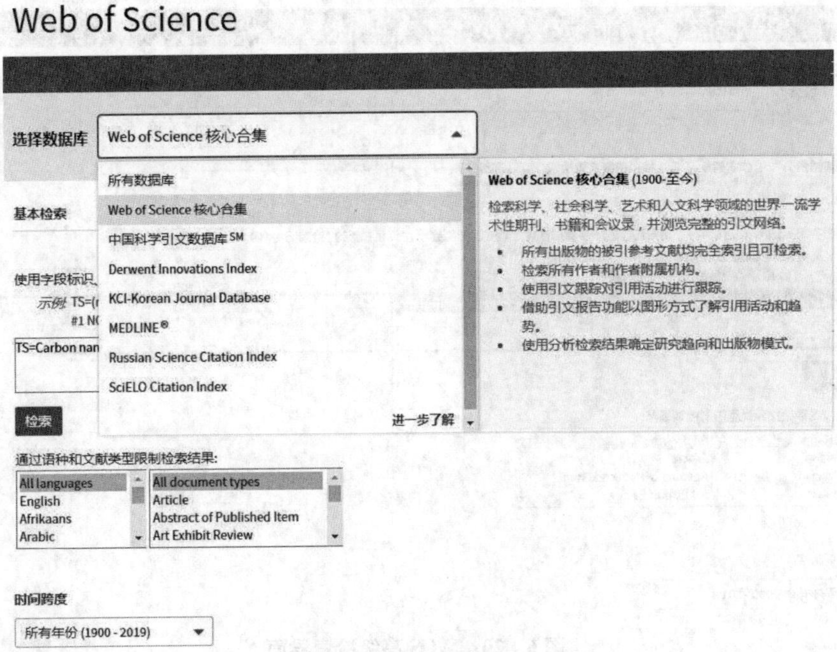

图 6 – 18 WOS 检索界面

图 6-19 WOS 更多设置

在高级检索中，图 6-20 所示为一次性检索表达式：TS＝Carbon nanotubes AND TS＝(mechanical propert* OR mechanical performance)，高级检索字段标识如图 6-21 所示。

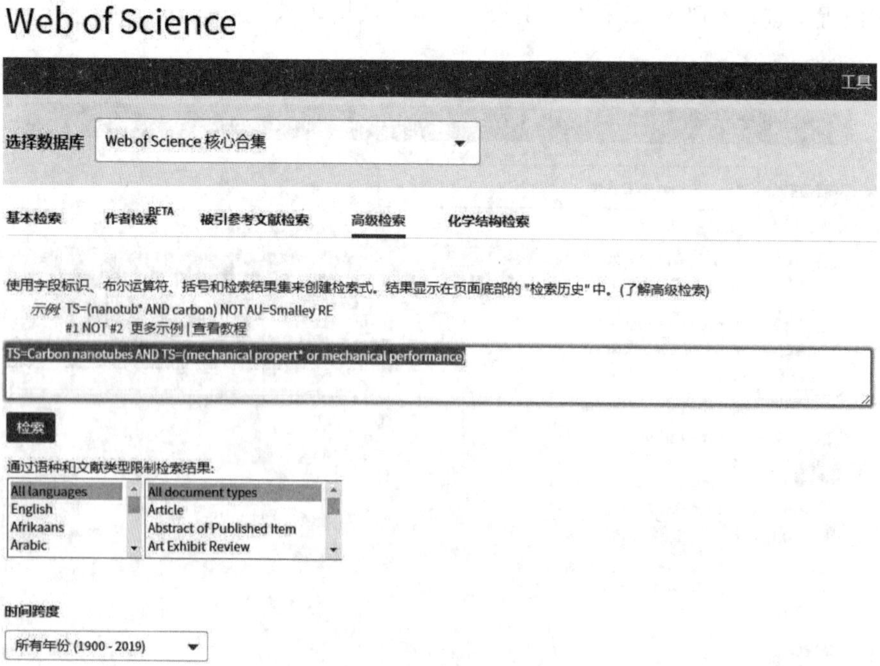

图 6-20 WOS 高级检索界面

```
布尔运算符: AND、OR、NOT、SAME、NEAR
字段标识:
TS= 主题              SA= 街道地址
TI= 标题              CI= 城市
AU= 作者 [索引]       PS= 省/州
AI= 作者识别号        CU= 国家/地区
GP= 团体作者 [索引]   ZP= 邮政编码
ED= 编者              FO= 基金资助机构
SO= 出版物名称 [索引] FG= 授权号
DO= DOI               FT= 基金资助信息
PY= 出版年            SU= 研究方向
CF= 会议              WC= Web of Science 分类
AD= 地址              IS= ISSN/ISBN
OG= 机构扩展 [索引]   UT= 入藏号
OO= 机构              PMID= PubMed ID
SG= 下属机构          ALL= 所有字段
```

图 6-21　WOS 高级检索字段标识一览表

2. IEEE/IEE Electronic Library(IEL)

提供美国电气电子工程师学会(IEEE)和英国电气工程师学会(IEE)出版的会议录全文,此外,该库还提供电子期刊全文和标准全文。

3. ACM Digital Library

提供美国计算机协会(Association for Computing Machinery)出版的会议录全文,此外,该库还提供电子期刊、杂志等全文。

4. OCLC-PapersFirst

该库是 OCLC FirstSearch 中的一个子库"国际学术会议论文索引",收录了世界范围的会议论文的索引,涵盖了大英图书馆文献提供中心(The British Library Document Supply Center,BLDSC)收集到的已出版的论文。

5. OCLC-Proceedings

该库是 OCLC FirstSearch 中的一个子库"国际学术会议录目录",收录世界范围内的会议目录的引文,每两周更新一次。

本章思考题

1. 什么是特种文献?特种文献的类型有哪些?
2. 我国专利有哪几种类型?各类型专利的保护年限是多少?
3. 什么是标准?标准有哪些类型?中国标准是如何分类的?
4. 发明创造是先申请专利还是先发表文章?
5. 中国知识产权局网站的栏目内容有哪些?
6. 标准文献能够为大学生创业提供哪些帮助?
7. 2015 年以来东南大学申请了多少专利?至今有效的专利有多少?

第 7 章 信息检索策略与案例分析

扫码可见第 7 章微课

信息检索策略,就是在分析检索提问的基础上,确定检索的数据库、检索的用词,并明确检索词之间的逻辑关系和查找步骤的科学安排。执行一个课题的检索是有过程、分步来完成的,特别是在计算机检索中,策略问题是明确提出来的,必须慎重考虑,因为他可能要完成的是一个比较复杂、精细的检索课题,又是在人与机器的对话、交互中实现的。

7.1 信息获取与分析

7.1.1 信息需求分析

在生活、学习和工作中,每个人都会产生对各种信息的渴求,这种渴求称为信息需求。只有对信息需求真正了解,才能获得正确的检索结果。需求分析是在问题及其最终解决方案之间架设桥梁的第一步。分析清楚需求间的逻辑关系,及需求优先级的排列,就能探索出描述这些需求的多种解决方案,否则对需求内容的任何改进,都将导致信息查询上的大量返工。

1. 信息需要所涉及的通用问题

分析课题是检索的准备阶段,是整个查询过程的出发点,包括对课题类型、背景知识、概念及知识体系的分析,并提出拟解决的问题。信息需求的特征及其解决方案如表 7-1 所示。

表 7-1 信息需求的特征及其解决方案

需求特征	解决方案
检索目的	申报课题、开题报告、学术论文、成果查新以及其他需求类型等
所需信息的学科范围	某一学科还是多学科,需找出课题核心内容的主题概念或分类号
结果形式,这是什么类型的文章	简要分析、说明、正式报告、研究论文、口头报告
结果数量,需要多少信息	是一本书、一些文章和书籍,还是一个网站,或者更大量的信息
需要什么样的信息	数据、事实、评论、论文、科技报告、图书、专利、标准、网站
需要哪些出版类型的信息	学术期刊、杂志、网站、书籍
需要哪一个时间段的信息	当前的信息来源、旧文章还是某一特定时期的信息
所需信息的语种	除了查询中英文文献,是否还需要查询一些小语种的文献
对信息质量有何要求	准确、可靠、完整、全面的信息,还是模糊、零散、片面的信息

2. 用户特征所导致信息需求差异

每个人的知识结构、所处环境和面临的问题都有所不同,由此而产生的信息需求也千差万别。即使面对同一课题,不同身份的人需求的内容也不相同,如表7-2所示。

表7-2 用户特征及其信息需求差异

人员类型	解决的主要问题	需要信息的主要类型	需要信息的主要特点
科学研究人员	"是什么"和"为什么"的问题	理论性较强的原始文献	新颖性、连续性和系统性
管理决策人员	"做什么"的问题	需要少而精、经过浓缩加工的信息	简明性、完整性、客观性
工程技术人员	"怎么做"的问题	专利、标准、技术报告、工程图纸、产品样本及各种使用手册等	要求实用性和准确性
市场营销人员	"怎么办"的问题	竞争对手、时事政策、经济形势	新颖性、准确性、可靠性

3. 不同阶段的信息需求差异

在学术研究过程中,研究人员在课题设计、课题实验(试验)、成果发表、论文写作等不同阶段的信息需求也会不同,如表7-3所示。

表7-3 不同阶段信息需求差异

阶段	课题设计	课题实验、试验	成果发表、论文写作
需求特征	基本知识、信息背景、论证信息	特定信息、知识点跟踪	全面论证、分析信息与研究
获取途径	通过查询网页、报道、论坛、博客、百科全书、专著、综述等获得	通过查询标准、专利、文摘数据库、全文数据库等获得	通过查询引文数据库、文摘数据库、全文数据库等获得

4. 信息需求类型和文献类型的对应关系

在对课题进行主题分析后,可以从课题的性质和需要来确定所需信息的文献类型,如表7-4所示。

表7-4 信息需求类型及其对应的文献类型

信息需求类型	解决需求的文献类型
大众化、常识性	报纸、杂志、搜索引擎
新闻、娱乐、财经	各种门户网站
尖端技术	科技报告
基础理论性探讨	期刊论文、会议论文
技术革新	专利文献
产品定型设计	标准文献及产品样本

5. 信息需求与信息检索的对应关系

大部分的信息需求,最后会转化为信息检索的行为。信息检索人员认识到的信息需求不同于客观信息需求,如表 7-5 所示。由于主观因素、专业知识、认识能力等的差异,检索人员有可能对信息需求产生错误的或片面的认识,或者是对认识到的问题存在表达障碍,也就是说,有时候用户能够正确表达出来的信息需求,与其客观信息需求之间存在差距。这些因素都会导致信息检索策略的不准确或检索结果的失败。

表 7-5 信息需求及其对应的信息检索类型

检索类型	需求特点	检索特点	适用类型	重点文献
普查型	需要全面收集某一主题的文献资料	需求带有普查、追溯的特点,要求高的查全率	立项、综述、申请发明、编写教材,进行基础理论研究的用户	专利、期刊及会议论文、科技报告、各类综述
攻关型	需要收集特定方面的文献资料	具有专指性的特点,要求尽量高的查准率	科研、生产中需要解决某一关键问题的用户	专利、期刊和会议论文、产品说明书、标准
探索型	需要了解和掌握某一领域的最新研究动向或研究成果	信息需求具有及时的特点,要求检索结果尽可能"新"	研究、开放和应用新技术、新理论的用户	期刊及会议论文

6. 特定信息的需求

在信息需求中,有时会存在需要某特定信息的情况,包括:① 某一特定内容(如某一历史事件、某一分子结构、某一数据等);② 某一特定作者发表的文献;③ 某一特定文献类型(如图书、专利或科学期刊中的综述、科技报告或者政府发表的白皮书等);④ 涉及某一特定的检索手段,如以需要某一特定论文为例,只要依据文献的著者(作者、编者、译者、专利权人)或题名(书名、刊名、篇名)等典型的已知文献特征或线索,通过"责任者"或"题名"等途径检索查找出该文献,就能够满足该信息需求。

7.1.2 信息分析

对于所检索到的大量文献信息,我们必须进行研究,加以分析、鉴别。信息分析的方法主要来源于逻辑学、文献情报学、统计学等,目前常用的有定性分析法、定量分析法、定性和定量结合法。

1. 定性分析法

定性分析法是依据预测者的主观判断分析能力来推断事物的性质和发展趋势的分析方法。常用的文献信息定性分析法有分类法、比较法、综合归纳法、头脑风暴法等,如表 7-6 所示。

表 7-6 常用的定性分析方法

方法名称	方法说明	注意事项
分类法	按属性异同将事物区分为不同种类的逻辑方法。	文献信息的分类分析最常用的是根据学科分类或主题分析。
比较法	确定事物之间差异点和共同点的逻辑方法,是信息分析中最常用、最基本的方法之一。	信息可比较的方面很多,例如,不同时代的作品,不同作者的作品,不同国家的作品等。对这些信息进行分析研究,找出其中的共性以及差异。
综合归纳法	将事物加以总体考虑的方法。	根据相关材料、数据,将事物的各个部分、各个方面、各种因素联系起来,通观全貌,从整体的角度把握事物的本质及其发展规律。
头脑风暴法	借助专家的创造性思维来探索事物发展变化的未知或未来状态。	根据特定主题,展开探讨,思想碰撞,启发新的思路和模式。

2. 定量分析法

定量分析法是指获得研究对象的数量,对一定时间段内的与所选课题相关的研究论著从数量上进行研究。定量分析首先要全面检索,各种检索工具都不可能做到收录所有文献,因此要用多种工具检索,检索时要用系统提供的各种检索途径(字段)查询,并注意利用文后参考文献,做到无重大遗漏,所得到的数据才比较准确。

定量分析可以从多个方面了解课题的研究进展状况。比如,通过对作者的统计,了解本学科撰写文章最多的作者,以及他们的研究领域,作者分布的机构和地区;通过对文献类型的统计,了解本学科研究成果的形式和成熟程度;通过对相关主题的论文数量统计,了解热点主题;通过对引文的分析,了解作者之间、学科之间的相互影响。常用的定量分析方法有时间序列法、趋势外推法、回归分析法、聚类分析法、文献计量分析法等,如表 7-7 所示。

表 7-7 常用的定量分析方法

方法	方法说明	注意事项
时间序列法	通过将观测数据按时间顺序进行排列,以描述和探索现象随时间发展变化的数量规律。	按照时间分析所得文献,可以找到课题的发展历史和变化趋势。
趋势外推法	基于历史数据的观察,找到一条误差小的函数曲线来描绘历史数据,据此函数曲线预测未来的发展。	利用此类方法要注意找到合适的拟合函数。
回归分析法	一种研究变量之间依存关系的统计分析方法。通过对变量之间依存关系的分析,确定变量之间某种关系的性质和程度,并在一定精度下,利用已知变量对未知变量进行有效的估计和预测。	此类方法要找到变量之间的回归函数,从而可以正确的做回归分析。

(续表)

方法	方法说明	注意事项
聚类分析法	将研究对象按照它们性质上的亲疏程度,在没有事先指定分类标准的情况下进行分类的多元统计分析方法。	类内部的对象在特征上具有相似性,不同类间对象特征的差异性较大。
文献计量分析法	以文献的各种特征为研究对象,以输出量的信息内容为主要特点,采用数学与统计学方法来描述、评价和预测研究的现状与发展趋势。	文献计量分析法包括一系列描述文献信息流动特征的经验和规律,如布拉德福定律、洛特卡定律、齐夫定律等。

大型检索系统如 CNKI、万方、Web of Science、Springer 等都有一些统计功能,可以提供部分统计数据,这些数据可以用于优化检索结果,统计数据也有一定的参考作用。图 7-1 所示为 CNKI 中检索 2016—2019 年"篇名=数据分析"的文献分析结果。各检索系统的统计数据是对每次检索结果所做的分析,检索式、检索时间段不相同,得出的结果也不同。由于各系统收录的文献范围不同,统计数据也必然不同。例如,同一篇文献的被引用情况,用中国知网(CNKI)查得的数据与用中文社会科学引文索引(CSSCI)查得的数据有很大区别,后者的来源文献只是精选出来的核心期刊。因此,要获得比较可靠的统计结果,应将所有检索结果汇总,去掉重复记录,重新做出统计。常用的分析软件有社会科学统计分析软件 SPSS(Statistics Package of Social Science)和统计分析系统 SAS(Statistical Analysis Systems)。

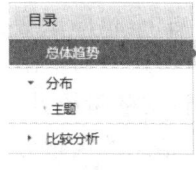
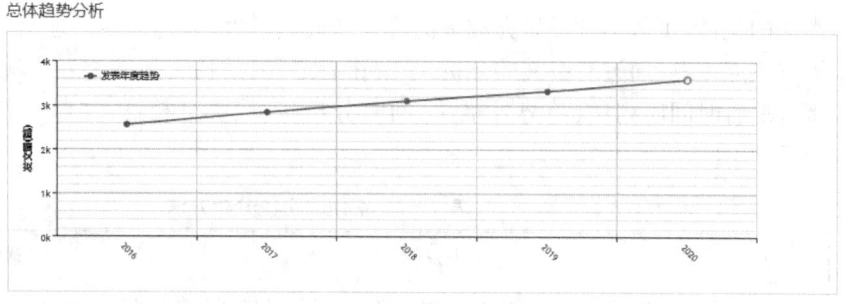
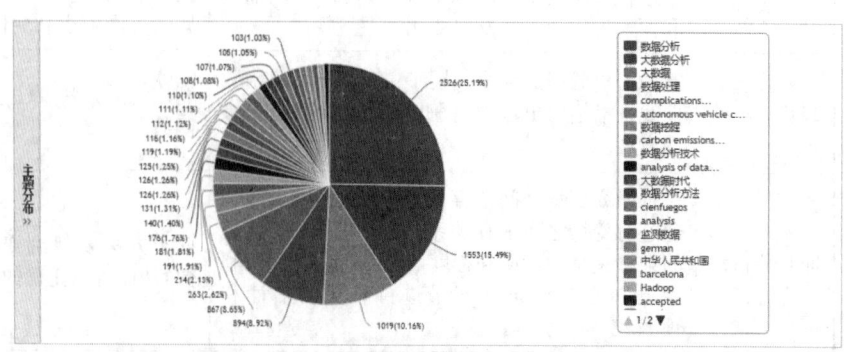

图 7-1　CNKI 文献分析示意图

3. 定性与定量结合法

定性研究与定量研究相结合,可使得分析结果更加准确可靠,如同一个问题,会有不同角度的研究文献,因此需要对各种调查数据做统计分析,对不同个案的研究做分析,对不同主题的论文做分析,综合归纳出问题研究的总体情况。常用的定性与定量分析结合的方法有德尔菲法(又称为专家调查法)和层次分析法,如表7-8所示。

表7-8 定性与定量相结合的分析方法

方法	方法说明	注意事项
德尔菲法	以匿名方式通过几轮咨询,征求专家意见,预测领导小组对每一轮意见都进行汇总整理,作为参考资料再发给专家,供他们分析判断,提出新的论证。	多次反复咨询、整理、汇总,专家意见逐级聚拢,最终形成可靠的结论。
层次分析法	按总目标、各层次目标、评价准则直至具体备选方案的顺序分解为不同的层次结构,并进行逐层比较。最后再用加权和的方法递阶归并各备选方案对总目标的最终权重,最终权重最大者即为最优方案。	此方法利用求解判断矩阵特征向量,求得每一层次的各元素对上一层级某元素的优先权重。

7.1.3 检索效果评价

检索效果评价是根据一定指标,对实施信息检索活动所取得的成果进行客观科学的评价,以进一步完善检索工作的过程。检索效果的评价一般包括检索系统的检索效果评价和用户的检索效果评价。

1. 检索系统的检索效果

克兰富登提出了6项对检索系统的检索效果指标,包括收录范围、查全率、查准率、相应时间、用户负担及输出形式,其中两个主要的衡量指标是查全率和查准率。这些指标不仅可进行定性评价,也可进行定量评价(计算方法见第一章)。

造成检索系统的检索效果不佳的原因主要有以下两点:

① 网络环境下信息检索方法主要是关键词检索,其主要考虑的是关键词出现的位置和频率。此方法有两个缺陷:一是检索结果多是在字面上符合用户的要求,实际内容往往偏离用户的实际需要;二是用户输入的检索词稍有偏差,检索系统就无法确定用户的真正需要,因而无法提交正确的结果。

② 无法发掘隐性信息。由于一些隐性信息的存在,用户不能及时准确地从繁杂的检索系统中找到自己所需的信息。

2. 用户的检索效果

从用户的角度考虑,可以从检索到文献的相关性、实用性、新颖性三个方面判断检索效果。

① 相关性。相关性是用户判断检索到的文献信息与实际信息需求之间关系的标准。现实的信息系统是回答用检索式表达后的信息提问。虽然检出的是与信息提问相关的信息,但不一定是真正切题的信息,用户只有在阅读文献信息后才能对其切题性作出判断。

② 实用性。实用性是检索到的文献对用户的实际需要的满足程度或能够给用户带来的效果和产生的效益。

③ 新颖性。对用户而言,新颖性从检索系统中检出来的、含有新颖信息的文献情况。

由于用户的因素而导致检索效果不佳的原因主要有以下几点,如表7-9所示。

表7-9 检索结果不佳的原因

信息检索思维方法的缺陷	在自身信息需求的分析上,从始至终都是一个需求,不懂得变换检索词、采用相关词或同义词来提出更多需求。
	具体检索时,以短句为单位,不能很好地切分关键词,找出关键词之间的关系。
	选择信息来源的时候,习惯采用通用的搜索引擎进行检索,对专业数据库检索平台没有主动或优先选择。
对检索工具的选择缺陷	检索工具倾向搜索引擎,网络上的资源与专业的数据库相比,无论是质量还是数量都有很大的差距,仅用搜索引擎来查找文章是非常不可取的。
	忽略摘要数据库,过度依赖全文数据库。虽然检索摘要数据库不能马上得到全文,但是摘要数据库的数据量大、范围广,是查找文章线索极好的检索工具。
信息检索操作方法的缺陷	在使用具体检索平台的时候,只使用初级检索功能,而没有使用检索平台的高级检索功能和检索限制选项。
	在检索结果的利用上,不善于利用检索系统对检索结果进行分类、分析及对检索策略进行优化调整。
	没有对检索词进行限制,包括字段限制、时间限制、分类限制等;主题概念不够具体或具有多义性导致误检;对所选的检索词截词截得过短。

7.1.4 检索策略的调整

检索策略是根据待查课题的已知条件、课题检索的深度,以及检索工具书可能提供的检索途径,建立检索式并实施检索。

1. 调整检索策略

检索调整的基本目的,就是提高检索结果与用户需求的一致度(这里的需求既可以是用户开始检索时明确表达的需求,也可以是检索过程中的动态需求)。如果检索结果过多或者过少甚至为零,就需要根据命中文献量的多少、命中文献的切题情况等,来决定是扩大检索范围还是缩小检索范围,如表7-10所示。

表 7－10　检索结果不佳的几种情况及调整方法

检索结果	可能的原因	调整方法
检索结果输出的篇数过多	选用了多义性的检索词；截词截的过短；输入的检索词太少；应该使用 AND 却用了 OR；优先运算符用错。	提高检索词的专指度，增加或换用下位词、子概念、专指度较强的自由词。
		逐步缩小检索途径的检索范围：全文→主题→文摘→关键词→题名。
		限定期刊范围：全部期刊→重要期刊→核心期刊。
		用 AND 连接进一步限定主题概念的相关检索项。
		用位置算符控制检索词的词间顺序与位置。
		增加限定条件，如文献类型、语种、年代范围、作者或号码作为限定。
		利用 NOT 限制不相关文献的输出。
检索结果输出篇数过少	检索词概念错误或拼写错误；检索词过于冷僻或者具体；没有使用截词符；位置算符与字段算符用得过多；使用过多的 AND 算符；选用了不规范的主题词或某些产品的俗称、商品名作为检索词；同义词、近义词或隐含概念没有得到充分考虑，上位概念或下位概念没有得到完整运用。	降低检索词的专指度，可选一些上位词或相关词补充到检索式中。
		减少检索词，删去某个不甚重要的检索词。
		进行族性检索，可用分类号或采用一组近义词、同义词或相关词并用 OR 连接。
		进行截词检索，可以采用后截断、前截断、前后截断等方法。
		增加检索途径，如将主题途径与其他途径相结合起来使用。
		取消限制过严的前后缀符、限制符。
检索结果相关性不高	检索词不够准确和特指，可能使用了普通词、宽泛词和容易产生歧义的词；检索词的拼写形式错误；没有合理利用短语检索。	使用专指词、特定概念或专业术语、规范词，兼顾自由词。
		选择标准的检索词，确定检索词之间的涵盖关系。
		利用分类号和关键词组合检索。
		利用短语检索。

2. 提高检索效率

在文献资料检索过程中，检索的全面性和精确性是衡量文献检索的重要指标，提供不确切的文献资料或漏检重要的文献资料，都会延误科研工作。因此科技情报人员必须快速、准确地提供更多的文献资料。那么，怎样提高检索效率呢？主要有以下五个方面：

（1）加深了解专业知识

科技情报人员接受一项检索课题的任务以后，首先要对课题做主题分析。主题分析在很大程度上取决于掌握知识的深度。主题分析错误十之八九是由于了解专业不深造成的。对一个情报人员来说专业面很宽，很杂，要想深入掌握，确有困难，在这种情况下，最好向咨询者了解该课题所涉及的专业知识或浏览一下参考书和工具书，平时要多看一下科普性或综合性期刊,注意积累并学会利用工具书,只有这样才能使自己知识面广博,逐渐做到专深,即"由博返约",应付自如。

(2) 梳理掌握检索工具的用法

选好检索工具是利用检索工具查找文献资料的关键。一个情报人员要了解各类检索工具的主题范围、报道特点、辅助索引种类及其查找方法,才能较快地选准一个检索工具,否则东抓一个,西抓一个,浪费时间。在平时查阅时,情报人员要读一读检索工具开头的说明,熟悉分类细目或抽词原则,这样使用起来,就得心应手,事半功倍。

(3) 由近及远的查找原则

利用检索工具的查找方法,按时间顺序,分为顺查法和倒查法两种。顺查法,即由远而近的查找方法。倒查法,即由近及远的查找方法,从最近的年份开始,往最远的年份逆时间顺序查找。倒查法较之顺查法又有明显的优点,一般多采用倒查法,就各类索引而言,也应采用由近及远的原则,不妨先利用关键词索引和作者索引,获得近期资料,然后再利用累积索引,获得更多文献。

(4) 引文追溯法与作者索引相结合

如果已知一篇文献,我们可以采用引文追溯法,看看这篇文献后面所附的参考书目,查到一批文献,然后从这批文献后面所附的参考书目,又查到另一批文献,如此"连锁反应",就查出不少文献。但这种查找方法不理想,因为这样循环查下去,所查到的文献只能越来越旧,如果把这个过程倒过来,使所查的文献越来越新,应当怎么办呢?这就需要从一篇已知文献的作者入手,去查"作者索引",找到该作者的最新发表论著,再查现刊每期中的作者索引,这样就会越查越新,获得最新的情报资料。

(5) 综合性检索工具与专业性检索工具配合使用

检索工具,就其专业范围的宽窄,可分为综合性检索工具和专业性检索工具。在检索时,一般先利用综合性的,然后再利用专业性的。例如查有关计算机方面的资料,可先利用中国知网和维普的中文科技期刊库,再以专业性的计算机文摘作补充,两者取长补短,就会达到较好的检索效果。

【例 7-1】 在中国知网的期刊库中查找与课题"超临界水气化制氢气的传热传质模拟"相关的期刊文献。

课题背景:超临界流体是热力学状态处于临界点以上的流体,它既不是气体也不是液体,而是一种高压稠密流体。常见的超临界流体介质有多种,其中二氧化碳和水最为常用。超临界水气化技术是逐渐发展起来的一项高新技术,受到越来越多的关注。水在临界点以上时,临界区的水表现出很多独特的性质,如对有机物的高溶解性和对盐类的低溶解性等。本课题的研究重点在于对生物与超临界水相结合气化产生氢气的传热传质过程进行分析。

检索策略 1:摘要=超临界水 AND 气化 AND 制氢 AND(传热 OR 传质)

检索结果为 0,分析后发现,检索词过多且用 AND 连接,导致检索结果为 0。

检索策略 2:摘要=气化 AND 制氢

结果太多,通过知网分组浏览主题,发现文章的主题多为"生物质",故以此进行二次检索。

二次检索:摘要=生物质

检索结果数量适中,并且相关性较好。

好的检索策略不是一成不变的,而是"与时俱进"的。"变"是检索策略永恒的主题,它会随着对课题理解的深入而改变,"检索→阅读→策略修改→再检索……",不断调整,不断完善。

7.2 漏检误检的原因分析与对策

在文献资料查找过程中,衡量检索精度有两个重要指标,一个是漏检,另一个是误检。漏检是没有把切合课题的文献资料查出来,即没有查全。误检是把不切合课题的文献资料查出来,即没有查准。

从查找文献资料角度来说,漏检是影响检索精度的最主要因素。但是一个检索工具中切合课题的文献资料总量是个未知数,只能由其他检索工具校核,因此,查准率是个估计值。尽管如此,还必须把漏检降到最低限度。而误检会引起检索速度的降低,但不是影响检索精度的最主要因素。所以说,克服漏检是必要条件,避免误检是充分条件。只有满足必要条件和充分条件,才能达到检索的高精度。如何避免误检、漏检,最大限度地提高检索和科研效率,是每一位科研工作者必须时刻思考的问题。造成误检和漏检的原因很多,但归结起来,主要有以下几点。

7.2.1 课题分析不透

在制定检索策略前,检索者如果没有理解课题的真正含义,会造成检索过程的最大失误。"望题生义"是检索者最容易犯的错误,如果仅从字面上理解课题并制定检索策略,结果不是造成漏检就是误检。例如:查有关"玻璃钢"制造工艺方面的资料,如果从字面含义着手,就以为它属玻璃工业或金属材料的范畴,而事实上,玻璃钢既不属于硅酸盐工业里的玻璃类,也不是金属材料里的钢铁制品,而是合成树脂与塑料工业里的填充塑料制品。

有些课题的实质性内容往往很难从课题的名称上反映出来,因此必须发掘隐含概念。隐含概念是指课题中没有明确指出的,但是又与课题密切相关的概念,通常包括相关的概念和上下位概念以及同义词。检索者通常需要从专业角度做深入分析,才能提炼确切反映课题内容的检索概念。检索词没有表达出课题的隐含概念,也是造成漏检的重要原因,如关于"垃圾处理方面"的研究,其"处理"一词隐含着"回收"和"再生"等具体的处理方法。

【例7-2】 在EI数据库中检索有关"中国城市化道路的探索研究"的文献。

检索词的选择:

① 由课题的题目,可列出四个检索词:中国、城市化、道路、探索。

② 挖掘课题的隐含概念,扩展检索词:选择、发展方向。

③ 找出上述检索词的同义词,并翻译成英文,进一步扩展检索词如下:中国(china)、城市化(urbanization)、道路(road,way,approach)、选择(choos*,choice*,select*)、发展方向(development direct*)、趋势(development trend)、进程(development process)、探索

(explor*)、研究(research*、study*)、讨论(discuss*)。

检索策略：Subject = china AND urbanization AND (road OR way OR approach) AND(explor* OR research* OR study* OR discuss*)

检索结果数量适中，并且相关性比较好。

点评：此例中检索词的选择比较到位，大致经过了三个步骤：① 从检索课题中提取出最能表现检索主题的关键词。② 采用发散性思维，从不同的角度、不同的层次对课题进行拓展，并提取出其中的关键词。③ 尽可能地列举出上述关键词的同义词。另外，在检索外文文献的过程中，要注意检索词的翻译，应尽量选用国外通用的专业词汇，而不是国内通用的翻译，否则会造成外文文献的漏检、误检。

【例7-3】 课题"混凝土抗冻性能的研究"。

检索词的选择：

① 由课题的题目，可以列出两个检索词：混凝土、抗冻。

② 挖掘课题的隐含概念，扩展检索词：抗冻耐久性、抗冻循环、冻融循环。

检索策略：主题＝混凝土 AND(抗冻耐久性 OR 冻融循环 OR 抗冻循环)

检索到的文献比较符合检索要求。

从上面的例子可以看出分析课题的重要性。因此在开始检索之前，检索者一定要对该课题所属的学科范畴、相关背景知识、研究目的、检索要求等进行充分了解；对课题设计的名词术语如该物质的学名、俗名、商品名、缩写、同义词和分子式等尽可能了解清楚，特别是在用非母语检索工具之前，这些名词术语的各种英文表达更是不能疏漏。检索之前，检索者可以根据自己选定的检索词试检索，阅读相关文献，了解本课题常用的关键词，从而选择更契合题意的关键词作为检索词。总而言之，对新课题的了解越多，所走的弯路就越少。

7.2.2　检索词概念过大或过小

检索过程中，检索者不知道如何正确定位课题的主题概念，往往不是大了，就是小了。选择的检索词范畴太大易造成大量没用的信息被误检，太小则造成重要信息被漏检。检索词范畴的定位在检索期刊文献和图书这两种不同类型文献信息的时候表现得尤为突出，在检索期刊文献的时候往往容易选择概念过大的检索词，在检索图书时常会因为选择的检索词范畴过小而检索结果为零。

【例7-4】 查找工厂污染的资料。

检索策略1：主题＝工厂 AND 污染。

检索结果太多，并且很多是不相关文献。

检索策略2：主题＝工厂 AND(空气污染 OR 水污染 OR 工业污染)

检索结果数量适中，并且相关度比较高。

点评：由于"污染"的题目太大，文献太多，往往在主题索引中不设立这个主题词，而设立比较专门的主题词，如空气污染，水污染等，这时，就应查下位概念"水污染"等。利用这些检索词检索，检索结果更准确，提高了检索的查准率。

【例7-5】 在中国期刊全文数据库中检索"聚烯烃基材料熔融挤出过程"方面的期

刊文献。

　　检索策略1:摘要＝聚烯烃 AND 熔融挤出

　　检索结果比较少,且相关性不高。

　　检索策略2:摘要＝(聚乙烯 OR 聚丙烯)AND 熔融挤出

　　检索结果适中,并且相关性很高。

　　点评:检索策略1采用了一个较大概念范畴的检索词"聚烯烃",而通过了解知道聚烯烃主要是聚乙烯和聚丙烯。大多数的期刊文献在报道相关研究成果时往往都是只提及研究的具体物质,而不会采用一类物质的总称,所以在进行期刊文献检索时最好能将检索词定位于一些具体的概念,如本例中的检索策略2。

【例7-6】 利用"汇文书目数据库"检索有关"配送中心仓储管理信息系统研究与设计"方面的图书。

　　检索策略1:主题词＝配送中心仓储管理信息系统

　　检索结果为0。

　　检索策略2:主题词＝(仓储管理 OR 物流管理)AND(管理信息系统)

　　检索结果具有较好的相关度。

　　在检索图书的时候,我们要注意图书和期刊论文这两种信息源的不同特点,一本图书的内容比一篇期刊论文要宽泛得多,检索词的选择不能太窄,要选择较大学科范畴的检索词,我们要检索的相关内容有隐藏在书的某些章节中的可能。对本例而言,配送中心仓储管理系统是管理信息系统中的一个部分,且通过阅读得知仓储管理很多时候会被称为物流管理。

　　由上面的例子可见,检索词的选择一定要注意词义的大小。这在一定程度上取决于检索者的专业知识。拥有的专业知识越丰富,给出的检索策略就越正确。当然,检索词概念是太大还是太小其实是要视检索结果而定,要根据检索结果不断进行调整。

7.2.3　选择的检索词过多

　　对于有多个主题概念的课题,如果将所有主题混在一起同时组配,会造成"零结果"现象。因为只要检索词其中之一的检索结果为零,经过布尔逻辑"和"的运算,检索结果就会为零。实际上对于多主题概念的检索课题,只有一个或少数几个是关键词,检索过程中必须使用关键词为检索词,检索过程中可根据检索情况取舍。

【例7-7】 检索课题"针对激光辐射源的单站无源测距系统"。

　　检索策略1:主题＝激光辐射 AND 单站无源 AND 测距

　　检索策略2:主题＝(激光辐射 OR 单站无源)AND 测距

　　点评:利用检索策略1,检索结果为0。分析本课题发现,关键词为"测距",其他的词都是限定"测距"的,检索策略2更符合检索的需求,检索结果适中,且相关性较好。

【例7-8】 检索课题"银杏外种皮成分分析的研究"的相关文献。

　　检索策略1:主题＝银杏 AND 外种皮 AND 化学成分

　　检索策略2:主题＝银杏 AND 外种皮 AND(药理 OR 毒理 OR 化学成分)

　　点评:这是一个多主题概念的课题,检索策略2的检索更加全面和准确。适当的利用

OR 可以使得检索结果更全面。

7.2.4 布尔逻辑运算符使用不当

检索表达式制作中,选定检索词后,接下来就是确定检索词间的逻辑关系。一般逻辑与(AND)和逻辑或(OR)用得比较多,逻辑非(NOT)用得很少,若能巧妙利用"NOT"算符,排除与主题无关概念,将会大大提高检索的查准率,起到事半功倍的效果。同时,还要注意逻辑运算符"NOT""AND""OR"的运算顺序,否则会产生错误。布尔逻辑运算符优先执行的顺序是"NOT""AND""OR",在有括号的情况下,先执行括号内的逻辑运算,有多层括号时,先执行最内层括号中的运算。

【例 7-9】 检索关于"分离甲醇新方法"的文献报道

检索策略 1:主题=甲醇 AND 分离

检索策略 2:主题=(甲醇 AND 分离)NOT(萃取精馏 OR 加盐精馏 OR 减压精馏)

点评:通过阅读检索结果可知,传统的用于分离甲醇的方法有萃取精馏、加盐精馏、减压精馏等。由于我们需要找的是新方法,所以可以利用 NOT 排除旧的分离方法。检索策略 2 提高了检索过程的查准率。

【例 7-10】 查找"新时代中国特色社会主义背景下大学生民族精神培育"的相关论著。

背景:习近平关于文化建设的重要论述,是党对新时代中国特色社会主义文化的高度凝练和概括,深刻诠释了新时代中国特色社会主义文化的丰富内涵和发展方向。大学生民族精神的培育,离不开文化的滋养。以习近平关于文化建设的重要论述为指引,加强大学生民族精神培育,是新时代大学生思想政治教育的必然要求。

检索词:新时代、中国特色社会主义、大学生、民族精神、文化自信、培育。

检索策略 1:主题=新时代 AND 中国特色社会主义 AND 大学生 AND(民族精神 OR 文化自信)AND 培育

由于检索词过多,检索文献数量较少。

检索策略 2:主题=(新时代 OR 中国特色社会主义)AND 大学生 AND(民族精神 OR 文化自信)

检索结果适中,并且相关性比较好。

点评:检索过程中适当的利用逻辑"OR",会增加文献的查全率。当所查文献过少时,可以考虑重要的检索词之间用"OR"组配。

7.2.5 人机"语言"不一致

电子信息检索的特点与其说是人机对话,不如说是文献标引人员与检索人员的对话,只有标引人员与检索人员所表达的"语言"一致,才能顺利实现信息检索。检索词通常由两个大类:自由词和主题词。自由词是检索提供者自行采用的未经规范化限定的词,例如:检索"六行程发动机"的资料,把"六行程"做主题词时,就不能找到相关资料,而用"六冲程"作为主题词就可以找到。

自由词对检索者来说,容易使用,但其专指度差,而主题词是从自由词中优选出来并经过规范化处理的词语,其专指度较高,但选词较为苛刻,需要使用专业主题词表对照后方能使用,对于一般用户来说较难掌握。现在的数据库有的采用自然语言编制文档,有的采用主题词编制文档,也有的两者同时使用,因此具体检索时需了解数据库的用词特点,方能做到有的放矢。

7.2.6 没有选择合适的检索途径

数据库的检索途径基本相同,有篇名、摘要、关键词、全文、作者、作者单位、期刊名称、分类号等。对检索途径的选择,遵循"宽进严出"的原则,检索者根据检索结果的多少来调整途径。若检索结果多了,只使用篇名途径;少了,则使用全文途径。

值得一提的是"主题词"及"标识词"检索途径,这两个检索途径是早期手工检索时代两种十分重要的检索途径。在计算机检索越来越方便的今天,这两种途径似乎正在被"自由词"途径所取代,如 EI 中的"Subject/Title/Abstract"是"自由词",它不像"主题词"那样严格,即只要在文章中出现过,就能被检索到,这对初学者来说是一个福音,但同时也带来了困难——漏检。"标识词"是具有专业水平的标引人员从文献的内容或题目中抽选出的,经过规范处理,用以描述文献内容特征的词和词组,因此用它检索就可以避免漏检。

【例 7-11】 检索关于"蔬菜中维生素 C 含量测定"的文献。

检索策略 1:主题=蔬菜 AND 维生素 C

检索策略 2:主题=蔬菜 AND(维生素 OR VitaminC OR 抗坏血酸 OR Acid OR Ascorbic)

点评:维生素 C 是自由词,其标识词为抗坏血酸(Acid,Ascorbic),检索策略 2 更全面,查全率较高。

选择不同的检索途径各有利弊,在文献检索的初期可以选用"自由词"这样相对宽松的检索途径,对课题了解深入之后,在了解数据库检索规则的前提下,建议采用类似"标识词"的检索途径进行检索。尤其是对于一些化学化工类课题,这类课题中涉及的一些物质往往由商品名、俗名等多种说法,如果采用"标识词"或 CAS 登记号进行检索就能保证既快又准。

7.2.7 对各种数据库不熟悉

目前,数据库种类繁多,各具特色,它们收录的文献学科、类型、国别、语种范围均各有侧重。检索过程中对数据库的不熟悉表现之一就是不清楚数据库收录的文献类型及学科范围,如在中国期刊网中检索图书,在学位论文数据库中检索期刊文献等。

对数据库不熟悉的另一个表现就是,没有掌握数据库的检索规则。不同数据库有各自不同的规则,譬如逻辑运算符、通配符、中英文符号(半角全角)等问题,每个数据库有不同的要求。在欧洲专利中,检索不出带逗号和短横的分子式,但在 EI 中却能将其检索出来。此外,不同数据库检索框的检索顺序均不尽相同,如果不了解就会造成漏检或误检。

【例 7-12】 在中国专利数据库中检索有关"甲乙酮合成"方面的专利。

检索策略 1:摘要:甲乙酮(合成+制备)

检索结果很多,且无关文献较多。

检索策略 2：摘要：甲乙酮

检索结果数量适中，且多数是相关文献。

点评：对比上面的两次检索结果可以发现，检索策略 1 的限制条件多于检索策略 2，但结果却多于检索策略 2 得到的结果。这是因为在中国专利中括号一定用半角(英文)的，而不能用全角(中文)的。

7.3 综合检索案例

信息检索是一个综合能力，除了要会制定检索策略外，还必须学会综合利用各种数据库以及网络资源。

7.3.1 综合性检索案例

1. 商业检索实例

对网络商城的营销策略进行分析，提出设想和方案，为网络商城的发展和完善提供参考。

(1) 背景

随着网络购物普及和带来的巨大利润，网络成为企业争相开拓的市场。但是随着网络销售行业竞争的日益热化，网络商城营销策略要根据时势的发展做出相应的调整，这样才可以确保在网络营销的竞争中继续生存和获得更好的发展。

(2) 检索词

核心概念：网络商城、营销策略

同义词：网络商城、网上商城、虚拟商城、网上商店、虚拟商店、营销策略

英文检索词：online store、online shopping、virtual mall、e-store、Marketing Strategy。

(3) 数据库的选择

创新研究是基于对国内外文献充分调研的基础上进行的，文献应尽量查全。根据数据库选择"先国内、后国外，先中文、后外文"的原则，中文数据库以中国知网系列数据库为主，万方数据库、维普数据库作为补充；国外文献检索以 ScienceDirect、EBSCO 为核心，其他数据库作为补充。

(4) 检索过程与检索结果

① 中国知网

先利用核心检索词"网络商城"与"营销策略"进行检索，检索字段选择"篇名"，返回检索结果很少。显示文献量过少或没有，需要调整检索策略，扩大检索范围，降低检索词的专指度，比如选择同义词、相关词或上位词补充到检索式中，以逻辑"或"链接，增加查全率。

在本课题中，"网络商城"的同义词较多，需要逻辑组配，选择专业检索。在专业检索界面中，字段限定在篇名，输入检索式：TI=(网络商城+网上商城+虚拟商城+网上商店+虚拟商店)and TI=营销策略，输出结果中包括期刊论文和学位论文。

不同的检索字段产生不同的检索效果,在专业检索途径中,若字段限定在主题词,输入检索式:SU=(网络商城+网上商城+虚拟商城+网上商店+虚拟商店)AND SU=营销策略,输出结果更全面。相对于篇名检索,主题检索扩大了检索范围,更便于查全。再根据文献发表时间、相关度、下载频次对文献进行筛选。

② 万方数据资源系统

选择专业检索途径,输入检索式:题名:(((网络商城+网上商城+虚拟商城+网上商店+虚拟商店)AND 营销策略),输出检索结果。

③ 维普期刊数据库

在维普数据库选择高级检索途径,输入检索式:T=(网络商城+网上商城+虚拟商城+网上商店+虚拟商店)*(T=营销策略),输出检索结果。

综合上述数据库的检索文献,剔除重复文献,根据文献的相关度、下载次数、被引用次数、所发表期刊等筛选文献。

④ ScienceDirect 数据库

ScienceDirect 数据库中选择高级检索,利用检索式检索,不限定检索字段,检索结果过多,筛选相关文献比较困难,这就需要缩小检索范围,方法之一是使用字段限定,将检索词限定在某个或某些字段范围。

⑤ EBSCO 数据库

EBSCO 公司是世界最大的提供期刊、文献订购及出版服务的专业公司之一,收录范围涵盖自然科学、社会科学、人文和艺术、教育学、医学等各类学科领域,收录的期刊有一半以上是 SCI(科学引文索引)、SSCI(社会科学引文索引)的来源期刊。

在 EBSCO 数据库中选择高级检索,输入检索表达式:题名=("online shopping" or "virtual mall" or "online store" or "e-store") and "Marketing Strategy",如果结果不满意,可以使用智能文本搜索辅助,可以检索出较为满意的结果。

(5) 小结

本课题相关文献检索中,中国知网、万方数据资源系统、维普期刊数据库输出文献中,有些文献在三个数据库中均能检索到,但各自有特有的文献内容,为了避免漏检,尽量在三个数据库中都进行检索,相互补充。三个数据库均支持专业检索,但编制检索式的规则不统一,检索过程中注意区别处理。

在检索过程中,根据检索结果文献量,我们要适时调整检索策略,若检索输出文献量少,要扩大检索范围;若检索输出文献量多,则缩小检索范围,要注意词组的应用,提高检索的精度和准确度。进行相关文献筛选时,首先选择综述性论文,然后选择研究性论文,另外锁定与本课题相关的高影响力论文。

2. 论文选题检索案例

以"大学生信用卡消费行为"为主题进行案例分析。

(1) 背景

2004 年广东发展银行发行首张大学生信用卡,至此已有多家商业银行为大学生推出学生信用卡业务,信用卡消费已成为当地大学生的一项主要消费方式,本课题将以大学生为研究对象,在国内外信用卡使用行为相关研究的基础上,研究大学生的消费观、信用卡使用行为及其影响因素。

(2) 通过搜索引擎预检课题

通过百度搜索,我们发现很多与课题相关的文献,包括大学生信用消费行为特征研究、消费行为问卷调查、消费心理研究或者某地大学生信用卡消费行为研究。

从检索结果可以看到,有些文献与我们拟定的研究课题类似,这是一个比较热门的课题,从2004年至今,这个课题在不断得到讨论和研究,不仅有对大学生消费观念的探讨,也有对银行信用卡管理体制趋于完善提出建议,还有从不同地区大学生对信用卡的消费行为中,发现不同结构、制度下的大学生消费观念上存在的差异,映射出家庭环境、同辈群体、社会消费环境等各种社会因素对大学生消费观念的影响。所以,我们要进一步修改课题的名称,确定从某一个角度进行深入分析。

(3) 提炼检索词,编写检索式

通过预测检索结果对比课题,可以试着编写如下检索式:

(高校 OR 大学生)AND(银行卡 OR 信用卡)AND 消费

(4) 选择数据库

选择数据库需要考虑是否所有与检索课题相关的资源都要进行检索,选择哪些学科的信息资源,特别注意跨学科的问题,选择哪些语种的信息资源,中文还是外文或者两者兼顾,还要考虑信息资源覆盖的年限等因素。

对于该课题,我们需要检索综合性的数据库,要覆盖人文、金融等学科,且检索顺序是先中文数据库后外文数据库,文献类型以期刊、学位论文、会议信息为主,由于我国对在校大学生推出信用卡业务时间不长,所以可以选定所有年限,文献量不会太大。

(5) 检索过程与检索结果

① 维普数据库

进入维普中文期刊服务平台输入检索式:R=(高校+大学生)*(银行卡+信用卡),限定检索条件,根据检索结果选取密切相关的文献。

② 万方数据库

进入万方数据库主站,因为学术论文包含期刊、会议和学位论文三种文献类型,所以我们选择在"学术论文"中检索:题名:((高校+大学生)*(银行卡+信用卡)),学科涉及经济、文化、科学、教育、体育、工业技术、政治、法律、医药、卫生等领域,所以,我们再次限定在"经济学"中查找,检索出结果。

③ 中国知网

中国知网的检索方式与在维普数据库和万方数据库中检索方法类似。

通过在三大中文数据库中检索,对相关文献进行归类分析,我们发现所查文献主要分为大学生信用卡消费(使用)行为研究、大学生信用卡风险管理、诚信管理、发卡市场研究、信用卡购买行为分析,以及某地为例的信用卡使用或管理分析几个方面,少量文献会涉及人口特征与消费行为的研究。由于本课题是一项毕业论文的设计,所以我们重点检索学位论文,重点对一些相关的学位论文进行分析。

(6) 调整检索策略,修改论文课题

检索就是不断试错的过程,根据反馈的检索结果,反复对检索式进行调整,直到得到满意的结果,结合所查结果修改我们的研究课题,对大学生信用卡的消费行为研究,可以结合消费观念或消费人群特质进行分析。修改课题为:大学生信用卡消费观念与消费行为的研究。

检索式:题名=(高校 OR 大学生)AND(银行卡 OR 信用卡)AND(消费观 OR 观念 OR 理念)。

(7) 外文文献检索

在查找中文数据库的时候,结合文献的中英文对照,我们选择并编写英文检索式,这里注意考虑外文文献的缩写和简写,利用无限截词技术提高文献的查全率。另外,选择的收录范围要广,重点检索期刊、会议和学位论文三种文献类型,所以选择 SSCI、EBSCO、ELSEVIER 等数据库。

检索式:主题检索(univ* or college or student*)and "Credit card"。

(8) 小结

学位论文定题之前,毕业生可以与指导教师讨论课题思想及设想,请老师对课题进行修正并拟定课题,通过检索文献来明确研究方向,学位论文必须保证取材的数量和学术质量达到一定的深度和广度,在检索时应着重参考学术品质较高的期刊论文、会议论文、研究报告、学位论文、重要专著等。

毕业课题的确定,除了与导师商讨之外,还要很好地利用数据库对该课题进行充分、全面的调研。首先在搜索引擎中了解课题的发展,再制定检索策略在相应的数据库中进行检索,对所查文献要归类分析,哪些课题已经有了大量的文献源,哪些课题中又指出了较新的研究方向。重点检索学位论文并很好地利用相关学位论文后的参考文献进行追溯检索。在对中文文献了解的情况下再检索外文文献,检索条件要根据实际情况做出调整,而不是对中文检索式的简单翻译,要抓住核心检索词并权衡查全率和查准率。

3. 工科检索案例

变频恒压供水系统的研究与应用

(1) 背景

小区供水系统涉及供水的稳定性,对用户的生活产生极其重要的影响,传统的小区供水方式有:恒速泵加压供水、气压罐供水、水塔高位水箱供水等。传统供水方式的系统供水效率比较低,抗干扰性能比较差,造成了大量的水电浪费,而且需要大量的人力物力,自动化程度较低。当今供水系统正在向自动化程度高、节能效果好的目标发展,由于恒压调速系统稳定性较好、节能效果好,节省了大量的人力、物力和财力,因此在空气压缩机、水泵和制冷压缩机等消耗能力比较高的设备上得到了广泛的应用,尤其是在居民生活用水、城乡工业用水等变频恒压供水系统中。

(2) 提炼检索词,编写检索式

核心检索词:变频、恒压、供水、系统

检索式:(变频 AND 恒压 AND 供水 AND 系统)

(3) 选择数据库

数据库的选择要根据课题具体分析,因为要了解国内外研究概况,所以中外文都需要检索。其实,即便只是了解国内的研究概况,外文检索也是必不可少的,因为中国科研工作者质量高的文章也有很多发表在外文期刊上。

一般来说中文的万方数据库、维普数据库和中国知网都是必须选择的,因为这三个数据库都是综合性的,适合于任何学科,除了检索期刊论文之外,对于这个课题涉及的研究领域是很有可能申请专利的,所以专利的检索不可忽视,虽然万方数据库中收录很多专利,但为了保证尽量查全,这里选择国家知识产权局来检索。

对于外文数据库的选择,为了保证查全率,我们从文摘数据库开始检索,目前最常用的数据库是 Engineering Village、Web of Science、SciFinder,就本课题来说,和化学没有关系,所以只要检索 Engineering Village、Web of Science 数据库就可以了。全文数据库可以部分选择,但是欧洲知识产权局是必选数据库,因为它收录了世界各国的专利,同时可以免费下载全文。

因此,本课题选择的数据库是:万方数据库、维普数据库、中国知网、国家知识产权局、Engineering Village、Web of Science、欧洲知识产权局。

(4) 检索策略和检索结果

① 万方数据库

进入万方数据库,输入检索式:题名:(变频 and 恒压 and 供水 and 系统),检索出的文献包括期刊论文、学位论文、会议论文等。

② 维普数据库

在维普中文期刊服务平台中输入检索式:M=变频 AND 恒压 AND 供水 AND 系统,检索条件限定为 2013 年以后出版的核心期刊,筛选相关文献。

③ 中国知网(CNKI)

在中国知网中用同样的检索策略检索,检索出来的文献与维普和万方的检索结果很多是一致的,去除重复部分。

④ 专利文献检索

检索中文专利,一般可以在两个数据库之间选择,万方数据库中的专利文献库和国家知识产权局的中国专利数据库,用如下的检索策略在中国专利数据库中检索。

专利名称:变频 AND 恒压 AND 供水

根据检索结果筛选相关的信息。

以上是中文检索部分,我们对检索到的文献认真阅读后,该领域的研究就已经有了一个大概的了解,对该领域涉及的一些主要概念也有了清晰的认识,在此基础上,可以检索外文数据库了。

⑤ Engineering Village

在 Engineering Village 选择专家检索,输入检索式:("variable frequency" OR "frequency chang*" OR "frequency conver*") AND ("constant pressure" OR "constant voltage") AND water

因为前面已经检索过中文数据库,所以在这里,我们初步筛选后保留相关外文文献进行阅读。

⑥ Web of Science 数据库

选择 Web of Science 平台输入检索式：

TS=("variable frequency"OR "frequency chang*" OR "frequency conver*") AND ("constant pressure" OR "constant voltage") AND water

根据课题内容筛选相关文献。

⑦ 欧洲专利数据库

欧洲专利数据库收录了世界各国的专利，而上面检索的数据库中不包含专利文献，所以很有必要检索一下欧洲专利数据库。

选择如下的检索式：title or abstract=("variable frequency"OR "frequency chang*" OR "frequency conver*") AND ("constant pressure" OR "constant voltage") AND water，因为该数据库检索式不能超过 10 个单词，因此应分两次检索，检索结果过多，将检索式限定在题目中检索，同时提高了专利的相关性。

（5）结论

从这个案例我们可以看出，分析课题选择合适的数据库是非常重要的，另外要在检索过程中不断地根据实际情况修正检索策略，而且国内科研人员的确有大量的文献是用英文发表的，了解国内研究概况，也不能忽略外文数据库的检索。

7.3.2 应用性检索案例

【例 7-13】 某研究生的课题是关于"抗癌药物缓释机理"研究。当他对"药物缓释传递模型"苦思冥想时，检索到一篇文献，上面刊登了某一传递模型的公式，但描述非常简单。所引参考文献表明该公式出自一本国外专著。国家图书馆在中国是中外书籍最齐全的图书馆。他用匿名方式登录到国家图书馆，检索到确有此书。但若请国家图书馆或北京同学帮忙复印的话又不知复印哪些章节。

解决方法：

① 充分利用搜索引擎和学术论坛。在搜索引擎中检索到有这本专著，但该书不能免费浏览，于是打开它的目录，对照传递模型公式的内容，很容易就找到相关章节的页码。

② 利用学术论坛向同学科的专家和学者求助，有时会得到他们的帮助直接获取这部分内容。

③ 直奔主题：登录国家图书馆官网，通过"馆际互借"服务获取。

④ 利用 SpringerLink 电子书搜索，免费浏览和下载已公开的电子书全文，即使该书不能免费下载，也可以在线免费浏览该书的章节目录及每章的摘要和页码范围，这样也可以轻松获取。

【例 7-14】 某公司研发人员在一篇期刊文献中看到有一篇被著录为"Silveira, M. M., and Jonas, R. (1994), Brazilian patent PI 9.403.981-0"的专利和他最近负责研发的课题十分相关，他首先想到用号码 PI9.403.981-0 在欧洲专利中进行检索，但一无所获。

解决办法：通过分析可以看出，该篇专利应该是篇巴西专利（Brazilian patent），但不能确定巴西专利的代号就是 PI。在搜索引擎中检索"巴西专利 PI",得到以下信息:巴西,A:发明专利申请说明书(未经审查,文献号前冠字母代码 PI)(PCT);B:发明专利说明书(批准专利);U:实用新型专利申请说明书(未经审查,文献号前冠字母代码 MU)。现在可以确定 PI 代表巴西未经审查的发明专利申请说明书,而"-0"可能是流水号。现在到欧洲专利上找到这篇专利:

① 首先在 application number 或 publication number 中输入"BR"——巴西的代码,结果有很多,说明欧洲专利是收录巴西专利的。为何只输入"BR"?因为我要巴西的专利,但不知具体的号码,就可以采用这种方法。

② 在①的检索基础上,将 Silveira, M. M. and Jonas, R. 再输入 inventor,结果一篇也没有。

③ 可能是欧洲专利数据库中发明人的写法不同造成的未检索到结果,所以我们简化发明者的名字,改为 Silveira and Jonas,结果得到了一篇专利文献。通过阅读发现该篇专利的专利号为 BR 9403981 而不是 PI9.403.981-0,这就是那位研发人员没有在欧洲专利数据库中找到专利原文的原因。

【例 7-15】 某同学在实验中要求利用气相燃烧合成的方法在陶瓷膜衬底上涂一层膜,但却苦于不知如何确定实验条件。

解决办法:到别人的研究工作中去寻找答案。通过对国内外文献的检索,得到两篇比较有价值的文献,一是丹麦研究者 Thybo S 于 2004 年 4 月发表在 *Journal of Catalysis* 上的 *Flame spray deposition of porous catalysts on surfaces and in microsystems*,另一篇为发表在某大学学报上的《SnO_2 薄膜的喷涂法制备》,这两篇文章采用的涂膜方式十分类似,都是一种热喷涂的方法,其中都有关于衬底温度控制的论述,而两个作者却有两种完全不同的看法。前一篇的作者认为:衬底的温度高一些较好,喷涂前最好对衬底进行一些加热,但后一篇作者却认为:衬底的温度低一些更利于提高喷涂效果。那么到底衬底的温度是高好还是低好呢?

在这种情况下,我们就要用文章所发表的期刊影响因子来分析。*Journal of Catalysis* 的影响因子为 3.276,在此领域应该还是比较高的。而某大学学报目前还没有被 SCI 收录,因此我们更倾向于认可发表在 *Jouranl of Catalysis* 杂志上那篇作者的观点。

本章思考题

1. 如何利用数据库和网络信息资源确定毕业论文选题。
2. 利用各类检索工具对国内微电影广告与企业品牌营销的相关性进行研究。
3. 查找国内外关于"生鲜猪肉质量安全控制技术"方面的研究报道。
4. 查找关于"新时代中国特色社会主义思想"方面的研究资料。
5. 利用中外文数据库查找"观光果园产业营销管理策略"方面的资料。
6. 利用中外文数据库和各国专利局信息网,查找"凹土资源利用"方面的文献和专利信息。

第 8 章 信息伦理与学术规范

扫码可见第 8 章微课

信息活动给现代社会带来了双层影响：一方面促进生产力和人类文明进步，另一方面也给人类社会带来了一系列新的伦理问题，如信息的授权、信息技术的非法使用、信息责任归属、非法存取信息、侵犯个人隐私权等。信息使用不当，会给社会造成一定程度的混乱，所以，必须建立信息社会新的道德伦理秩序，用信息道德标准来规范和约束我们的行为，使得社会整体目标和自己的信息活动协调一致，这种用于规范信息传播、信息利用、信息开发和信息存储中的伦理准则、道德规范则是本章所要探讨的。

8.1 信息伦理

8.1.1 信息伦理内涵

信息伦理一词，最早是在 20 世纪 40 年代由控制论专家维纳（Norbert Wiener）提出来的，20 世纪 70 年代，网络技术、通信技术、计算机的快速发展，引发了一些新伦理问题。在西方学术界，信息伦理学应运而生。20 世纪 90 年代中期，我国引入"信息伦理"这一术语，信息伦理不是由国家强行执行和制定的，而是由传统习俗、社会舆论，使人们形成一定的习惯、价值观和信念，从而使人们自觉地通过自己的判断规范自己的信息行为。

信息伦理作为信息伦理学的研究对象，经历了现代伦理、网络伦理、计算机伦理的发展进程，其外延与内涵也随着研究深入不断演化，在不同阶段，信息伦理的内涵也有所差异，但是，无论研究学者从哪个角度解读，信息伦理都体现了社会伦理与个人伦理的统一。社会伦理是指信息个体在社会信息活动中所形成的人与人之间的关系以及反映这种关系的行为规范与准则，通过实践活动反映出的社会信息道德。个人伦理是信息个体在信息活动中所体现出来的品质、行为、情感和道德观念，如对非法盗取他人信息成果的鄙视、对信息劳动的价值认同等，它是以心理活动形式从主观意识上体现出来的个人信息道德。信息伦理是一种全新的价值观念，是对信息个体在从事信息活动的伦理规约、伦理准则、伦理要求，信息伦理作为新兴事物，与传统伦理相比具有以下特征。

1. 开放性与多元性

一体化、全球化是当今世界的一大特征，现代社会是一个开放性社会，社会伦理作为体现人与人之间社会关系也具有开放性，道德规范已经不能再是一个封闭的体系，社会伦理是信息伦理的组成部分，信息社会的开放性决定了信息伦理的开放性；在开放性的网络世界中，不同民族、不同地区、不同国家之间文化的多元化，使得人们对道德判断、道德选择出现了不同的标准和可能性，但是信息伦理最本质的伦理规约、伦理准则、伦理要求是一致的。

2. 普遍性

全球化的信息交往推动着人类社会交往向"普遍交往"的高级阶段发展，信息交往中存在的道德问题是共性的，任何不道德的行为都会损害全体成员的利益。所以，信息伦理对每个社会成员的道德规范要求是普遍的，在信息交往自由的同时，每个人都有必要担负相同的道德责任一起维护信息伦理秩序，即便信息在不同文化背景下的地区与地区、国与国之间传播，信息资源共享成为普遍，也许在伦理道德之间有碰撞，但信息道德准则和规范都是大家共同认可的，信息伦理的本质内容上具有普遍性特点。

3. 自律性

传统伦理大多数为面对面的直接关系，个体内心、传统习惯和舆论压力对个体行为起到重要的作用。目前，虽然人类信息交往形式多样化，但人与人之间的交往多是间接交往，以网上信息交流为代表的虚拟交往作为主流交往形式存在，所以，信息伦理在解决这一主流交往形式的道德机制上主要是表现为行为约束的自律性。信息伦理的自律性，意味着即使在没有任何外部规范的前提下，信息主体也可以凭借内在的良心机制，根据自己的道德观念，自觉地选择合适的道德行为。

8.1.2 信息伦理规范

针对信息技术所引发的大量道德失范问题，国外一些网络和计算机组织尝试为其成员制定一系列行为规范，以规范业内人士的伦理准则。如英国计算机学会（British Computer Society，BCS）、加拿大信息处理学会（Canadian Information Processing Society，CIPS）、日本电子网络集团（Electronic Netwok Consortium）的《网络服务伦理通用指南》、美国计算机协会（Association for Computing Machinery，ACM）的《伦理与职业行为准则》。2002年3月，中国互联网协会也拟定并实施《中国互联网行业自律公约》。

各国行业组织制定的行业信息伦理准则虽然有所差异，但是在内容上却十分接近。以美国计算机协会（Association for Computing Machinery，ACM）为例，该协会在1992年10月发布了《伦理与职业行为准则》，其内容包括"特殊的职业职责"和"基本的道德规则"两大部分。

其特殊的职业职责包含：

① 重视协议、合同和指定责任；② 对计算机系统和它们引发的危机等方面做出的彻底评估和综合的理解；③ 接受和提出恰当的职业评价；④ 了解和尊重现有的与职业工作相关的法律法规；⑤ 获得和保持职业技能；⑥ 努力在职业工作的产品和程序中实现最高的尊严、最高的效益和最高的质量。

其基本的道德规范包含：

① 保守秘密；② 尊重他人的隐私；③ 对智力财产赋予必要的信用；④ 尊重包括专利和版权在内的财产权；⑤ 恪守公正并在行为上无歧视；⑥ 做到诚实可信；⑦ 避免伤害其

他人;⑧ 为人类和社会的美好生活做出贡献。

分析各国行业组织的信息伦理准则,它们具有信息伦理规范和行为认同的普遍一致性,在尊重他人隐私权和知识产权以及建立正确的道德标准和信息伦理方面发挥了明显的作用。另一方面,信息伦理准则不仅仅是信息组织和信息从业人员的行业规范,应该是所有信息活动主体的规范。以下是美国计算机伦理协会为计算机使用者制定了著名"计算机伦理十诫"(The Ten Commandments for Computer Ethics)。其内容是:① 你应该用深思熟虑和审慎的态度来使用计算机;② 你应该考虑你所编的程序的社会后果;③ 你不应盗用别人的智力成果;④ 你不应未经许可使用别人的计算机资源;⑤ 你不应复制或使用没有付过钱的软件;⑥ 你不应用计算机作伪证;⑦ 你不应用计算机进行偷盗;⑧ 你不应偷盗别人的文件;⑨ 你不应干扰别人的计算机工作;⑩ 你不应用计算机去伤害别人。"计算机伦理十诫"指明了"不应该"或"应该"的信息行为类型。

大学生是当代信息社会非常活跃的信息主体,我们是信息的利用者、接受者,也是信息的传播者和创造者。在工作、生活和学习中,经常会遇到许多和信息道德有关的问题,在信息的收集、整理、使用、存储与传播过程中,应以下面三个原则作为行为考量准则:

(1) 个体性原则

强调每一个网络用户都应该参与到网络道德的制度、规章的制定中来,自己拟定规范,并遵守这些规范。强调自己立法,自己遵守,这是人的理性最高表现,也是人的尊严和价值之所在。

(2) 及他性原则

简单地说,就是己所不欲,勿施于人。从伦理学的角度看,这是最保守意义上的道德规范。

(3) 普遍性原则

即辨别自己所实施的行动是否具有普遍的权利或道德。也就是说,可以应用到所有人及所有情况,但不伤害其他人。

借鉴美国伦理协会的十诫规范,结合中国信息技术发展的情况,具体应该遵守信息伦理规范包含:

① 遵守有关的信息法律法规。和谐信息社会,不仅需要通过相关法律特有的他律手段处理、调节、控制、制约信息社会秩序的违法和违规行为,更需要信息伦理规范的引领和调节。信息伦理和信息法律法规应是一种共建互补的关系。人们的信息行为必须要相关信息法的他律和信息伦理的自律共同调节和约束。

② 尊重隐私权。隐私权道德基础在于他人对私人信息的尊重和人们控制自己的私人信息,利用网络或计算机侵犯他人的隐私权是不道德的。对于机构而言,未经本人同意,不得擅自出售、修改、收集消费者的个人数据,更不能利用信息系统对员工进行无底线的监控。对于个人而言,不能盗取他人存于信息系统的个人信息。

③ 尊重知识产权。没有经过允许,不能侵犯信息产权人经济利益和著作权,不得随意复制他人信息。对信息的摘录、引用等,须学会合理引用,尊重他人的知识产权。

④ 不谋取不正当的商业利益。利用计算机通过各种方式诈骗、偷窃他人钱财的行为,也应该受到法律和道德的制裁;未经同意,不能将商业广告寄发到他人的电子信箱里,

避免浪费他人的通讯精力、时间和资源,干扰他人的私生活。

8.2 写作与学术规范

学术规范是指学术共同体内形成的进行学术活动的基本规范,旨在引导人们在学术活动过程中,要尊重知识产权和学术伦理,严禁抄袭剽窃;参考引用他人的学术成果,要通过引证、注释等形式加以明确说明,从而营造一个规范有序的学术对话、学术创新的环境。

8.2.1 写作规范

1. 标题的撰写要求

学术论文中的标题从结构形式上可分为层次标题和总标题。

(1) 总标题

总标题,又叫题名、篇名或文题。《科学技术报告、学位论文和学术论文的编写格式》(GB/T7713-1987)中对题名的定义是:"题名是以最恰当、最简明的词语反映报告、论文中最重要的特定内容的逻辑组合。"论文题目一般要求以最准确、最鲜明、最简练、最清晰的词语涵盖论文中最主要的内容,控制在 20 字以内,同时又引人注目。在国外,通常要求科技论文题目符合"四性":Specificity(特殊性)、Indelibility(可检索性)、Clarity(明确性)、Brevity(简短性)。

总标题有两方面的作用:一是二次文献机构数据库系统进行收录和检索的依据之一;二是论文的总纲,是对学术论文中心思想和核心内容的高度浓缩,读者可以据此快速了解该文章的研究重点论据和主要思想。在撰写论文题目时,最好避免使用口头语、化学分子式、型号代号、首词字母缩写字符串、缩略语等。在撰写论文时,作者要学会换位思考:如果自己想检索到该文章,会输入什么关键词或主题词来查询?例如论文《基于 ESDA 的中国高校研发投入时空分异格局研究》题目中的 ESDA 是很多术语的英文缩写,如探索性空间数据分析(Exploratory Spatial Data Analysis)、电子系统设计自动化(Electronic System Design Automation),而在本文中的含义是前者,这样的缩写出现在标题中不容易让读者对作者阐述的论文研究内容快速领悟。

(2) 层次标题

不同刊物、场合和对象对层次标题的要求可能存在差异。比如管理学学术论著中的层次标题就不宜过多,一般不超过四级,每一层次标题不少于两个。撰写的学术论文在投稿时,大家最好查阅想要投稿的期刊已经发表的论文,参考已有的格式,或在期刊官方网站上下载该期刊的"投稿模板"。

【例 8-1】
    1(一级标题)
      1.1(二级标题)
        1.1.1(三级标题)
        1.1.2(三级标题)

1.2（二级标题）

1.2.1（三级标题）

1.2.2（三级标题）

1.3（二级标题）

总标题和层次标题都要注意准确性原则，即合乎规范、简洁精炼、准确贴切，用简明概括的词语准确表达各节、各章的特定内容和中心思想。尤其重点注意以下两点：

第一，上级标题已出现的物名、人名、地名等，在下级标题中不再重复出现。第二，根据 CY/T35-2001《科技文献的章节编号方法》中的要求，尽量精练字数，一般不超过 15 个字，且避免重复上级标题的字面内容。当然，在文字求简的同时，应避免逻辑和语法错误，不能随意减缩词语。

另外，需要注意的是，英文题目以短语为主要形式，即题目基本上由一个或几个名词加上其后置或（和）前置定语构成。短语型题目要事先确定好中心词，再进行前后修饰。例如《An assessment of energy efficiency based on environmental constraints and its influencing factors in China》，各个词的顺序很重要，词序不贴切，表达意思会出现偏误。英文题目的字数不应过长，能在准确反映论文研究主题的前提下，题目词数越少越好。同一篇论文，其中文题目和英文题目表达意思上一致，但并不等于说词语要一一对应，题目中冠词可用可不用时均不用。题目中字母的大小写有以下三种格式，具体采用何种形式需要根据投稿的目标期刊为准。

① 句首的第一字母大写，其余字母均小写。

② 每个词的首字母大写，但 4 个字母以下的介词、连词、冠词全部小写。

③ 全部字母大写。

2. 学术署名

在论文题目的下一行写作者，再下一行写作者的单位、省、市、邮编信息，如图 8-1 所示。单位的名称不可以简写，如“南京大学”不能简写成为“南大”。作者名单中的顺序原则上是根据作者对研究做出的贡献大小进行排序，论文署名一定要征得当事人同意，并在“版权转让协议书”上签字。

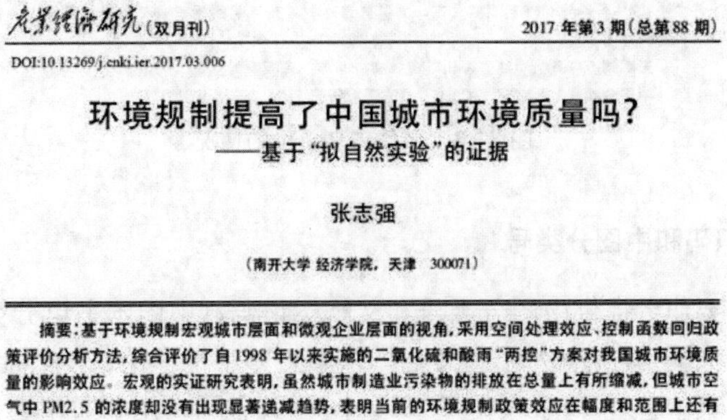
产业经济研究（双月刊）　2017 年第 3 期（总第 88 期）

DOI:10.13269/j.cnki.ier.2017.03.006

环境规制提高了中国城市环境质量吗？

——基于“拟自然实验”的证据

张志强

（南开大学 经济学院，天津　300071）

摘要：基于环境规制宏观城市层面和微观企业层面的视角，采用空间处理效应、控制函数回归政策评价分析方法，综合评价了自 1998 年以来实施的二氧化硫和酸雨“两控”方案对我国城市环境质量的影响效应。宏观的实证研究表明，虽然城市制造业污染物的排放在总量上有所缩减，但城市空气中 PM2.5 的浓度却没有出现显著递减趋势，表明当前的环境规制政策效应在幅度和范围上还有

图 8-1　单一作者单一单位的情况

如果作者有多人，且属于同一单位的情况，撰写方法如图 8－2 所示。如果多作者多个单位期刊要求单位采用上标，如图 8－3 所示。具体采用哪一种情况，要依据目标期刊的要求而定。国内作者向外文期刊投稿署名或有必要附注汉语拼音时，必须遵守国家规定 1982 年 ISO 通过的《汉语拼音方案》作为拼写中国专有词语和名词国际标准。中国人名翻译成外文时，名字和姓氏分开写，名和姓开头字母大写。例如，郭守敬（元代天文学家）翻译成外文的唯一正确的汉语拼音为 Guo Shoujing。

·理论研究· 情报科学 第37卷第9期 2019年9月

基于公众满意度的政府公共文化信息服务研究

白 晶，冯丹娃，张 睿

（哈尔滨师范大学 管理学院，黑龙江 哈尔滨 150025）

摘 要：【目的/意义】通过研究电子信息服务平台在公共文化传播中的应用，以期提高政府供给公共文化服务的质量与效率。【方法/过程】以学者们对公共文化传播的研究为理论基础，进一步针对政府公共文化信息服务进行深入研究；用调查问卷进行实证研究，借助SPSS21.0统计分析软件，对以公众满意度为传播导向的政府公共文化信息服

图 8－2 多作者单一单位的情况

一种基于在线大数据的高频 CPI 指数的设计及应用 · 81 ·

一种基于在线大数据的高频 CPI 指数的设计及应用①

刘涛雄[1,2] 汤 珂[1,2] 姜婷凤[3] 仉 力[4]

（1. 清华大学社会科学学院经济学研究所；2. 清华大学创新发展研究院；3. 对外经济贸易大学金融学院；4. 中国社会科学院世界经济与政治研究所）

研究目标：在数字经济时代探索如何运用在线大数据编制实时高频物价指标。**研究方法**：设计了中国第一套基于互联网在线大数据的居民消费价格指数，从多方面分析指数质量及其应用。**研究发现**：在线 iCPI 可实现各层次类别的日、周、月指数无滞后实时更新；指数数据从采集、清洗到加工和发布均由计算机自动进行，既节省人力又减少人为干预因素；指数在代表一般物价变化、精准捕捉典型事件影响、现时预测通货膨胀、实时监测宏观经济形势等方面表现突出。**研究创新**：首次采用在线大数据编制 CPI，弥补了中国尚无实时高频物价指标的空白。**研究价值**：在线 iCPI 是传统 CPI 的有益补充，其编制思维和方法可用到更多高频宏观经济指标的构建上。

关键词 在线大数据 iCPI 实时高频指标 宏观现时预测

中图分类号 F222.1；C813 **文献标识码** A

图 8－3 多作者多单位的情况

3. 文献标识码和中图分类号

有些期刊需要作者提供中图分类号和文献标识码，《中图图书馆分类法》简称《中图法》，一般分为 5 大类：马克思列宁主义毛泽东思想邓小平理论、哲学、社会科学、自然科学、综合性图书，其中包含 22 个大类，53 811 个类目（包括专用和通用类目）。“中图分类号”的简表如图 8－4，在网上可以很方便地查找到中图分类号。我国期刊出版格式要求

标出文献标识码，规定如下：

A：理论与应用研究学术论文（包括综述报告）；
B：实用性成果报告（科学技术）、理论学习与社会实践总结（科技）；
C：业务指导与技术管理的文章（包括特约评论）；
D：一般性通讯、报道、专访等；
E：文件、资料、人物、书刊、知识介绍等。

注：英文的文献标识码应与中文对应。

类号	类名	类号	类名	类号	类名
A	马克思主义、列宁主义、毛泽东思想、邓小平理论	I	文学	S	农业科学
B	哲学、宗教	J	艺术	T	工业技术
C	社会科学总论	K	历史、地理	U	交通运输
D	政治、法律	N	自然科学总论	V	航空、航天
E	军事	O	数理科学与化学	X	环境科学、安全科学
F	经济	P	天文学、地球科学	Z	综合性图书
G	文化、教育、科学、体育	Q	生物科学		
H	语言、文字	R	医药、卫生		

图 8-4　中图分类号的简表

4. 首页脚注

首页脚注一般包括收稿日期、作者简介和基金项目组成，其中作者简介的结构一般是："姓名（出生年月），性别，××省××市，学历，职称，研究方向，联系方式（手机号，邮箱）等"，如图 8-5 所示。说明：不同的期刊在首页脚注位置的标注方式存在不同，具体情况以投稿期刊的模板或要求为准。

* 龚锋，武汉大学经济与管理学院，邮政编码：430072，电子信箱：00009038@whu.edu.cn；王昭，武汉大学经济与管理学院，邮政编码：430072；余锦亮，湖南大学经济与贸易学院，邮政编码：410006。本文是国家自然科学基金项目"应对中国人口老龄化的公共政策评估与设计——基于'财政可持续性、长期经济增长与代际财政平等'三维视角的可计算动态一般均衡分析"（71773086）、教育部人文社会科学基金项目"应对人口老龄化的中国公共政策评估与设计：基于可计算动态一般均衡模型的预测分析"（17YJA790022）、教育部人文社会科学基金项目"基于长期机会平等导向的中国收入再分配制度优化设计研究"（17YJA790039）和武汉大学人文社会科学自主科研项目"中国人口老龄化的动态经济效应评估与政策设计研究"（2017QN037）的阶段性成果。作者感谢匿名审稿专家的宝贵意见，但文责自负。

图 8-5　《经济研究》期刊首页脚注

常见基金项目的英文译文：
（1）国家自然科学基金项目（编号）
Project Supported by the National Natural Science Foundation of China（NSFC）

（编号）

（2）国家 863 高技术基金项目（编号）

Project Supported by the National High Technology Research and Development of China（863 Programme）（编号）

（3）"十一五"国家科技支撑计划重大项目（编号）

Key Project of the National Eleventh-Five Year Research Programme of China（编号）

（4）国家重点基础研究专项经费项目（编号）

Project Supported by Special Fund of the National Priority Basic Research of China（编号）

（5）国家重点基础研究发展规划基金项目（编号）

Project Subsidized by the Special Funds for Major State Basic Research Projects of China（编号）

（6）国家重点基础研究发展纲要基金项目（编号）

Project Supported by Foundation of the National Programme for Priority Basic Research' Development of China（编号）

（7）国家杰出青年科学基金（编号）

Scientific Funds for Outstanding Young Scientists of China（编号）

（8）国家重点基础研究发展计划项目（973 项目）（编号）

The National Basic Research Program of China（973 Program）（编号）

（9）高等学校博士学科点专项科研基金资助项目（编号）

Project Supported by Specialized Research Fund for the Doctoral Program of Higher Education（编号）

（10）教育部中央高校基本科研业务费专项资金资助项目（编号）

Project Supported by the Fundamental Research Funds for the Central Universities（编号）

5. 摘要与关键词

学术论文的摘要是用简洁的语言来介绍论文的主要内容和结论。需要说明的是，在写论文时，虽然摘要是写完全文后最后概括写成的，但是摘要的位置是论文的开头。

摘要是整篇论文的缩影，应能独立使用，一般在 500 字左右，并排版成 1 个页面；语言精练、简明扼要，一般应概括以下三方面内容，研究的问题是什么、主要采用了什么研究方法和流程、得出的主要研究结论是什么。需要注意的是，摘要应使用标准术语，尽量不用非通用缩写名词，因为"摘要"的读者面要比"正文"更广。"摘要"对专家写评阅意见有重要参考作用。作者应对成果的创新性和价值做出准确而又含蓄的自我评价，要实事求是，不能夸大。

研究结论是指对结果通过比较、分析、升华所得到的适用范围和普遍意义的规律。内容包含四大要素：即"研究结论""研究结果""研究方法"和"研究目的"。这四要素全面准确、简明扼要地表述论文研究主题的必要条件，缺一不可。值得注意的是：

① 不宜自我评价。

② 众所周知的专用术语、机构名称、国家等，尽量采用缩写或简称，有些并不常见的专业术语，在第一次出现时候可以用注释和全写，在文章的后续出现时候用简写。

③ 采用第三人称过去式的写法。例如，“得出了”“提高了”“讨论了”等。

④ 结构要合理、字数合适、用词简练，一般不分段(学位论文可分段阐述)。

⑤ 尽量不在摘要开头使用“本文”等字样。

⑥ 不得有图、表、化学结构式和数学公式。

⑦ 不能简单地重复题目，要提出作者重点表达的观点和文章的创新点。

⑧ 摘要不应是正文的注释，也不可填补原文之外的评论或解释，要如实、客观地翻译原文的内容。

一般在摘要之后，需要另起一行标出3～5个关键词。关键词的主要目的是给论文进入数据库后的搜索带来方便。一般关键词要选择有特色的词汇。关键词的编写也是在完成全文之后，针对内容进行斟酌提取出来的，例如“货币政策”“传导机制”等都是一些比较好的关键词，而“影响”“经济”这类意义比较广泛的词就不适合作为关键词，如图8-6所示。

DOI:10.13530/j.cnki.jlis.2020004　　053

新时代图书馆使命与未来图书馆学教育之思考

苏新宁

摘　要　未来图书馆将会发展成为一种网络运行的数字化、虚拟化、可移动、智慧服务的新形态，其资源全面融合、无缝链接；图书馆的职能也不仅仅是进行文献服务，将会扩展到服务于国家战略。图书馆的五大重要使命包括：辅助科技创新，提升全民文化素质，传承历史文化，推动科学普及，引领学科发展。未来图书馆学专业人才的培养，必须掌握新资源环境下图书馆学理论、技术与方法，注重图书馆资源建构与组织能力的培养，加强学科馆员使命感和能力的培育，提高大数据环境下资源获取能力和分析能力，把在图书馆实习当作必修课程。参考文献26。

关键词　图书馆发展　图书馆使命　图书馆学教育　图书馆专业课程　图书馆员

分类号　G250.1

图8-6　中文摘要示例

“关键词”是为了文献标引工作的需要，从论文中选取用以表示全文主题内容信息款目的单词或术语。关键词的选取以词义清晰为原则，选词或用句应尽量选用论文中的学术主题词，不能完整标引时才适当选用自由词。一般每篇论文选取3～5个词作为关键词。关键词用逗号或分号分隔，最后一个词后不打标点符号。关键词以显著的字符排在同种语言摘要的下方，一般要求尽可能使用《汉语主题词表》等词汇工具文献提供的规范词。此外，还应注意一些普适性词汇，或者说常用的中性词汇，不能直接表达文本内涵的词汇定要慎用，如“研究”“问题”“对象”“方法”“认识”等，这些词汇属于公共范畴的概念，不是专有词汇，没有文本的特定词汇意图。

8.2.2 引用规范

"注释"、"参考文献"和"引文"是情报研究、学术评价、学术交流、编辑出版以及论文写作等领域使用频率很高的三个基本概念,明白三者的区别和概念,有助于明确它们在学术研究中起到的作用,对于避免抄袭剽窃、加强引文学术规范和合理引用参考文献等学术行为具有指导意义。

1. 注释

注释又称为"注"或"注解",是对引文出处的说明或对正文内容(例如背景、人物、事件、概念)的解释、补充或说明。简而言之,注释是对作品文字的解释。注释是使得作品显得完整和紧凑的工具,为作者答疑解惑,能够快速理解作品的附属构件。注释根据不同的标准,可以有不同的分类。

首先,从功能上来看,注释可以分为内容注释、解释性注释、出处性注释与音义注释,其中对作品文字音义予以说明的注释称之为音义注释,对作品内容予以修正、补充和解释的注释成为内容注释,解释正文内容的注释为解释性注释,说明出处的注释称为出处性注释。

其次,从排放的位置来看,注释可以在每页脚或章末(文末)标识,也可以在正文中随引文用括号标识。前者叫作"呼应注",后者叫作"夹注"。夹注可以分为句外夹注和句内夹注。前者是放在句子之后,用以补充说明全句内容的夹注;后者是紧挨着被注释词语,用以补充说明该词语的夹注。当使用夹注标识出处时,要在引文后的括号内标明页码、发表年份、版本、出版机构、作者和文章名或书名。在频繁、大量引用某一文献的时候,可以用夹注以减少注释的篇幅。夹注的缺点是使得作品变得很枝蔓、很臃肿,优点是方便读者阅读注释。呼应注是先在正文中对需要加注的地方按照出现的先后顺序标识特定的顺序码,然后集中在某处予以集中说明。呼应注根据具体位置的不同,可分为尾注和脚注。尾注又分文末注、篇尾注、段尾注、章尾注、书尾注和书后注,相比较脚注,尾注使得作品浑然一体和清晰,缺点是不便于读者追踪到注释内容,优点是便于读者注释和读者阅读。脚注又叫边注、页末注、页下注和当页注。相比于尾注,脚注缺点是不便于编辑排版,优点是便于读者阅读正文,清楚引文出处和注释内容。

从内容上看,注释可以分为补充注、正文注、作者注、篇名注和出处注。其中,补充注是对正文中有关特定内容的补充说明。作者注是对作者姓名、出生年月、性别、民族、籍贯、工作单位或住址、职称、职务或学位和研究方向等说明。篇名注是对论文产出的背景、基金项目等说明,同时也对该文中得到的相关部门和个人支持进行鸣谢。首页脚注即为篇名注和作者注的综合标明。出处注是对正文中引文出处的说明。

2. 参考文献

参考文献又叫参考资料、有关文献和参考书目,英文为"reference",是指作者在创作过程中主要参考和引用了的文献资料,它通常单独在文末(书末、卷末、章末、节末)、段末中集中列出,有时也放在注释中,方便读者进一步研究和阅读。我们可将上述定义理解为广义的参考文献定义,即无论是参考阅读还是实际引用了其中的具体内容的文献资料,都统称为参考文献。而狭义的参考文献则特指在正文中实际引用其具体相关内容的相关文献信息资源。

从内容上来看,参考文献可分为观点出处性参考文献和引文出处性参考文献、非引用性参考文献和引用性参考文献。观点出处性参考文献是指作者在正文中阐述的某一观点的出处;非引用性参考文献则不是标明引文出处的,可能仅为作者参考了的文献;引用性参考文献也叫引文性出处性参考文献,是指标明引文出处的参考文献。

按照提供目的划分,可分为引文型参考文献、阅读型参考文献和推荐型参考文献。引文型参考文献是著者在撰写或编辑学术论著的过程中,为正文中的直接引文(数据、公式、理论、观点等)或间接引文而提供的有关文献信息资源。阅读型参考文献是著者在撰写或编辑学术论著的过程中曾阅读过的文献信息资源。推荐型参考文献通常是专家或教师为特定读者、特定目的而提供的文献信息资源。

目前学术界对参考文献和引文的理解或认识存在分歧,经常将两者混淆,会误认为参考文献就是引文。引文和参考文献既有联系又有区别,但是两者又是不同的概念。引文是正文中引用的、从参考文献中提炼出的具体内容,而参考文献则是引文的信息源或出处,两者不等同,更不能错用。参考文献是论著中的必要要素,倘若没有参考文献则不必勉强凑数。实践中,为了编排方便和节约篇幅,将参考文献用作代替注释的行为,也是不严谨的。相比注释,参考文献可以是作者参考了其研究成果将之融合在论著中而没有体现在文字形式上,还可以是提供给读者的延伸性材料,比如在正文中没有提及但与该研究存在一定相关性,或在正文中简单涉及却没有展开的文献。

3. 引文

引文的英文为"citation"。《现代汉语词典(第 5 版)》(商务印书馆出版)对"引文"词义的解释为:引自其他书籍或文件中的语句,也叫引语。以此为据,广义的"引文"概念理解为:编辑或撰写学术著作、学术论文过程中引用参考文献的行为、被引用的文献及其具体引用内容表述的总称。而狭义的"引文"概念定义为:学术著作或学术论文中对引自参考文献中相关内容间接或直接阐述。如无特殊说明,本章下文中的引文均是指狭义的引文概念。

"引用"是援引相关参考文献的行为,可简单地把引用方式分为间接引用和直接引用。间接引用也为暗引,是吸收了他人的研究成果并用自己的语言表述,对常识性资料、原文过长等,常常采用暗引。直接引用也为明引,是指直接引用他人的研究成果的某些字段,这些字段常常用双引号标注,对主要论据资料、新发现或不常用的资料,经常采用明引。根据作者对引用内容的具体表达方式,进一步可将引用方式分为指示性引用、报道式引用、复述式引用和摘录式引用四种。其中,指示式引用、报道式引用和复述式引用是间接引用的三种具体方式;摘录式引用是直接引用。

(1) 指示式引用

指示式引用是作者只是对被引文献(参考文献)的相关内容或论题给出一个提示性说明,但并未明确表达所引用的具体内容的一种引用方式。指示式引用方式一般用于:要介绍较多但并不重要的相关文献;参阅了有关文献但未直接引用其具体内容;为读者提供查阅有关参考文献资料具体内容的索引。采用指示式引用方式要注意:不能刻意追求引文数量而大量罗列参考文献,精选密切相关文献,指示引用的文献主题内容与本文的内容或论题确有一定的相关性。

(2) 报道式引用

报道式引文是作者用高度概括性的语言叙述被引文献的主要论题即其全文核心要点或基本内容梗概的一种引用方式。

报道式引用方式一般用于:在评论性论文中将被引文献全文作为质疑、评价、讨论的对象;在综述论文中对比较重要的文献内容进行比较分析或做全文要旨介绍;在研究论文引言中作为研究背景重点介绍某作者具有代表性的相关研究成果。其具有代表性的表达方式为:"对……进行了研究","……采用了……","……论述了……",等等。

采用报道式引用方式要注意:控制报道式引用部分的篇幅,以免喧宾夺主;在不丢失重要的基本信息的前提下准确、简明地概括;准确、全面地理解文献全文的内容、把握内容的要点。

(3) 复述式引用

复述式引用是作者用自己的语言阐述或复述被引文献(参考文献)中多引用的片段内容的要义,引用内容隐含在作者论述中的一种引用方式。

复述式引用方式一般用于:需要对被引文献的方法、理论、见解和观点做必要的阐述或解释;用概括性语言介绍引用文献的较长片段以减小叙述篇幅;参考文献中要引用的原文片段过长且其中某些字段内容无需直接引用。

采用复述式引用方式要注意:在复述引用部分的适当位置标注参考文献序号,为了避开抄袭注意限制复述部分的篇幅;在正确理解引用原文片段的内容要义基础上准确表达,不曲解臆断或断章取义。

(4) 摘录式引用

摘录式引用是作者将被引文献中的具体引用片段(图表、公式、数据、段落、词语、语句等)完全按照原文摘录在引证文献中的一种引用方式。

摘录式引用方式一般用于以下情况:引文片段内容是对比分析的对象或论据;将引文片段内容作为质疑、评论对象;引文内容比较新颖、关键、重要或表达方式有特色。

采用摘录式引用方式要注意:应适当限制或控制篇幅、字数,避免大量重复原文,引文应于本文的语句相衔接;摘录的片段能表达相对完整、独立的信息;对所引用的片段原文进行准确摘录;对引用内容要明确说明或标注,引用部分应加由冒号或双引号引导,并用带方括号的文献序号上标标注,或用文字直接说明某表(图)引用某参考文献。

8.2.3 学术规范

1. 论文抄袭

抄袭,是窃取他人的作品当成自己的成果,包含在一定程度上改变其内容或形式的行为和完全照搬他人的作品。抄袭,是一种严重侵犯他人著作权的行为,但雷同、巧合和合理使用经常会和抄袭的概念相混淆。雷同指一些事物不该相同而一样,即为随声附和。巧合是表示恰好相同或相合。合理使用是著作权法中的一项重要的制度,根据著作权法的规定,不向其支付报酬以一定方式使用作品不需要经过著作权人的许可。在一般情况下,没有经过著作权人同意而使用其作品的行为就构成了侵权,但有些时候为了保护公共利益,对一些著作权危害不大的行为,在理论上被称之为"合理使用",不视为侵权行为。

合理使用和抄袭,都是没有经过他人同意使用其作品的行为,合理使用被法律视为非侵权行为,抄袭则是侵权行为。至于雷同,有存在抄袭的嫌疑,需要就进一步确认。巧合,则没有侵犯他人著作权,当然也不涉及非法使用他人作品。

国家版权局作为著作权管理的权威部门表示,剽窃、抄袭在著作法中是同一性质概念,都是指将他人的作品片段或全部作品占为己有。与其他侵权行为一样,抄袭侵权也需要具有以下四个要点:第一,行为人存在过失;第二,和损害的事实具有因果关联;第三,存在有损害的客观事实;第四,行为是违法的。

这些年,抄袭、剽窃等学术不端事件在学术界频发造成了恶劣的影响,使得学术规范备受关注。学术规范保证学术研究纯净、抵制学术腐败的一项有效举措。抄袭是学术不规范最突出的一种表现形式。曾经为评审过论文或写过论文的人,都清楚抄袭并不是一个界定明确的问题。明白那些模糊不清的形式抄袭,学会分辨不同类型抄袭的形式,是避免抄袭的重要环节,如表8-1所示。

表8-1 抄袭的种类

标注与否	抄袭的种类
已作引用标注	① 所有引用内容合理地完成标注,也作了标注。但论文自身已经没有任何独创内容。② 参考文献虽然合理地引用,但没有加注引号引用。③ 提供了不可能被找到的参考资料不准确信息。④ 所使用参考资料的作者姓名被提及,但没有标注参考资料的来源。
未作引用标注	① 大量引用自己原来的作品,违反了大多数学术机构拥有原作品版权的政策。② 原作品的实证或实验设计方法与思路被保留,改变实证或实验研究的个别数据或表达方式。③ 保留了原作品的思想精华,仅通过改变句子和词组的排列使得原作品的外在形象不同。④ 从不同作品中随意挑选句子拼凑,原作品中的许多字词被保留。⑤ 将他人作品中标志性内容原封不动地复制为自己所用。⑥ 直接将他人作品中文字变为自己的。

当然,对于已经成为学术界的名句、经典、常识,可以不注明出处,因为即使不作说明也不会对提出者的归属产生质疑的声音。

2. 论文检测

(1) 中国知网的"学术不端检测系统"

中国知网的官方网址:http://www.cnki.net/。中国知网的官方网址学术不端检测系统入口,如图8-7所示。该系统具有海量独家文献资源、英文资源、网络资源、第三方资源,检测速度快,且支持表格等知识元检测,检测结果更加细致;支持繁体检测、英文检测,批量文献上传检测、批量报告单导出等功能。

图 8-7 中国知网的官方网站的学术不断检测系统入口

点击图 8-7 中的"学术不端"或在网址栏中输入 http://check.cnki.net/，即可打开中国知网的学术不端检测系统的主页面，如图 8-8 所示。

图 8-8 中国知网的学术不端检测系统主页

图 8-8 中有两个比较实用的功能区，即："学术不端文献检测系统 5.2"和"合作单位由此进入，学位论文学术不端文献检测系统、社科期刊学术不端检测系统、科技期刊学术不端检测系统"。

对于广大的大学生而言，大学生论文抄袭检测系统是个非常重要的数据库，每个学校都会规定：凡是学生的毕业论文被检测抄袭超过某个临界值（不同单位对本临界值的规定略有差异）就会被取消学位证书或延迟毕业。

(2) 万方数据库的"论文相似性检测系统"

目前,在网上可以检索到不少与学术不端检测系统有关的网址和网站,只有少数是正规的和高校承认的。

万方数据库的官方网址:http://www.wanfangdata.com.cn/index.html,在官方页面中可找到图 8-9。点击"万方检测"即可进入 http://check.wanfangdata.com.cn/对应的官方页面,如图 8-10 所示。该系统拥有自主研发的"基于滑动窗口的低频特征部分匹配算法",能准确识别细微改动,兼顾查全、查准;检测效率高,并以不同颜色区分相似文本高亮对比,便于阅读。

图 8-9　万方数据库的"论文相似性检测服务"系统入口

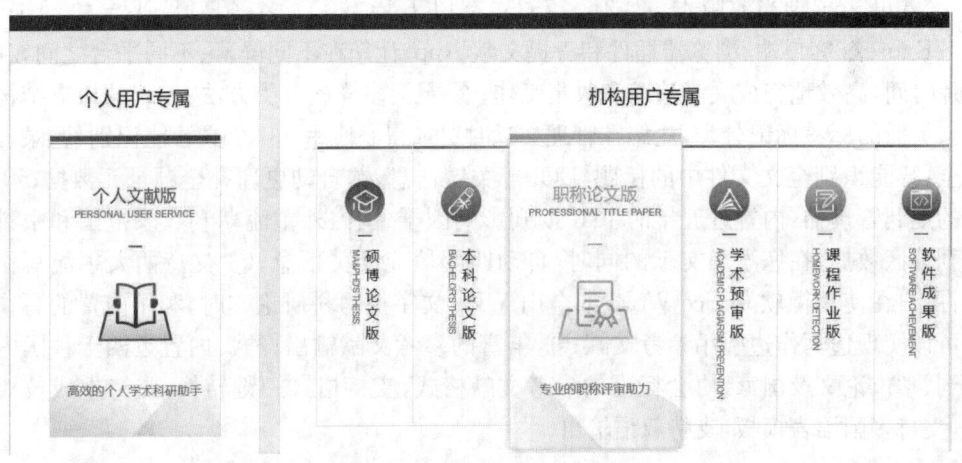

图 8-10　万方数据库的"论文相似性检测服务"界面

值得说明的是,究竟使用哪个系统进行检测的结果算数,高校之间并不统一,这是由于每个检测系统的检测算法不同而造成的。因此,网上的这类检测系统的检测结果仅仅是考核学生论文抄袭的一个参考指标,最终确定学生论文是否抄袭率超标的权力归属于学生所在专业学院的学术学位委员会。

总之,学术不端检测系统的开发和使用,主要目的在于教育、引导师生提高学术道德自律水平，构建良好学术风气，形成良好学术氛围，推动科研诚信和学风建设。但我们也要认识到，无论哪种检测系统，无论其算法如何精准，都主要起到预防和震慑作用，关键还是要加强宣传教育，提高科研人员以及广大师生的诚信意识与学术道德意识，坚持学术操守，从而根本上解决学术不端行为。

8.3 文献管理工具

人们在学习、生活和工作中，尤其是科研工作中，会收集到大量的文献信息。当文献累积到一定程度后，人们往往需要花费大量时间才能找到自己所需要的文献，而且不同的学术期刊对参考文献的格式要求不一样，每次投稿必须要按照所投期刊的要求进行参考文献的编排，这样非常耗时费力，参考文献管理软件应运而生。目前参考文献管理软件很多，国内如 NoteExpress、NoteFirst、CNKI E-Study 等，国外如 EndNote、Reference Manager、RefWorks 等，本节重点介绍 NoteExpress 的相关功能。

8.3.1 NoteExpress 文献导入

1. NoteExpress 简介

NoteExpress(NE)是由北京爱琴海软件公司开发的专业文献管理软件，其核心功能包括数据收集、知识管理、信息分析、知识发现、辅助写作等，目前已成为中国文献管理软件市场上的第一品牌。

NoteExpress 当前版本 v3.2.0.7535，有以下特点：① 多屏幕、跨平台协同工作：NoteExpress 客户端、浏览器插件和青提文献 App，让您在不同屏幕、不同平台之间，利用碎片时间，高效地完成文献追踪和收集工作；② 灵活多样的分类方法：传统的树形结构分类与灵活的标签标记分类，让您在管理文献时更加得心应手；③ 全文智能识别，题录自动补全：智能识别全文文件中的标题、DOI 等关键信息，并自动更新补全题录元数据；④ 强大的期刊管理器：内置近五年的 JCR 期刊影响因子、国内外主流期刊收录范围和中科院期刊分区数据，在您添加文献的同时，自动匹配填充相关信息；⑤ 支持两大主流写作软件：用户在使用微软 Office Word 或金山 WPS 文字撰写科研论文时，利用内置的写作插件可以实现边写作边引用参考文献；⑥ 丰富的参考文献输出样式：内置近四千种国内外期刊、学位论文及国家、协会标准的参考文献格式，支持格式一键转换，支持生成校对报告，支持多国语言模板，支持双语输出。

2. NoteExpress 下载与安装

登录网站（http://www.inoteexpress.com/aegean/index.php/home/ne/index.html）可以免费下载 NoteExpress 的安装程序，个人用户请下载个人版，集团用户请下载所在学校的集团版。下载成功后，双击安装程序，即可完成安装，如在安装过程中遇到防火墙软件或者杀毒软件提示，请选择允许程序的所有操作，最好能将 NE 加入信任列表。

3. 新建数据库

NoteExpress 的主界面如图 8-11 所示。左侧是数据库及其结构目录栏，显示打开数据库的结构目录，以树形结构显示，通过"+"和"-"可展开或收起子目录，中间是题录信息列表栏，显示当前文件夹内的所有题录条目。右侧是题录详细信息栏，显示当前选中题录的相关信息，包括细节、预览、综述、附件、笔记、位置等，切换相应的按钮，显示相应的信息。

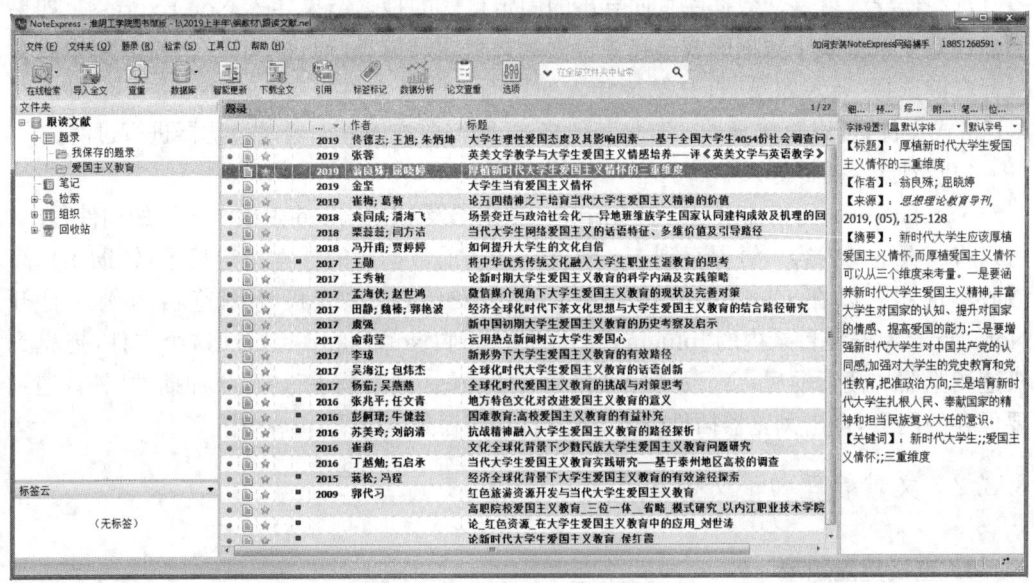

图 8-11　NoteExpress 界面

通过"文件"或者图标"数据库"下拉工具栏选择"新建数据库"，定义数据库的名称和存在位置。新建好数据库，会显示三个选项，分别是"复制文件到附件文件夹"、"移动文件到附件文件夹"和"不执行文件复制或移动"，当向该数据库添加附件时，建议在前两项中选择复制文件或移动文件到附件文件夹。每个新建的数据库含有五个默认文件夹，分别是：题录、笔记、检索、组织和回收站。

4. 数据导入

NoteExpress 提供四种数据收集方式，分别是导入本地文献全文、在线数据库检索导入、通过过滤器导入、浏览器插件导入。

（1）导入本地文献全文

对于已经下载相关文献全文的用户，在 NoteExpress 中选择题录要保存的文件夹，然后鼠标右键，选择"导入文件"，如果导入某个文件，选择"添加文件"（按下"Ctrl"单击选择多个文件），如果需要导入多个文件，选择"添加目录"，导入全文的文件名即为题录标题。NoteExpress 支持导入的 PDF 或 CAJ 全文中抽取关键信息作为题录，同时实现通过网络智能更新题录信息。如果出现自动更新题录失败，可以鼠标右键点击"在线更新"，选择手动更新补全题录信息。

（2）在线数据库检索导入

NoteExpress本身集成了CNKI中国知网、万方、维普、读秀、Web of Science、ScienceDirect、Springlink、Wiley、ProQuest等数据库，点击NoteExpress主界面的"检索"下拉菜单选择"在线检索"或者"在线检索"图标，选择子菜单"在线数据库"，还可以点击"☆"收藏常用的数据库。

（3）通过过滤器导入

过滤器导入就是从数据库页面导出的固定格式的检索结果导入NoteExpress。如果已经存储了来自某个数据库或信息源检索的文献题录信息，通过"文件"下拉菜单中或者鼠标右键选择"导入题录"打开题录导入的界面。题录文件只有NoteExpress本身的".nel"格式文件，可以直接导入。若是其他格式，则需要在该界面通过过滤器进行过滤。

（4）浏览器插件导入

NoteExpress网络捕手是支持Chrome浏览器及Chromium内核浏览器的插件程序，可以将网页上的内容一键保存到NoteExpress当前数据库的任意指定目录，辅助用户高效收集资料。以在Chromium内核浏览器上安装（以360极速浏览器为例），打开NoteExpress安装目录内的"plugins"文件夹，找到"NoteExpress.crx"这个文件，拖曳到极速浏览器的搜索框里，会显示要添加"NoteExpress网络捕手吗？"，添加插件以后，遇到要保存的网页，点击浏览器插件保存，题录自动保存到NoteExpress中。

8.3.2　文献管理和论文撰写

1. 查找重复题录

以相同的检索式从不同数据库收集文献，会有重复的情况出现，使用工具栏上的"查重"图标，快速查找到数据库内的重复题录，然后鼠标右键点击，可选择"从所有文件夹中删除"或"从指定文件夹删除"，提升文献筛选效率。

2. 自定义表头

NoteExpress本身的默认表头是适用于所有文件夹，如果想了解文献所在来源刊物的水平，可以自定义表头添加收录范围和影响因子。NoteExpress提供SCI、SCIE、SSCI、EI、中文科技核心期刊（CSCD）、CSSCI、中文核心期刊（北大核心期刊要目总览）共七种收录范围的匹配和展示，还提供近5年JCR影响因子查询，题录字段里显示的是来源刊物最新的影响因子。

3. 文件夹信息统计及数据分析

按照一定检索式收集的文献，其元数据本身隐含了很多该研究方向的信息。点击题录保存的文件夹，鼠标右键点击"文件夹信息统计"，可以针对单一元数据字段的频次分布可以使用文件夹信息统计功能。例如年份分布展示了研究的热度趋势；关键词分布展示了研究切入点的情况；来源分布展示了哪些刊物更关注这类研究的进展；作者的频次分布展示了该研究领域的牛人;通过计算关键词的共现频次矩阵,可以得到相关系数矩阵,进一步进行聚类分析及可视化展示各要素之间的相关关系,这些都对明晰我们所关注的科学问题提供了帮助。

而针对多值字段的共现频次矩阵、相关系数和相异系数矩阵计算,以及词云图和路径关系图的绘制可以使用数据分析功能。工具栏选择"数据分析"图标。

NoteExpress 内置超过 4 000 种参考文献样式规范,支持一键转换,在写作学术论文时能专注于内容,节省调整文中引文、文末参考文献列表的大量时间和精力,让学术论文写作事半功倍。

安装 NoteExpress 软件以后,word 和 wps 文档会安装一个插件。写作时,首先应该设置 NoteExpress 软件中文献题录的样式,然后 NoteExpress 软件点击要插入的参考文献题录,然后文档中在 NoteExpress 插件点击"插入引文",这里需要提醒的是,插件里"样式"选择"中华人民共和国国家标准 GB/T7714-2015",这样插入参考文献的序号是上标,参考文献的样式是国家参考文献著录的标准格式(见图 8-12)。当写作文档进行修改和调整时,只需要按"同步",自动调整参考文献标号顺序。

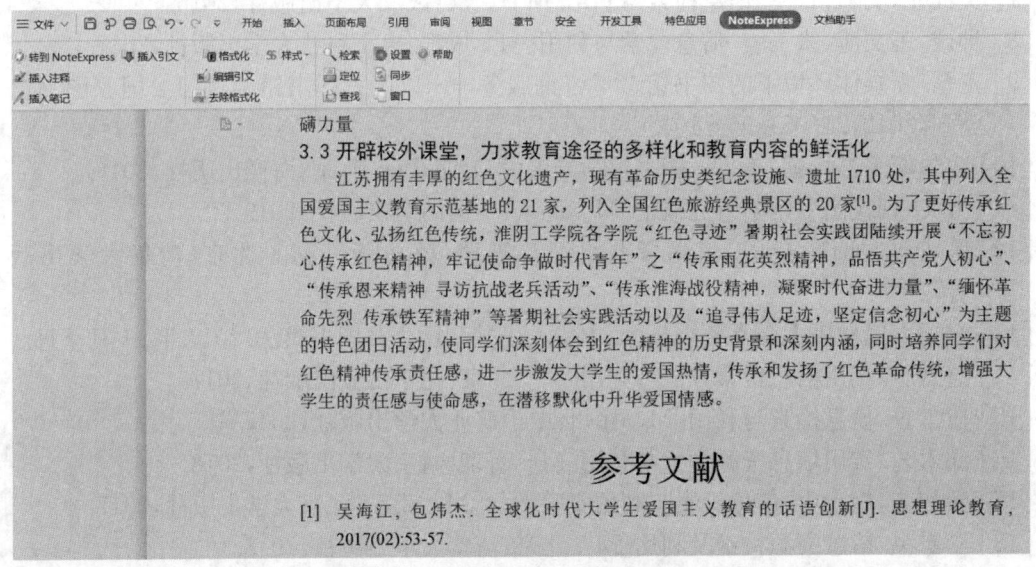

图 8-12 写作文档插入参考文献界面

本章思考题

1. 举报人或学术不端行为责任人对处理决定不服的,可提出异议或复核申请,异议和复核不影响处理决定的执行,该说法是否正确?
2. 科研不当主要有哪些特征?
3. 撰写科研论文时,要注意哪些引文规范?

参考文献

[1] 仲超生.信息检索与利用[M].徐州:中国矿业大学出版社,2010.
[2] 罗源.大学生信息素养教程[M].北京:光明日报出版社,2019.
[3] 邓发云.信息检索与利用[M].北京:科学出版社,2017.
[4] 笪佐领,沈逸君.网络信息检索实用教程[M].南京:南京大学出版社,2018.
[5] 徐岚.信息检索实用教程[M].北京:化学工业出版社,2017.
[6] 刘宪立,杨蔚.信息检索与利用[M].昆明:云南大学出版社,2018.
[7] 吴红光,艾莉,张溪.信息检索与利用[M].武汉:武汉大学出版社,2015.
[8] 钟诚,王文溥,张玉霞.信息检索与利用[M].成都:电子科技大学出版社,2017.
[9] 王磊.新媒体环境下的图书馆参考咨询服务——以国家图书馆为例[J].国家图书馆学刊,2012,21(05):96-101.
[10] 皮尔斯·巴特勒(美)著.图书馆学导论[M].谢欢译.北京:海洋出版社,2018.
[11] 方文.现代图书馆学研究概论[M].北京:中国纺织出版社,2019.
[12] 陈庄,刘加伶,成卫.信息资源组织与管理(第2版)[M].北京:清华大学出版社,2019.
[13] 全国人民代表大会常务委员会.中华人民共和国公共图书馆法.2017年11月4日.
[14] 赵乃瑄.实用信息检索方法与利用[M].北京:化学工业出版社,2017.
[15] 段雪香.信息检索与利用[M].徐州:中国矿业大学出版社,2017.
[16] 端木艺.实用信息资源检索与利用[M].南京:南京大学出版社,2018.
[17] 黄如花,胡永生.信息检索与利用实验教材[M].武汉:武汉大学出版社,2017.
[18] 李雪飞.信息资源检索及利用[M].北京:清华大学出版社,2018.
[19] 于喜展,孙志梅.信息检索实践教程[M].南京:南京大学出版社,2017.
[20] 王瑜,张丽英,高彦静.文献信息检索与案例分析[M].北京:科学出版社,2018.
[21] 申燕.文献信息检索[M].北京:中国纺织出版社,2018.
[22] 杨云川,杨晶,王清晨等.信息元素养与信息检索[M].北京:电子工业出版社,2018.
[23] 陆建平.中国学术规范动态的国际传播数据研究[J].浙江大学学报(人文社会科学版),2019,49(04):207-216.
[24] 熊泽泉,段宇锋.中文学术期刊论文的引文模式研究——以2006—2008年图书情报领域期刊论文为例[J].图书情报工作,2019,63(08):107-115.
[25] 叶继元.以学术规范促进学术创新[J].图书馆论坛,2019,39(03):1.
[26] 张星久.论学术规范与人文社会科学研究的"中国话语"构建[J].武汉大学学报(哲

学社会科学版),2018,71(04):40-49.
[27] 田杰. DOI 在引文规范与链接中的作用[J]. 科技与出版,2008(12):61-62.
[28] 叶继元等. 图书馆学学术规范与方法论研究[M]. 北京:科学出版社,2014.
[29] 叶继元等. 学术规范通论[M]. 上海:华东师范大学出版社,2005.
[30] 朱大明. 略论引文表述的基本模式及注意事项[J]. 中国科技期刊研究,2010(3):430-432.
[31] 陈氢,陈梅花. 信息检索与利用[M]. 北京:清华大学出版社,2017.
[32] 赵胜. 网络信息检索与实践[M]. 北京:化学工业出版社,2017.
[33] 颜世伟,柴晓娟. 文献检索与利用实用教程[M]. 南京:南京大学出版社,2015.
[34] 庞慧萍. 信息检索与利用[M]. 北京:北京理工大学出版社,2017.
[35] 徐庆宁,陈雪飞. 新编信息检索与利用[M]. 第 4 版. 上海:华东理工大学出版社,2018.
[36] 蔡丽萍. 文献信息检索教程[M]. 北京:北京邮电大学出版社,2017.
[37] 徐红云,张芩. 网络信息检索[M]. 广州:华南理工大学出版社,2018.
[38] 张春生. 计算机网络信息检索中的问题及方向探讨[J]. 中国新通信,2019,21(10):177.
[39] 郭祎辰. 新时代背景下人工智能在网络信息检索中的应用实践探究[J]. 现代经济信息,2019(03):378-380.
[40] 任雪婷. 大数据时代人工智能在网络信息检索中的应用[J]. 信息技术与信息化,2019(01):95-97.
[41] 刘二稳,许福运等. 信息检索与创新专利(第二版)[M]. 北京:科学出版社,2017.
[42] 曾健民,孙德红. 信息检索技术实用教程(第 2 版)[M]. 北京:清华大学出版社,2017.
[43] 刘伟成. 数字信息资源检索[M]. 武汉:武汉大学出版社,2018.
[44] 柳宏坤,杨祖迲. 信息资源检索与利用[M]. 上海:上海财经大学出版社,2017.
[49] 张敏生,吴太斌. 信息资源检索与利用[M]. 西安:西安电子科技大学出版社,2018.
[45] 陈朝忠,黄慧玲,徐丽琴. 信息检索[M]. 北京:人民邮电出版社,2018.
[46] 汪楠,成鹰. 信息检索技术(第三版)[M]. 北京:清华大学出版社,2017.
[47] 李娟,迟舒文. 智能时代的信息伦理研究[J]. 情报科学,2018,36(11):61-65.
[48] 高冉,符绍宏. 大学图书馆信息伦理困境及解决办法初探[J]. 图书馆工作与研究,2016(03):20-24.
[49] 周淑云,伍丹. 我国地方性图书馆法规相关信息伦理调查与分析[J]. 图书馆,2016(04):44-46,74.